Pearson

心理学核心课

教育心理学

EDUCATIONAL PSYCHOLOGY

[英] 丽莎·马克斯·伍尔夫森 著
Lisa Marks Woolfson
杜保源 等 译

上海社会科学院出版社
SHANGHAI ACADEMY OF SOCIAL SCIENCES PRESS

译者序

1913年，美国心理学家爱德华·李·桑代克的《教育心理学》三卷本问世，标志着教育心理学作为一门独立学科的诞生。此后，经历一个多世纪的发展历程，教育心理学领域涌现出众多著名学者和各理论流派的各种观点、各种假设、各种实验结果，彼此交锋对立、彼此批判质疑、彼此互补融合，构成了教育心理学复杂曲折的发展史。在中国，教育心理学的研究起步于20世纪初，但真正发展却是在20世纪80年代以后。近30多年来，我国教育心理学者跟踪国际教育心理学发展前沿，针对我国教育改革和发展的实际需要，致力于中国特色教育心理学体系的建设，紧密结合我国教育教学实际开展研究，将大批研究成果运用于教育教学实践，推动了我国教育的改革和发展。

本书作者丽莎·马克斯·伍尔夫森是英国著名教育心理学家，思克莱德大学名誉教授，拥有20多年的教育心理学研究经验，长期投身于教育实践工作。作者以教育心理学家和教师专业培训，以及对本科生的教育心理学教学为工作重点，同时还致力于发育障碍、社会劣势、养育子女、教师关于包容的信念以及促进学龄前儿童的发展等方向的研究。

作者对于本书的设计，一方面是为了心理学专业的学生批判性学习一手研究资料提供建议和支持，另一方面将自己研究的重点全面铺展开来。作者的研究总体上可概括为如何以最佳方式促进儿童发展，并在包容性的教室为因发育残疾或社会经济劣势而处于弱势的儿童提供学习机会。首先，调查父母和教师对发育障碍儿童的看法，以及这些看法如何影响他们的养育和教学行为及儿童的结果；其次，将心理学原理应用到现实生活中的学校环境中，特别是根据研究证据，对哪些干预措施能最好地解决学龄前儿童和小学儿童的学习和行为问题，如何能够支持教师在课堂上实施这些措施感兴趣。

全书的翻译在导师蒋纯焦教授的指导下，由我和我的师弟师妹共同完成，师弟师妹先进行了初译，然后由我进行修改和统稿。参加翻译的主要成员有：李燕峰和徐茂华（第一部分）、江艳（第二部分）、吕文斐（第三部分）、常国玲（第四部分）。

译稿即将出版之际，由衷地感谢导师为我们争取到这次翻译专著的机会，让我们在研究生期间为了一件事情共同努力。感谢我的好友罗甘本博士在本书的统稿过程中给予的帮助。感谢上海社会科学院出版社赵秋蕙女士为本书付出的辛劳。

限于翻译水平，书中不当之处，敬请读者和各位专家批评指正。

杜保源

华东师范大学

2019年3月27日

目　录

第四部分 校外心理学研究

致　谢

感谢 Rhona Jackson Taylor 对书中几章的全程研究协助。同样感谢 Gillian Eadie。

感谢 Thusha Rajendran、Simon Hunter 和 Marc Obonsawin，对于本书若干章的草稿，他们给了缜密的审读意见。

感谢 Janey Webb 提供准确的编辑建议与支持，也感谢 Christina Venditti 经营本书的出版工作，二位都来自培生教育集团。

最后，我要感谢 Richard、Tessa、Eve、Fergal，当然，还有我可爱的 Esther 和 Seth。

出版者致谢

我们感谢以下诸位评论员，他们提供了宝贵的时间和可贵的反馈：

Dave Putwain，Edge Hill University

Susan Atkinson，Leeds Metropolitan University

Sarah Crafter，The University of Northampton

Mei Mason-Li，Southampton Solent University

Carrie Winstanley，Roehampton University

Simon Gibbs，Newcastle University

Kieron Sheehy，The Open University

我们感谢各版权方授权我们使用、复制以下材料：

Figures

Figure on page 62 from 'Reading the mind in the eyes' test revised version: A study with normal adults and adults with Asperger syndrome or high-functioning autism, *Journal of Child Psychology and Psychiatry*, 42(2), figure 1&2, p. 242 (Baron-Cohen, S., Wheelwright, S., Hill, J., Raste, J., & Plumb, I. 2001), reproduced by permission of John Wiley & Sons Inc.; Figure on page 67 from Defining and quantifying the social phenotype in autism, *American Journal of Psychiatry*, 159:6, figure 1, p. 898 (Klin, A., Jones, W., Schultz, R., Volkmar, F., & Cohen, D. (2002)), reprinted with permission from the American Journal of Psychiatry (copyright 2002), American Psychiatric Association; Figure on page 68 from Two-year-olds with autism orient to non-social contingencies rather than biological motion, *Nature* 459, figure 1a, pp. 257–261 (Klin, A., Lin, D., Gorrindo, P., Ramsay, G., & Jones, W. 2009), reproduced by permission from Macmillan Publishers Ltd; Figure on page 72 from An islet of ability in autistic children: A research note, *Journal of Child Psychology and Psychiatry*, 24(4), figure 1, p. 615 (Shah, A. & Frith, U. 1983), reproduced by permission of John Wiley & Sons Inc.; Figure on page 70 from Association between two distinct executive tasks in schizophrenia: a functional transcranial Doppler sonography study, *BMC Psychiatry* 6:25, figure 2, p. 5 (Feldmann, D., Schuepbach, D., von Rickenbach, B., Theodoridou, A., & Hell, D. 2006), originally published by BioMed Central; Figure 7.1 adapted from *Phonological skills and learning to read*, Hillsdale, NJ: Lawrence Erlbaum Associates (Goswami, U., & Bryant, P. 1990) figure 1, p. 219; Figure 7.4 adapted from DRC: A dual route cascaded model of visual word recognition and reading aloud, *Psychological Review*, 108, figure 1, pp. 204–256 (Coltheart, M., Rastle, K., Perry, C., Langdon, R., & Ziegler, J. 2001), published by the American Psychological Association (APA), adapted with permission; Figure on page 144 from Definitions of bullying: A comparison of terms used, and age and gender differences, in a fourteen-country international comparison, *Child Development*, 73(4), figure 1, p. 1123 (Smith, P. K., Cowie, H., Olafsson, R.F., Liefooghe, A. P.D. Almeida, A., Araki, H., del Barrio, C., Costabile, A., Dekleva, B., Houndoumadi, A., Kim, K., Olajsson, R.P., Ortega, R., Pain, J., Pateraki, L., Schafer, M., Singer, M., Smorti, A., Toda, Y., Tomasson, H., & Wenxin, Z. 2002), reproduced by permission of John Wiley & Sons Inc.; Figure 9.1 adapted from Attitudes and behaviour of children towards peers with disabilities, *International Journal of Disability, Development and Education*, 46(1), figure 3, pp. 35–50 (Roberts, C., & Smith, P. 1999), reprinted by permission of the publisher (Taylor & Francis Group, http://www.informaworld.com); Figure 10.2 from A unified theory of development: a dialectic integration of nature and nurture, *Child Development*, 81(1), figure 5, p. 10 (Sameroff, A. 2010), reproduced by permission of John Wiley & Sons Inc.; Figure 10.3 adapted from Transactional regulation: The developmental ecology of early intervention (Sameroff, A. & Fiese, B.) in *Handbook of Early Childhood Intervention* 2nd Ed.; Figure 7.3 (J. Shonkoff & S. Meisels (Eds.) 2000), reproduced by permission of Cambridge University Press; Figure 11.2 from Family wellbeing and disabled children: A psychosocial model of disability-related child behaviour problems, *British Journal of Health Psychology*, 9(1), pp. 1–13 (Woolfson, L. 2004); Figure on page 269 from *The connections between language and reading disabilities*, Mahwah NJ: Lawrence Erlbaum (Turkeltaub, P., Weisberg, J., Flowers, D., Basu, D., & Eden, G. 2005) figure 1, pp. 103–130, H. Catts & A Kamhi (Eds.)

Tables

Table 8.1 from Bullying and symptoms among school-aged children: International comparative cross sectional study in 28 countries, *European Journal of Public Health*, 15(2), pp. 128–132 (Due, P., Holstein, B., Lynch, J., Diderichsen, F., Gabhain, S., Scheidt, P., Currie, C., & The Health Behaviour in School-Aged Children Bullying Working Group 2005), by permission of Oxford University Press and the authors.

出于某些原因，我们无法联系到部分材料的版权方，如能提供任何相关信息，我们将不胜感激。

第一部分　导论

有关心理学在教育中的应用以及对其影响的研究，是广受心理学本科生欢迎的研究选择。选择研究该领域可能因为你打算以教书育人为职业，或者你计划进行研究生学习，以成为教师或者教育心理学家。也许你自身有阅读障碍或者身患残障，抑或你的兄弟姐妹当中有人有特殊的教育需要或者存在巨大的学习困难，因此你对该领域产生了兴趣。或者你选择研究该课题仅仅是因为你想从事应用心理学研究，在现实生活中应用心理学的理论与概念。

本书意在为帮助你进行教育心理学中感兴趣的研究而提供参考资料。第一部分包括三个介绍性的章节，为第二、第三、第四部分讨论的话题设定情境。第一章介绍本书的结构和如何积极地研究讨论的话题，如何以本书为指导，对同行评审期刊的原始文献进行批判性阅读。第二章探讨是什么使学术性的教育心理学成为一个有鲜明特色的学科，该章提出并试图解决当前本学科领域的身份困境。第三章探讨如何批判性地阅读学术论文。这是心理学专业学生需要掌握的关键技能，也是本书的核心内容之一。不论你何时阅读每个章节提到的论文，我们都建议你使用本书提供的这些技能。

- 第 1 章　如何使用本书
- 第 2 章　什么是教育心理学？
- 第 3 章　如何批判性阅读学术论文

第 1 章

如何使用本书

本书是为心理学专业高年级学生，特别是大三或者大四本科生设计的。这就意味着，你的讲师要求你不只依靠一本教科书进行研究。只依赖一本书是“填鸭式”教育。相反，课程要求你通过研究同行评审的学术期刊中的第一手参考资料来广泛阅读与该话题相关的内容。这就意味着你要阅读作者的原始论文，而不只是依靠第二手的报告，或其他作者对研究中所说或所发现内容的解读。

本书被设计用来帮助你实现这一目的。其目标在于指导你在批判性阅读第一手资料前，通过对关键的概念和问题进行解释来帮你理解。本书的中心关注点是帮你成长为独立、主动的学习者，确定你自己的问题和关心点，而非依赖自己的导师或者教材中读到的内容。你的目标是批判性分析，而非描述。

本书将介绍并解释关键的理念和主题。你的首要任务是在心理学专业大四的课程中理解这些，而这本身是不够的。本书旨在帮助你形成一种自我意识，认识到争议性、复杂性、辩论性和未得到解决的问题。这会帮助你学会如何批判性地评估相冲突的论点和证据，并最终形成你自己深思熟虑过的观点。

将每个章节当作每个话题的背景。每个章节包括：

- 章节学习成果清单
- 关键概念与其背后的心理学理论
- 本领域最新研究综述
- 探讨方法论的问题
- 探讨当前争议和未解决的问题

每个章节最后将提供网络链接，你将被指引至一些关键性的入门期刊资料。在每一章节的知识框里，你会找到指导的活动和讨论点，以聚焦你对文献的研究。一旦你研究完网络链接的文献，你就可以自己进行更广泛的阅读，利用参考资料阅读清单，在你大学的图书馆里进行阅读。

章节中还会提供额外的解释性知识框，以增加你对关键概念和问题的理解，或者为讨论的观点提供例子。章节还会提供活动，帮助你对提出的问题进行批判性思考。这些活动可以单独进行，如果你和朋友成对或者以小组形式进行讨论则会更有效，因为你可以听到其他的观点。更具挑战性的是大声说出你自己的观点，来看看你的观点是不是经得起持不同论点者的挑战。无论如何，和朋友深入探讨观点是令人愉快的。对研究进行批判性思考不需要独立完成。

本书的一个鲜明特色是每个章节的问题设置（QUISSET）。这些用来告知学生如何学习并从事主题研究。问题设置旨在鼓励你将自己放眼本书之外，以便更深入地接触现有的文献资料。每个问题设置将会要求你使用那些可以用来权衡某个问题论点的电子数据库和研究资源，以使你的注意力聚焦于一个问题或者争议。

本书分为四部分。第二、三、四部分通过教师层面、全校层面和校外层面的生态结构进行组织。在每一个层面，我都挑选了聚焦该层面的关注主题。本书不会声称自己包含心理学在教育学中应用的每一个主题。这是不可能做到的！本书的目标是选择其中有代表性的和专题性的领域范围进行讨论。

第 2 章

什么是教育心理学？

作为心理学专业的学生，你可能知道“什么是教育心理学”这个看似很简单的问题的答案其实很复杂，对此你不会感到惊讶。在整个 20 世纪，直到 21 世纪，教育心理学将教育学和心理学两个学科结合，由此教育心理学一直面临着身份、认同的两难困境。本章将简短说明一些时下的争论，并确定本书中的教育心理学的概念。

回顾心理学与教育学之间不断变化的关系

随着心理学与教育学关系本质的转变，作为一个学科，教育心理学的研究焦点在二十世纪不断变化。两者一开始是单向关系，心理学研究出理论（例如有关学习的理论），教育学在教学中应用理论（Mayer, 1992）。Ball（1984）回顾了主要期刊《教育心理学季刊》（*Journal of Educational Psychology*）在 20 世纪刊登的论文的内容，他注意到了一个趋势：偏离课程教学的实际问题而转向更学术、实验性和试验性的理论。实验室里开发出来的理论和测量工具被直接应用到现实中的教室教学中。因此，绝大多数 1920 年代的研究关注智力的测量和动机的测量，1930 年代的研究主要关注学习中可以测量的方面，比如书法（O'Donnell and Levin, 2001）。类似地，1960 年代到 2000 年的学习研究倾向于应对学习过程中小的、可测量的部分，而非教师们希望进一步了解的更大的教育结果（O'Donnell and Levin, 2001）。结果是人们形成了这样一种观点：学术性的教育心理学过于还原主义，对儿童课堂行为的复杂性关注不够（Levin and O'Donnell, 1999）；实际上教育心理学“脱离了”日常课堂现实。

教育心理学：是为教师，为学术，还是为从业教育心理学家？

不仅是学术期刊显示教育心理学内部存在分歧，有人也注意到教育心理学教科书主题缺乏一致性(Blair, 1949; Tyler, 1956),反映了格莱因德(Grinder, 1989)所谓的学科的"分级现象"。此类书籍的读者在他们的需要和想从书中获取的信息有很大的不同。教师们希望教育心理学教科书能提供实际性指导,以解决他们在课堂上面临的问题。然而,教育心理学理论家和研究者们希望看到解释构成学习基础的心理过程的理论发展和试验,这些与教师在实际课堂中最直接、最紧迫的需求大相径庭。最新进展是,一些教学心理学实践者也进行了一些新的专业实践,他们也研究教育心理学,他们在处理教育心理学问题的角色上与"一线教师"大不相同,对他们来说教育心理学教科书要满足不同的目的。很明显,读者和需要的多样性导致教科书的主题五花八门,令人困惑。

教育心理学应该关注实际问题还是理论问题,这一问题似乎主导了该领域的发展。这不仅是关于研究内容的问题,也是关于方法论的问题。有人指出,那些批评青睐以证据为基础方法的学术心理学家教育从业者,反而喜欢将个人化说法、观点和轶事作为知识来源(Good and Levin, 2001)。本书采用的观点是:当做严格分析的时候,定性叙事的数据可以作为重要的数据来源,但是个人对于自己课堂经验的描述最好用来说明需要证明的理论中的一点,且不应该被视作习得智慧。重要的一点是,要认识到当一个理论可能包含在一个人对自己经验的叙述中,但还没有进一步验证,这种理论,与措辞明确的、经仔细解读的、研究证据经过系统检验的理论相比有所不同,它们对知识的贡献意义不同。本书关注后者。在此意义上,其方法论无疑是心理学的。

二十一世纪教育学与心理学的整合

无论如何,已经有人指出,教育学与心理学的分立是肤浅且无必要的(例如 Lunt and Majors, 2000),这两门学科的整合与联结可能会更有意义(Norwich, 2000)。本书秉持这个观点,即上述分化是无益的,而且旨在阐明教育学和心理学可以完美地结合在一起,正如 Mayer(2001)和 Norwich(2000)倡导的那样,教育学能为心理学的研究提供现实问题。

我们可以回顾一下这些分歧是如何产生的。1903 年,爱德华·桑代克出版了《教育心理学》一书,标志着教育心理学的诞生。桑代克进行试验,并从科学的角度出发审视教育。而与此相对应的是约翰·杜威,他对教育的观点受到广泛的重视,但是他的关注点却更多涉及教育哲学、教育的政治性与社会性。在那时,教育学与心理学的分化就已经产生,并引起人们的注意。此后的教育心理学理论者往往给自己贴上"心理学倾向"(桑代克)或"教育学倾向"(杜威)的标签,并运用到他们的研究和对教育心理学的思考中去(O'Donnell and Levin, 2001)。

本书采用更为广泛的教育心理学观点,将心理学视为一门探索心理学原理如何应用于儿童成长发展和教育的学科,不仅指普通儿童,还包括那些由学校和家庭环境中的教师、父母、保育人员造成的、有学习障碍的孩子。

McInerny(2005)指出,相较于过去 25 年的教育心理学研究,当代教育心理学的研究领域比过去大大扩展,反映了诸如神经科学这样有趣的新领域以及新的问题,而一些旧问题仍然没有解决，比如如何提高识字水平等。在这本书里，笔者尝试反映当代的热点问题。本书不认可教育心理学实践性和理论性问题的分立，相反，将从实际问题出发，考察心理学理论、原理、观点对于解决教育问题的作用，探索这两门学科的整合途径。对实际问题的选择受诸多因素的影响，如必须关注教师，也要考虑地方教育心理学主管部门的建议和干预。本书提出了一种将教育心理学作为一门独特的学术性学科的综合性的观点，它将发展心理学、健康心理学、社会心理学、临床心理学的基础理论整合在一起，以期能应用于教育问题。Nolen(2009)指出，有人可能会质疑这种学科重叠性意味着教育心理学不是一门独立的学科，但本书主要讨论的是这门学科的独特性，即它与现实生活问题本质的联系，我们将把理论应用于解决这些现实生活问题——所有与教育现象有关的问题。本书贯穿着一个观点，那就是教育实践要想有效推行，就必须建立在有事实依据的途径上，这种途径必须通过严谨阐述精心设计的调查研究才能证明其有效性。

参考文献

Ball, S. (1984). Educational psychology as an academic chameleon: An editorial assessment after 75 years. *Journal of Educational Psychology, 76*(6), 993–9.

Blair, G. (1949). The content of educational psychology. *Journal of Educational Psychology, 40*(5), 267–74.

Good, T. and Levin, J. (2001). Educational psychology yesterday, today and tomorrow: Debate and direction in an evolving field. *Educational Psychologist, 36*(2), 69–72.

Grinder, R. (1989). Educational psychology: The master science. In M. Whittrock and F. Farley (eds), *The future of educational psychology: The challenges and opportunities*. Hilllsdale, NJ: Lawrence Erlbaum (pp. 3–18).

Levin, J. and O'Donnell, A. (1999). What to do about educational research's credibility gaps? *Issues in Education: Contributions from Educational Psychology, 5*, 177–229.

Lunt, I. and Majors, K. (2000). The professionalisation of educational psychology. *Educational Psychology in Practice, 15*, 237–45.

Mayer, R. (1992). Cognition and instruction: On their historic meeting within educational psychology. *Journal of Educational Psychology, 84*, 405–12.

Mayer, R. (2001). What good is educational psychology? The case of cognition and instruction. *Educational Psychologist, 36*(2), 83–8.

McInerney, D. (2005). Educational psychology – theory, research, and teaching: A 25-year retrospective. *Educational Psychology, 25*, 585–99.

Nolen, A. (2009). The content of educational psychology: An analysis of top ranked journals from 2003 through 2007. *Educational Psychology Review, 21*, 279–89.

Norwich, B. (2000). *Education and psychology in interaction: working with uncertainty in interconnected fields*. London: Routledge.

O'Donnell, A. and Levin, J. (2001). Educational psychology's healthy growing pains. *Educational Psychologist, 36*(2), 73–82.

Tyler, F. (1956). Educational psychology. *Annual Review of Psychology, 7*, 283–304.

第 3 章

如何批判性阅读学术论文

第 2 章介绍了我们的主题，教育心理学的定义，本章将继续构筑我们批判性阅读学术论文的技巧，这样我们就能更好地判断文中所讨论的问题的力度。我们很清楚，教育心理学即应用心理学理论、模式和方法来调查教育和家庭情境中的问题和议题。当我们阅读学术论文时，一定希望批判性地审视这些论文里暴露的问题，以评估我们在多大程度上确信作者发现以及从中得出的结论的可信度。

教育心理学对一些学术文章感兴趣，它们报道了能改善课堂上出现的行为、情感或者教育问题的教育、认知或心理社会学干预方法的成果。对于教育心理学研究者而言，他们关注论文中是否报道了这些成果，以及研究设计是否能让我们相信改善是干预的结果，而不是那些未控制的混淆变量的结果。更重要的是，研究者希望搞清楚这些发现是否具有普适性，这些方法是否能被运用到教师报告的有同样问题的其他课堂中去。教育从业者也关注可推广性，但是更关注与他/她的课堂相关的问题："研究是否显示，干预方法在我的课堂的效果会和论文中报道的一样?"为了提供一些解决干预有效性这一重要问题的工具，本章将特别关注对研究结果可信度有重要影响的研究设计，从不同的设计中可以获取多少信息，以及作解释时要特别小心哪些问题。

学习目标
列出了本章所涵盖的主题和最终应学会的内容。

学习目标

学完本章，你应该能：

- 懂得如何批判性地评估论文
- 理解精心设计的学术论文的特征，确认其可信度与不足
- 懂得评估量化和质化研究的不同参数
- 懂得如何评估所建议的教育干预方法有效性的程度

批判性思维的发展对于研究生来说是关键的技巧。在下面的概念框中，笔者提供一个检查表，用于指导你批判性地反思你的阅读。在用这样的检查表指导阅读论文，把下面

的东西记在脑子里以后，你最终要判断："本研究对此问题有何贡献？"

重要概念
列出了需思考的重要话题或知识点。

重要概念

量化研究的批判性分析检查表

1 概念化和理论框架

● 研究的问题是否得到了清楚的解释，有没有清晰的研究依据？

● 研究问题是否有心理学理论为支撑？

● 主要理论概念的解释和定义情况如何？

● 文献研究如何在本领域以前的研究中对本研究进行定位？

● 研究问题或者假设解释是否清楚且可检验，和提示的变量之间关系如何？

2 设计

● 什么是研究设计，例如随机对照的实验、准实验、单个案例实验设计、观察法，等等？

● 思考一下能在多大程度上控制混淆变量，如何应对以及讨论威胁内部效度的因素，如何提高设计。

● 变量能否操作化，分类的分界点是否正当？

● 选择的测量方法是否有可靠性与有效性？

● 能否将发现推广到样本之外的更广泛的人群？

3 结果与讨论

● 数据分析是否适当？

● 在分析中无关变量如何控制？

● 对结果和结论的解释是否源于所呈现的结果，而不是过度解读？是否有其他解释结果的方法？

● 研究的局限在何处，它们如何影响结果的解读，或者限制可能的结论？

（改编自 Rudestam and Newton，2007）

首先，上述检查表建议你用理论问题来检验支撑研究的心理学理论，并确定背景文献能否成功说明这些需要回答的研究问题，或者本研究中评估的干预方式能否成功。换句话说，研究应具备强有力的基本原理来证明其可行性，以及解释清楚所有的基本概念。文献综述最终能清楚解释研究问题和研究设计，读起来像一份食谱，其叙述足够细致，可以让读者（如果他们想）以同样的方式进行完全一样的研究。在下一节，我们将考虑设计细节的问题，以及设计如何限制可能得出的研究结论。

以证据为基础的实践

近年来，教育学所在的应用心理学领域主要关注帮助从业者，通过那些在实践中被认为非常有效的研究证据来确认哪些研究不仅提出了有效的干预手段，而且以测评决策、评

一个特别工作组被任命来判定干预有效与否(资料来源:Photofrenetic/Alamy)

估为目的的(Hoagood and Johnson, 2003)。虽然过去的六十年来心理学家们一直关注将科学证据和他们的实践统一起来(Levant, 2005),当然他们并不是唯一对以证据为基础的实践(evidence-based practice, EBP)感兴趣的专业群体。医学界同其他泛医学专业是EBP的领军者,例如物理治疗和职业治疗,等等(Kratochwill, 2007)。Slavin(2008a)认为当今的教育学和医学从业者一百多年前的情况差不多。医学中的EBP意味着在对患者的治疗作临床决定时,医生不仅只依靠自己的知识、经验、偏好、口头知识或者直觉,现在他们可以利用最佳的实践(例如,治疗哮喘病)作为指导。这些指导基于对最新证据的缜密分析。2005年,美国心理学会(APA)任命了一个特别工作组来考虑如何确定针对干预的证据是否有效。

该特别工作组将心理学中的EBP定义为:"在患者性格、文化和偏好的情境中,将最可用的研究与临床实践相结合。"这种EBP的定义与以前在医学中使用的类似。

这一转变也是实证改革运动希望我们在教育中实践的,这样老师会选择实行已经被证实有效的项目,而不是像以前那样依靠口头知识或者习俗来做决策(Slavin, 2008a, 2008b)。

如何评估研究设计

在开始批判性审视不同研究设计过程之前,让我们以英国心理学会的荣誉硕士分级体系开始,他们区分了所谓的"旁听"和"研究"的不同(BPS, 2005)。"旁听"(audit)是极有价值的研究设计,旨在调查个人或者小组的日常临床治疗,或者收集过程数据或参与干预的个人经验。然而,很大程度上,旁听的发现只是那些希望改善自己的服务而收集数据的当地团队从业者的兴趣所在。

相形之下,BPS将"研究"视作:

> 生成有广泛用途的新知识，例如确定新治疗方法是否优于现有方法，或者评估一个特定的理论是否能充分解释临床现象。
>
> （BPS，1995，p.8）

APA提供了一套更详细的体系，可以为在医疗情境下工作的心理学家提供帮助，让他们知道每项研究的研究设计在多大程度上对于干预引发实际行为改变有所助益（APA Presidential Task Force，2006；Levant，2005）。英国国家临床优化研究所（NICE）和考克兰合作组织（Cochrane Collaboration）也采用了使用最佳可用实践指导卫生实践的分级方法。虽然这些分级体系是为卫生从业人员而非教育从业人员开发的，在教育学领域应用心理学的研究者也认为其也很有效，当然也被本书中提及的很多论文引用。同样，一些指南是为教育领域的研究者（可能是心理学家或者不是心理学家）设计的，例如，美国教育部教育科学研究所的“有效教育策略”指南（WWC）。除了提供研究指南之外，WWC也是实证研究的资源，为教育从业者提供那些在教育情境中有用的信息。在英国，约克大学的“最佳实践百科全书”也以类似的方式评审学校教学项目，伦敦大学教育研究所“政策与实践信息资源和协调中心”也是这么做的，都是为了向从业者提供可靠的信息。

正如我们在第2章将教育心理学定义为“将心理学原则应用到孩子的成长发展和教育的研究”，在此我们将介绍取自心理学和教育学学科的EBP通用指南，以便你在阅读本书时可以使用它们作为指导，以批判地阅读研究论文，评估其质量。

不同研究的例子在下面的图3.1中有介绍。这些可能与你阅读教育心理学中某一特定主题领域时遇到的不同研究有联系。

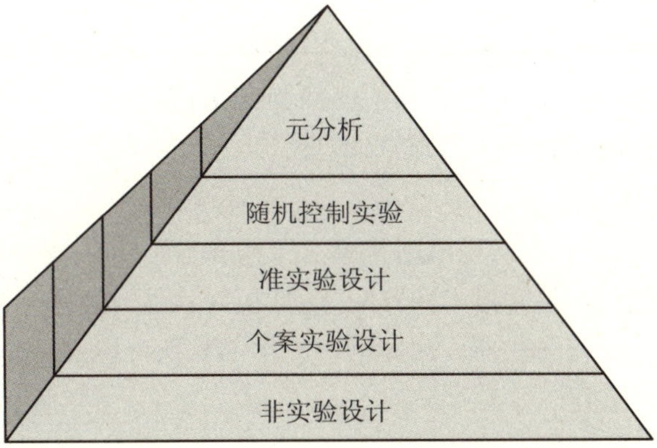

图3.1 证据分级

随机控制试验（RCTs）

在大多数分级体系中，元分析和随机控制试验被认为是干预有效性最强有力的证据。元分析是一种综述，将很多不同研究的结果综合到一起，这将在第4章中讨论。

在RCTs中，参与者被随机分到一个干预组，接收到在研究中正在检验的项目，或者分到一个没有任何项目的对照组。其目的是：如果已经存在的实验组被使用过，这将降低任何可能存在的组间误差（见下面的准实验组）。当阅读学术论文中的 RCT 报告时，你也得考虑干预前和干预后的各组之间是否存在显著差异，参与者的损失是否会导致有偏向的、非有意随机分配的样本。例如，如果在一个旨在帮助父母更好管理自己孩子行为的组，有干预组的家长退出，在一定程度上，可能是因为这些家长的孩子很难管，因为他们发现很难服从项目的要求。虽然随后因为随机分配，在干预（预试验）之前采集了数据，两个组同质了，在后干预评估（后试验）时，误差已经通过一个由不难管的孩子组成的组进入干预组而产生，同时对照组仍保持了行为问题严重性的最大范围。

准实验设计

准实验设计（quasi-experimental designs）被视作干预有效性，稍弱的实验设计，但是在教育中却很普遍，课堂干预尤其常见而且学生通常并不是被随机分配的。Quasi 是拉丁语，意思是“如果”，所以它几乎可以被视作实验设计。它也可被称为非随机前测后测设计。准实验设计利用以前就存在的组，例如，教师已经予以特殊干预的班级，或者自告奋勇参与的班级，以比较未经这样干预的班级。因为条件非随机分配，这两个班级组可能不同质，所以可以通过下列方式加强设计：研究者证实相关变量等同或者虽然研究开始时没有随机分配但是两个组没有显著的不同。

即便这样，我们仍然无法确定，在多大程度上，两个组在研究没有测量的重要的不相关变量上有何不同。所以我们在对像本设计那样干预能成功引发结果的非随机设计进行推论时要小心。对于两个组之间可能存在的误差有更多的解释，例如，或许干预组是比对照组更有能力的组，所以他们对项目做出了更多的响应。或者，也许干预组的老师很有经验很有效力，所以提高是由于老师的效力而非项目的效力。这些准实验设计的无关变量被视作对研究效力的威胁。我们要批判性地阅读论文，看看研究者做了何种努力来确认和控制这些，因为这会提高我们认为研究确实显示干预项目成功，而非其他因素引发积极结果的程度。

应用心理学和教育学研究的本质通常要求工作在“现场”设置的情境中进行，但现场有很多难以控制的因素，不仅是对组的分配，而且包括其他能影响研究内部效度的因素。重要的是在批判性阅读研究报告时，你要密切关注一系列可能威胁研究结论内部效度的因素（见**重要概念**框）。

重要概念　对研究内部效度的威胁

内部效度的议题是检验应用心理学研究者在学校情境下使用设计的重要因素（Campbell and Stanley，1966；Cook and Campbell，1979）。研究者希望建立干预和行为改变，或者对特殊变量的操纵和结果之间的因果联系。虽然这些关系可能确实存在，但因为在特殊情境下影响研究内部效度的威胁因素的存在，可能不一定能从准实验或者单组前测后测设计中得出。简而言之，这些是可能影响研究得出其希望随机得出的结论的能力的威胁。

Cook和Campbell(1979)确定的对内部效度的威胁包括：

历史 让我们想象一下这样的情景：A班接受了干预，随后的测试显示测得的行为结果变量提高了。我们是否能得出这样的结论：干预引起了提高。或许是，又或许是发生在干预前和干预后的事件，而非干预，引起了变化，研究设计没有对那些因素进行控制。一位热情的新老师接掌了A班。不管实施了什么样的干预，变化是由于干预还是由于新老师的热情和技巧？因此，历史威胁到干预引起结果的结论的内部效度。

成熟 对于任何研究来说，无需干预孩子也会成长和成熟是重要的议题。是不是正是A班同学在长大，不用干预，也会产生这样的效果？成熟和历史两者对单组前测后测设计来说是严重的威胁。

统计回归 这样的例子有，根据参与者的干预前低分来分配给他们干预方法。这在教学中很常见，在某些领域表现很差的孩子被挑选接受关于那个领域的干预。然而，如果使用的测试措施不可靠，平均数回归就会出现，在预测时得分非常低的人会在干预后测试中得分更高。看上去干预似乎成功了，但那只是平均数回归的结果。

挑选 这是准实验设计中存在的问题，因为在准实验中各个组间会有差异。例如，A、B两个班的孩子，A班孩子比B班孩子聪明。孩子的能力，而非干预，是引起干预组和对照组之间的差异。此外，挑选可能会和其他的因素相互作用，威胁内部效度。例如，A班有热情的新老师，对照B班老师很沉闷。因此，不仅两个组不同(挑选)，而且在前测和后测之间他们也经历了不同的东西(历史)。

亡失 这种威胁与研究中的退出者(损耗)有关，并引发这样的担忧：如果每个组有不同的退出者，前测同质的组现在是否还同质。

可以用对每个组进行随机分配的方式，排除对内部效度的威胁，这样的话，平均说来，在历史、挑选和成熟方面每个组是类似的。平均数的回归和极端的前测分数不会是个问题因为是随机分配的(Cook and Campbell, 1979)。然而，准实验设计的设计本身无法排除对内部效度的威胁，所以阅读带准实验设计的研究时，需要批判地考虑每个对效度的可能威胁在多大程度上得到了解决，因为这会影响得出结论的效力。

APA(2002)声明将功效定义为，即“系统和科学的评估”是确定干预是否有效的第一个效标。第二个效标与干预的临床效用有关，将其应用于现实世界中的有效性。效力研究被设计用来处理内部效度。外部效度则更多关于研究的可推广性，因此用有效性研究来处理更妥当。(见重要概念框)

重要概念　有效性和效力研究的区别是什么？

在使用时，"有效性"和"效力"两个术语不能互换。很多教育心理学研究由评估现实世界、日常情境中的有效性研究组成。这些研究经常利用已经存在的组比较分到自己学校情境中的班级、老师和干预项目的参与者。这是准实验设计。然而有效性研究在生态效度方面更加强有力。

另一方面，效力研究将会在精心控制的情境下比较随机分配的条件的实施结果。这通常意味着单个参与者将会被随机分配条件，或者是在学校或者班级层面随机分配条件，而非单个小孩的层面。更进一步，在效力研究中，参与者根据特殊的效标，被研究选中或者排除。用实验设计解决误差以及其他可能的混淆变量的影响。效力研究提供了一种在理想条件下衡量干预效果的方法，使我们建立起干预和结果之间的因果关系。

当干预在现实的教师情境中进行时，因果关系是否仍然有效是有效性研究关注的。例如，一个项目在使用 RCT 的研究中或者一系列的研究中显示了效力，但是，当教师有日常的课业、行为和管理问题需要关注时，很难在课堂中实施干预或者达不到实验所要求的精度。因此，项目在达到需要的结果方面有效，但是在现实情境中实施就不切实际也很困难，因此不能在教师中有效地运用。

请记住，对于经对照实验未显示出效力的方法，不能得出其无用的结论。这只是说明当前没有支持其可用的证据基础。将来会有，也许不会……

个案实验设计

在图 3.1 的证据体系中，准实验设计之下是个案设计。此处的个案可以是单个孩子或者是单个班级。在此设计中，干预进行前进行了基线测量，在干预的最后进行了同样变量的测量。如果干预有效的话，结果会显示有提高，没有对照或者比较组。在个案自身提供了可供比较的对照。在短暂的干预停止之后进行测量，预期回到基线水平，是干预引发了提高。你可能会在文献中看到这被称为 A-B-A 设计，A 是基准测量阶段，B 是干预后测量，第二个 A 意味着回到未干预水平。这会多次重复（多重基线），以便显示因果关系，也就是操纵干预变量引发测量结果的变化：当没有干预，退回基线水平，当重复干预，又会观察到水平提高。在本设计中，最少有四个阶段（ABAB），重复和随机性会减低对内部效度的威胁（Kratochwill，Hitchcock，Horner，Levin，Odom，Rindskopf，et al.，2010；Kratochwill and Levin，in press）。

非实验设计

我们先前讨论过的设计全部是实验设计，目的是通过控制可能的混淆变量，通过不同程度的严格执行，来尽量佐证是干预导致了那些结果。把以上所有的实验内比较，和只有一个干预组没有比较组的单组前测后测设计作比较。你会经常读到这样的研究报告，对一个班级或者小组实施干预，进行预前和预后测量来记录变化。因为设计中没有比较组，那么就没有内部效度的对照。可能是事件而非干预引发了记录的变化，因此干预的效力无法令人信服(参见“对研究内部效度的威胁”重要概念框)。

上述前测后测设计是描述性研究的例子，量化测量是用来记录和描述观察到的变化。出于同样的原因，对参与干预项目的参与者的经历进行旁听和调查也是非实验设计。其他非实验设计的例子是有轶闻报告、个人观点和专家观点。在没有强有力的发现时，专家意见可以成为最佳可用选择，定性数据通常以干预过程参与者的经历的形式采集。这些不同的非实验性设计的共同之处是，它们提供了珍贵的干预经历描述，但是我们不能自信地从中推断出因果关系。

定性数据

教育心理学中的定性数据通常是从采访、观察或者文件检查中得出的文字形式。这些数据被视作提供了有助于深入理解经历对此人意义的丰富描述。另一方面，定量数据是数字形式的数据。

为了进行好定性研究，数据必须接受严格和透明的分析。正如有量化研究设计和分析的证据体系，我们亦可以考虑有平行的定性数据体系。Daly、Willis、Small、Green、Welch、Kealy 等人(2007)建议，对于个案的轶闻描述应该是体系的下端，之后是提供选择性引用但对数据进行很有限分析的描述性研究。紧接着的是专门的样本，对所有收集到的数据进行全面的概念主题研究。这种研究设计的不足在其推广性，因为缺乏多样性的数据。定性体系的顶端是多样性样本研究，此处有以概念为基础的主题分析，因此可以推广到研究样本之外的范围。指南要求保证质量(例如 Lincoln and Guba，1985；Miles and Huberman，1994)，如 Miles Huberman(1994)提供了与目的性、可靠性和有效性标准平行的，用于评估量化研究的一个标准列表。

- **可确定性**(confirmability)—研究的细节是否足够明了，这样本研究可以为其他研究者重复。发现会一样吗，有没有可能是研究者误差造成的研究发现。可确定性的概念和量化研究中客观性的理念相同。

- **可依靠性**(dependability)—此处关键是结果的可靠性，即在设计和进行实验的过程中有没有小心谨慎。例如研究问题是否清楚，有没有与此相应的设计。有没有检查编码上的偏差。收集自不同被试组的数据是否存在一定程度的聚合，而这种聚合本身是研究期望得到的。

- **可信度**(credibility)—这与量化研究的内部效度相似。Miles Huberman(1994)将此视为研究的关键问题：这些发现真实吗？不同的思考方式与在多大程度上能形成量化研究的发现以及对此感兴趣的利益相关者有关联。这些是否得到与其构成三角关系的，通过不同方法收集和收集自不同被试组的发现所支持？在多大程度上考虑了不支持这些发现的东西，在多大程度上检查了可能的解读和解释。

● **可转换性**(transferability)—这关于研究的可归纳性。质化研究中的可转换性与量化研究中的外部效度理念类似。本校本组老师的观点发现是否在更广的范围上与其他的老师和学校相关,或者这些发现仅仅是当地人感兴趣。为了让读者做出这种判断,研究必须在描述样本和呈现收集数据时足够细致,这样读者能确定研究中老师和学校的经验能否与其他学校的老师类比。

● 虽然有人认为本章中提及的良好设计的量化实验对回答与干预相关的亡失方面的问题作出了最大的贡献,质化研究对研究效度的巨大贡献提供了被试在现实生活的教育情境中观察自己经验的角度,这与效力研究仔细管理和控制的项目不同。

在质化研究中,作者阐明自己的理论观点也很重要,他们的价值观、在研究中的角色和兴趣就能够得到清楚的表达(例如 Elliott, Fischer and Rennie, 1999)。你读到家长对于商业教养项目广泛支持的研究报告,如果你知道研究的作者是同样开发项目并从中受益的人,你的反应就会不同。可以比较如果你知道作者是独立研究者,对于项目的功用没有任何特殊目的时的反应。

混合方法研究

质化研究和量化研究可以以不同的方式共同起作用。这被称作混合方法研究,即在研究中同时使用两种方法。该方法可以被用于一系列的方式,例如不同的、相互补充的问题可以用量化和质化的方法研究,质化访谈教师实施干预过程的经验*补充*(complementary)来自实验研究的数据;或者被用于目的的*三角互证*(triangulation),质化研究可以用来支撑和确认量化研究的发现;或者一种方法可以用来*扩展*(expand)其他方法获得的发现,例如家长问卷显示孩子的行为有所改善,可以更详细地询问家长他们怎么看待这些行为变化(Creene, Caracelli and Graham, 1989)。

本章介绍了一个方法体系,能评估更主观的、描述的、以观点为基础的发现,在确定干预是否有效的客观的以证据为基础的发现。我们看到这一观点在医学和心理学研究得到应用,也推荐在教育学研究中使用。然而这套 Lssit 和 Kyriacou(2009)将其特征定义为"实证论述的 RCT 特权版本"也不是没人批评。人们可以质疑是否任何研究都可以被视作完全客观的,即使明显客观、积极、量化的研究也会受其观点、价值观和兴趣影响,从而决定所必需的过滤程序(哪些研究会被涵盖在文献评审范围内,哪些研究问题需要加以验证)。例如,Scott(2007)认为不应只依赖经验证据,也就是科学现实主义,需要对研究采用**批判**(critical realist approach)。这可以让我们意识到一种理论胜过另外一种理论也是有理由的。批判现实主义认为,为了理解教育的社会世界,我们需要包含也要超越经验领域,把对价值观的研究包含在内,并且考虑到教育干预所发生的社会情景的复杂性(例如 Kelly and Woolfson, 2008; Nash, 2005)。这需要一个更折中的实证观点,认识到一系列量化和质化方法的相对贡献,而非只认可 RCT 证据的价值(Lssit and Kyriacou, 2009)。

教育研究中的证据

本章我们已经讨论了来自每种设计的证据，它们有助于我们理解干预效力。然而，RCT被APA、WWC、NICE视为最令人信服的方法，因为其在消除对研究内部效度的威胁方面是最有效的，也就是说，测量到的任何变化有可能是因为一个变量而不是干预本身。严格实验设计对于英国教育政策影响的重要性最近才为人所认识（例如Slavin，2008a）。更进一步说，在教育学中，最适当的设计可能是组群RCT，随机分配学校和班级水平（Tymms，Merrell and Coe，2008）。这对教育学研究很重要，因为在实践中，教育学干预是在整个学校、整个班级或者整个小组实施的。然而，提姆斯等指出，组群RCT对于样本的大小有重要影响，和随机分配个人到条件下的情况相比，需要更大的样本。需要更大的样本使得组群RCT更昂贵，在英国教育学研究中也不那么常用（Biggs，2008；Slavin，2008c）。

在任何可能发生被试亡失而需要采用RCT的情形下，成功的RCT不足以确保精心操作的实验设计中的成功会在日常课堂情境中成功（例如Chambers，2008；Newman，2008）。本章认为，效力和有效性研究可以在为学校老师建立特殊干预的价值方面起作用。使用RCT的效力研究可以确定干预和行为结果的因果联系，使用准实验、个案和质化方法研究变化过程可以审视在特定教室下的有效性。

本书讨论的很多研究与干预有效性话题相关，其他的更关注我们对于学校情境中儿童成长与学习理论的理解。然而，在EBP运动中成长起来的指导团体给我们提供了一个优秀的起点，以理解不同研究设计的长短处、提供的证据的说服力和这些设计最能解释的研究问题。

如果你正在自己设计研究，这可能对你耳熟能详。的确，你的导师在你的研究中所质疑的正是你阅读其他人发表的研究时要审视的。这次，你不是导师（有益的和鼓励性的）批评的接收端，你正在批判其他人的作品。批判性分析和设计并执行一项研究是硬币的两面。

通过与本科生和研究生合作，笔者知道学生很会批判性思考。虽然他们常常表示对这么做感到不舒服或者不确定。很多学生和笔者分享他们的疑问时说，他们觉得，对他们来说表达对于大学资深学者发表的研究的批判意见是不适当的。用同样的知识他们建构起了自己对心理学专业的理解。这不能信任吗？有人认为如果研究得到发表一定说明它正确的，那么他们所作的负面评价就是鲁莽的。这说明学生和年轻人很尊重自己的“长辈”，而通常他们被指责不具备这种礼貌。这样一个出于礼貌的观点阻碍了批判性思考。

当更多地投入进行中的工作和进行中的研究项目和理论构建时，大四本科生和进行这样项目的研究生需要作出调整。在学习心理学课程的早些年，你应关注在学科内建立好的学习框架。即使你大四了或者进一步学习，也要继续这么做。你用到的不是教科书而是原版学术文章。与这一思想一致的是，本书是指导你审视相关学术期刊的参考书，而非建议你在更高层面的心理学学习中需要的能在一本书中找到。

所以，即使论文发表，也会有限制发现重要性的缺点和不足。如果你要确定一种干预方法是否足够有效，使你能将其推荐给学校或者地方机构让他们倾注时间和资源来实施，那么你需要批判性地考虑其长处和不足。本书的目的是让你有自信去批判性地阅读论文，准备去发现那些可能对你解读自己的发现产生影响的缺点。任何这样的评论都应该用礼貌和尊敬的语言。你的评论针对的是研究的设计或者论文对发现或者结论的解读，而非作者个人。

参考文献

American Psychological Association (2002). Criteria for evaluation treatment guidelines. *American Psychologist*, *57*, 1052–9.

American Psychological Association Presidential Task Force on Evidence-Based Practice (2006). Evidence-based practice in psychology classroom behaviour problems. *American Psychologist*, *61*(4), 271–85.

Biggs, D. (2008). Synthesising causal inferences. *Educational Researcher*, *37*(1), 15–22.

British Psychological Society (2005). *Good practice guidelines for the conduct of psychological research within the National Health Service: A guide for managers, LREC members, and psychological researchers*. Leicester: The British Psychological Society.

Campbell, D. and Stanley, J. (1966). *Experimental and quasi-experimental designs for research*. Chicago: Rand McNally.

Chambers, B. (2008). Open Dialogue peer review: A response to Tymms, Merrell and Coe. *The Psychology of Education Review*, *32*(2), 9–10.

Cook, T. and Campbell, D. (1979). *Quasi-experimentation: Design analysis issues for field settings*. Boston: Houghton Mifflin.

Daly, J., Willis, R., Small, J., Green, N., Welch, M., Kealy, E., *et al.* (2007). A hierarchy of evidence for assessing qualitative health research. *Journal of Clinical Epidemiology*, *60*(1), 43–9.

Elliott, R., Fischer, C., and Rennie, D. (1999). Evolving guidelines for publication of qualitative research studies in psychology and related fields. *British Journal of Clinical Psychology*, *38*, 215–29.

Greene, J., Caracelli, V., and Graham, W. (1989). Toward a conceptual framework for mixed-method evaluation design. *Educational Evaluation and Policy Analysis*, *11*(3), 255–74.

Hoagwood, K. and Johnson, J. (2003). School psychology: A public health framework: 1 From evidence-based practice to evidence-based policies. *Journal of School Psychology* , *41*, 3–21.

Issitt, J. and Kyriacou, C. (2009). Epistemological problems in establishing an evidence base for classroom practice. *The Psychology of Education Review*, *33*(1), 47–51.

Kelly, B. and Woolfson, L. (2008). Developing a system of complementary frameworks. In B. Kelly, L. Woolfson, and J. Boyle eds. *Frameworks for practice in educational psychology* (pp. 237–50). London: Jessica Kingsley Publishers

Kratochwill, T. (2007). Preparing psychologists for evidence-based school practice: Lessons learned and challenges ahead. *American Psychologist*, *62*(8), 829–43.

Kratochwill, T., Hitchcock, J., Horner, R., Levin, J., Odom, S., Rindskopf, D., and Shadish, W. (2010). Single-case designs technical documentation. Retrieved on September 13 2010 from What Works Clearinghouse website: http://ies.ed.gov/ncee/wwc/pdf/wwc_scd.pdf

Kratochwill, T. and Levin, J. (In press). Enhancing the scientific credibility of single-case intervention research: Randomization to the rescue. *Psychological Methods*.

Levant, R. (2005). *Report of the 2005 Presidential Task Force on evidence-based practice*. Washington, DC: American Psychological Association.

Lincoln, Y. and Guba, E. (1985). *Naturalistic inquiry*. Beverly Hills, CA: Sage.

Miles, M. and Huberman, A. (1994). *Qualitative data analysis: An expanded sourcebook*, 2nd edn. Thousand Oaks, CA: Sage.

Nash, R. (2005). Explanation and quantification in educational research: The arguments of critical and scientific realism. *British Educational Research Journal, 31*(2), 185–204.

Newman, M. (2008). Open Dialogue peer review: A response to Tymms, Merrell and Coe. *The Psychology of Education Review, 32*(2), 14–16.

Rudestam, K. and Newton, R. (2007). *Surviving your dissertation: A comprehensive guide to content and process* 3rd edition. London: Sage.

Scott, D. (2007). Critical realism and statistical methods – A response to Nash. *British Educational Research Journal, 33*(2), 141–54.

Slavin, R. (2008a). *Evidence-based policies for education in the United Kingdom*. 28th Vernon-Wall Lecture. Leicester: The British Psychological Society.

Slavin, R. (2008b). Evidence-based reform in education: What will it take? *European Educational Research Journal, 7*(1), 124–8.

Slavin, R. (2008c). Perspectives on evidence-based research in education. *Educational Researcher, 37*(1), 5–14.

Tymms. P., Merrell, C., and Coe, R. (2008). Education policies and randomised controlled trials. *The Psychology of Education Review, 32*(2), 3–7.

US Department of Education Institute of Educational Sciences (2008). *What Works Clearinghouse procedures and standards handbook*. US Department of Education. Accessed 12 September 2009. Available from world wide web at http://ies.ed.gov/ncee/wwc/help/idocviewer/Doc.aspx?docId=19&tocId=1

第二部分　教室心理学研究

笔者把本书此部分研究结构作不同生态层面的分析。该方法构建于 Bronfenbrenner (1979)的社会生态模型之上，确立了一系列的微系统，彼此相互连接、相互影响。Bronfenbrenner 将其比作一套俄罗斯套娃，每个套娃都在更大的套娃里面。笔者将这一理念应用于笔者开发的指导教育心理学从业者工作的模型(Woolfson，2008)。笔者认为这为本书提供了同样适用的结构。

这就是其原理。想象一下，教室是孩子居于其中并在里面互动的微系统。这一系统会影响孩子的学习、成长和行为。教室处于学校这一更大的情境中，学校位于更大的社区背景中。更大的社区位于更大的社会之中。影响彼此，也被彼此影响。我们将会结构化检验发展和教育的问题，分别置于这三个生态层面的背景中：教室、学校和更广泛的社区。在目标层面，我们会首先关注主题的研究和干预。

如果你懂得该结构的重要性，这将对于帮助你确定不止将孩子们经历的困难仅仅归结为孩子的问题来说很重要。实践教育心理学家已经远离这种将孩子的教育和行为困难仅仅视为孩子的问题的"孩子内部"模式，现在致力于在更系统的层面上将成长问题概念化。课堂中的孩子经常会在不同程度上经历形似的问题。在教室和学校的生态层面审视这些话题可以使我们考虑孩子问题和这些问题出现的情境的关系，以及两者的互动。孩子不能脱离这些系统而存在，所以为了研究儿童，提出合适的干预，我们必须在某种背景下研究孩子。很多实践教育心理学家关注环境背景，和老师、家长一道合作，而非只是与孩子合作，我们此处的结构正反映了这种理念。

在教室层面，第二部分讨论下列问题

- 第 4 章　行为管理
- 第 5 章　自闭谱系障碍
- 第 6 章　拒学行为

参考文献

Bronfenbrenner, U. (1979). *The ecology of human development*. Cambridge, MA: Harvard University Press.

Woolfson, L. (2008). The Woolfson *et al*. Integrated Framework: an executive framework for service-wide delivery. In B. Kelly, L. Woolfson, and J. Boyle (eds) *Frameworks for practice in educational psychology*. London: Jessica Kingsley Publishers (pp. 121–36).

第 4 章

行为管理

如何在教室里管理学生行为对教师来说是关键领域：教师在他们的职业生涯开始的时候特别担心他们对教室里学生的控制力。学习和行为管理是同步的。在老师控制不了学生行为的教室情境里，有效的学习行为不可能发生。在那里，什么规定是可接受的、不明确或者没有被自始至终地遵守，老师不确定学生个体是否会配合其对班级所给出的指示和要求。这样的环境孩子们感到不安全，不利于学习。破坏性的行为会导致更差的学习表现（例如 Wentzel，1993），当家长担忧教室里其他孩子的行为时，他们会担心自己孩子的教育甚至他们的安全。教师接受的智慧建议是让课堂行动起来，然后再教他们。但是，教室里普遍的行为问题是什么，并且，在超越民间智慧的学术意义上，研究认为管理这些问题的有效方式是什么？

学习目标

在本章最后，你应该能：

- 理解教室里出现的行为问题的本质和程度
- 评估不同干预方法的有效性
- 理解什么是元分析
- 知道有效性研究的方法学困难

在教育中，我们倾向于把有问题的教室行为称为"社会、情感和行为困难"（social, emotional and behaviour difficulties，SEBD）。健康和儿童精神病学工作者更愿意称之为"儿童和青少年精神卫生"，不同术语反映的问题本质上是相同的领域（Wolfendale，1996）。1990 年中，英国心理学会专门工作组浏览从不同专业学科小组采集的报告并作出定义：

儿童和青少年精神卫生问题是指其展示出的情感、行为或者社会关系足够显著或者持续时间足够长，从而引发孩子成长中的痛苦或者风险和/或家庭、学校和社区的焦虑不安。

(Wolfendale, 1996)

医学/精神病学/卫生专业人员使用诸如美国心理学会出版的《精神障碍诊断与统计手册》(DSM-IV)*，世界卫生组织出版的《国际疾病分类》(ICD-10)，在教育学专业人员中，不倾向于使用诊断分类，而是更关心功能性而非诊断(一个特征)。然而本章和整本书中我们要审视的一些研究植根于临床儿童心理学和精神病学，例如研究患有注意缺陷多动障碍的儿童。来自这种更具医学和卫生背景的研究通常使用 DSM 和 ICD 来定义研究样本，其发现对于教育专业人员至关重要，即使视角也许不同。

在教育中，我们认为说明如何、为何教室中存在问题行为的系统性因素至关重要。我们对于如何使用教室层面干预和管理行为感兴趣。对教室情境因素的强调体现在一般的低层面教室问题，比如说话而不学习的行为，所有的孩子或多或少的参与，及更慢性的诊断问题。因此我们担心诊断标签是否意味着孩子自身有问题，把孩子当成病态，并建议干预只针对孩子，而问题出现的教室环境则无需审视或者改变。你在阅读不同的研究时要注意这些问题。本章我们将看一下这两种研究。

在课堂中什么行为需要管理?

据估计有 10%的英国学龄儿童患有能导致社会、情感或者行为困难的精神病学疾病(Meltzer, Gatward, Goodman and Ford, 2000)。这涵盖一系列问题，并非所有都是需要在课堂进行管理的问题行为。问题行为通常分为外向的外化行为，例如破坏性的教室行为或者对同龄人或成人的攻击行为，以及内向的内化行为，比如不安和焦虑。本章我们关注的焦点是那些在教室里引发问题的行为，以及日常的、低层面的破坏行为，例如，在课堂上交头接耳或者不好好学习，这包括诊断为注意缺陷多动障碍(ADHD)以及细分之下的对立违抗性障碍(ODD)和品行障碍(CD)(Hinshaw and Park, 1999; King et al., 2005)，这意味着老师得管理患有 ADHD 的表现出反向行为的孩子。

注意缺陷多动障碍 (ADHD)

ADHD 是指会影响孩子生活的社会以及学习领域的注意力削弱，过度活动以及冲动(Polanczyk, De Lima, Horta, Biederman and Rohde, 2007)，至少在两种情境下很明显，通常是学校和家。它是最常见的儿童行为障碍(Rowland, Lesesne and Abramowitz, 2002)。世界范围内的流行率最近报道为儿童和青少年 5.3%(Polanczyk and Rohde,

* 截至本书出版(2019 年)，《精神障碍诊断与统计手册》已更新至第五版(DSM-V)，《国际疾病分类》已更新至第十一版(ICD-11)。——编注

2007);在英国为3%~9%(NICE, 2008)。美国和英国欧洲的发生率未见不同(Polanczyk et al., 2007)。DSM-IV(APA, 1994)确认了三种ADHD亚型:表现为注意力不集中和冲动的合并类型(ADHD-C);主要表现为注意力不集中的类型(ADHD-I/ADHD-PIT),以及主要表现为过度冲动的类型(ADHD-H-I)。但是有些作者对这些亚型有异议(例如Hinshaw, 2001; Pelham, 2001),认为区分这些亚型不一定可能且有用。

QUISSET* 现在到课本之外……自己查查看!

在图书馆电子数据库检索"ADHD"。

- 文献中对于不同国家不同的ADHD发生率作何解释?

* 什么是QUISSET? 指导学生研究和参与专题的问题。(见第1章)

QUISSET 向你提供需要深入思考的问题,指导你借助网上资源回答这些问题。

对立违抗性异常(ODD)/品行障碍(CD)

异常行为是指不服从的、挑衅的、激辩的、敌对的行为,这些行为和那些所有孩子某些时候表现出来的偶尔的不服从行为相比出现得更频繁、更多余。一个孩子的行为要被诊断为ODD,这种行为需要引起社会或者行为的削弱(APA, 1994)。CD要比ODD更严重,这可能包括对人和/或动物的实际身体攻击,比如纵火这样的破坏行为,破门而入,偷车等行为。再次说明,行为模式要重复且持续。

两种CD亚型:

- 儿童攻击(10岁及以内出现的症状)
- 青少年攻击(10岁以后出现的症状)

这些被诊断为儿童攻击CD的通常是男童,在与同龄人互动中存在困难;在更小的时候被诊断有ODD,很可能有持续存在的CD和ODD破坏性行为(APA, 1994)。CD和ODD发生率很难确定,因为研究使用的方法和标准是不同的(Lahey, Miller, Gordon and Riley, 1999)。美国儿童的数字是9.5%(Nock, Kazdin, Hiripi and Kessler, 2006)

麻烦的教室行为

导致开除的行为

除此之外还有存在于课堂中的不需要诊断的低层次行为,这也会给老师带来麻烦。如果我们看下开除数据,将其作为学校认为的不可接受的行为种类的标志,这使我们认识到课堂麻烦行为的本质。在英国,例如2006年至2007年被永久从小学、中学和特殊学校开除的有86 820例(Department for Children, Schools and Families, 2008)。男孩的开除率为80%,在过去五年一直很稳定。在不同时期,还有425 600例开除。也就是说,学校认为他们的行为很有问题,需要他们在一定时间内离开学校,那段时间结束,才允许他们回来。在数据中,39%被开除了不止一次。男孩占大多数,固定时期开除的75%。苏格兰的数据合并了暂时和永久开除,显示2007年至2008年20 600名学生遭到39 717次开除。只有 3 873 名学生被认为是有社会、情感或者行为困难，显然有很多未被诊断的、在课堂造成严重管理问题的儿童。和英格兰学校一样，苏格兰的数据中，男孩占了被开除学生的 79%(Scottish Government, 2009)。

导致这些开除的原因是什么？在苏格兰，33%是因为一般性或者持续的不服从，26%是因为在言语上侮辱老师，17%是因为粗野或者攻击性的行为(Scottish Government, 2009)。在英格兰情况也差不多，持续的破坏性行为是最常见的原因(Department for Children, Schools and Families, 2008)。开除学生是学校能采取的最严厉的措施，表明学校认为这是最严重的行为不轨。然而还有低层次的行为需要老师管理。现在让我们从政府数据专项研究来作更深入的了解。

破坏性的教室行为

我们首先想要澄清什么是破坏性行为。Merrett 和 Wheldall(1984)的定义在今天仍然适用于此目的。当行为干扰到学生的学习或者教室同龄人的学习，或者干扰到教师讲课时，这就是破坏性行为。若干研究已经审视了教师所认为的破坏性行为种类(**见示例**)。攻击行为、注意力不集中、阻碍其他学生学习、不停讲话、不听话，这些都是老师认为的经常出现和有问题的行为。

与主题相关的研究和应用**实例**。

实例　老师对破坏性行为的认知

1　Lawrence 和 Steed(1986)调查了 85 所小学的校长并监控了 77 所小学的事件。他们认为令人担心的行为是：不听讲、攻击其他小孩、注意力不集中、不服从老师。研究者随便选了一天让老师来记录破坏性行为。攻击其他小孩、注意力不集中、不服从老师是出现最频繁的。调查中，校长将自己年龄大一点的学生，也就是 9～11 岁的学生视作引起行为问题最多的。

2　Wheldall 和 Merrett(1988)也在英国对 32 所小学 198 名老师进行了类似的调查。他们认为“插嘴”和“妨碍他人”是最麻烦的、出现最频繁的行为，也被视作最麻烦学生的最麻烦行为。

3　Jones、Charlton 和 Wilkin(1995)的调查包含小学老师以及中学老师。圣海伦娜岛上的 54 名老师参与。结果与 Wheldall 和 Merrett(1988)的调查相似，出现最频繁的、最麻烦的行为是“插嘴”、“不好好学习”和“干扰他人”。

4　Houghton、Wheldall 和 Merrett(1988)采集了西英格兰中部 6 所中学 251 名老师的数据。最普遍的问题还是“插嘴”、“妨碍他人”。他们的研究报告说出现第三频繁的是“慢”。

5　Beaman、Wheldall 和 Kemp(2007)审视了更近的，1994 至 2005 年在澳大利亚、美国、马耳他、希腊和中国香港的中小学进行的研究。“插嘴”再次成为老师报告最频繁的也是他们认为最大破坏性的行为。这个发现在各国各地区，不论学生的年龄结构如何，是一致的。

你可能会说解读上述研究时要小心，因为一切都依靠老师的自我报告，用这来测量实际的教室经历可能既不可靠也不有效。例如，有个澳大利亚工作组发现，老师报告说近些年来，在课堂上表现出问题行为的学生数量大幅增加。然而，这种看法与老师对近年来问题学生的比例的估计相抵触，所评估的问题实际上还是一样，没有改变(Jacob, 2005)。Turnuklu 和 Galton(2001)进行了一项不依靠问卷方法的研究。相反，他们应用结构性观察以及半结构观察。即使使用不同的方法，他们仍然发现当学生不应该吵吵闹闹地说话时，他们却仍这么做了，在教室里胡乱走动是最普遍的行为，占破坏性行为的 75%。

普遍性

根据儿童年龄和确认麻烦行为的地方性因素，研究中报告的问题学生数量是不同的(Beaman et al., 2007)。例如，在中国香港，中小学报告的有麻烦行为的学生的比例是 15%(Leung and Ho, 2001; Ho and Leung, 2002)，虽然更常见的是，随着儿童年龄的增长，课堂中的麻烦学生的数量会增长(例如 Arbuckle and Little, 2004; Beaman et al., 2007; Oswald, 1995)。Beaman 和 Wheldall(1997)认为，平均说来，教师认为一个班级里会有 2 到 9 个有某种问题行为的学生。

花在管理破坏性行为上的时间

看起来对课堂上的老师来说，最麻烦的行为低层次、无关紧要但是持续出现(Beaman and Wheldall, 1997; Beaman et al., 2007; Houghton, Wheldall and Merrett, 1998; Little, 2005)。虽然在教室里，外化行为(例如，攻击、冲动、不服从、不守规矩)更严重而且更难管理，但是更不常见，估计只占约 3%～5%(Jacob, 2005; Jenson, Olympia, Farley and Clark, 2004; Kazdin, 1995)。然而，当你碰到上述这些低层次破坏性行为的日常教室情境时，你会看到老师花大量时间管理学生，这是有效的教课和学习发生的前提(Brophy, 1985)。一半的老师说他们花在管理行为上的时间比他们想象的多(Beaman and Wheldall, 1997)，Little(2005)报告说 68%的老师说他们在这方面花了太多的时间。然而，这些观点取决于老师认为他们花了多少时间在管理行为上的主观判断。如果，作为老师你认为你大部分的工作是行为管理，那么你对该问题的回答和那些认为在这方面花的时间要少的老师不同。他们认为上学的孩子已经知道在课堂上该如何表现，并且认为老师的工作是上课。当两个老师花在管理上的时间一样多时，情形也是类似。第一个老师认为他/她花的时间是对的，第二个老师认为时间太多，他们应该进行教育孩子的事，他们真正的工作。确实在两项中国的研究中，Ding、Li、Li 和 Kulm(2008)报告说只有 34%的老师感觉他们花太多时间在课堂纪律上，Shen、Zhang、Zhang、Caldarella、Richardson 和 Shatzer(2009)报告说 45%。和上述西方的研究比，这些数字是低的，作者解释说这是由于老师之间存在的东西方文化差异。有意思的是，这些研究说难管理是一个严重的问题，不同于西方的研究，这被视作第二重要的问题，中国老师认为注意力不集中是主要的问题。

讨论　帮助你应用你学到的知识和你的理解来探讨教育心理学的现有议题。

讨论　和朋友讨论

教室行为问题是老师认为有问题的儿童行为。思考在多大程度上，教室行为问题可能是以下因素的结果：

- 单个儿童
- 教师认知
- 教师管理与组织
- 学习任务的要求
- 有关安静地坐好和安静学习的班会
- 情境：社会、文化、环境

行为干预

认识了老师关心的行为之后，让我们看看管理这些破坏性行为的行为策略的有效性研究证据。应该注意的是，教师的经历可能是一个因素，新老师报告说他们花在管理行为问题上的时间更多，而且他们在管理这些问题上更无能为力（Shen，Zhang，Zhang，Caldarella，Richardson and Shatzer，2009）。

最早的行为干预利用批准、不批准和忽视不当行为。认识到教师行为本身并不足以带来行为改变之后，使用代币法的注意奖励是有效的（Stage and Quiroz，1997）。代币法是儿童接受星星、分数点、塑料计数器和奖券作为好行为的奖励。这些代币以后交换先前约定的、对于表现出来的好行为进行奖励，例如额外的玩耍时间、班级外出或者糖。此处关注的只有积极行为，不当行为被忽略。然而，随后人们意识到只使用积极措施是不够的，增加反应代价的程序效果更好（Pfiffner and O'Leary，1993；Rapport，Murphy and Bailey，1980）。反应代价包括因不当行为收回代币。

对于行为管理方法的研究通常是在真实的教室内进行的，并有预先存在的分组，而非参与者被随机分配到干预条件中，这正是老师试图改变的每天都面临的问题。虽然这些因素对于此类研究的生态效度有促进作用，你在本章和整本书中会看到，进行现实世界的研究有其自身的特殊设计和对所发现问题的解读。一种预先存在经常使用的组研究设计是时间序列设计，采取了基线措施（A 阶段）、干预、再次采取措施（B 阶段）。这种设计（见第 3 章）让一个人在实施和去除干预的时候可以从基线观察变化。设计良好的研究会重复这种方法，这样就有了基线外至少额外的三个阶段：$A_1B_1A_2B_2$。多重基线可以通过在不同干预组经历基线、实验处理和回到基线三个阶段时，来进行比较（见图 4.1）。

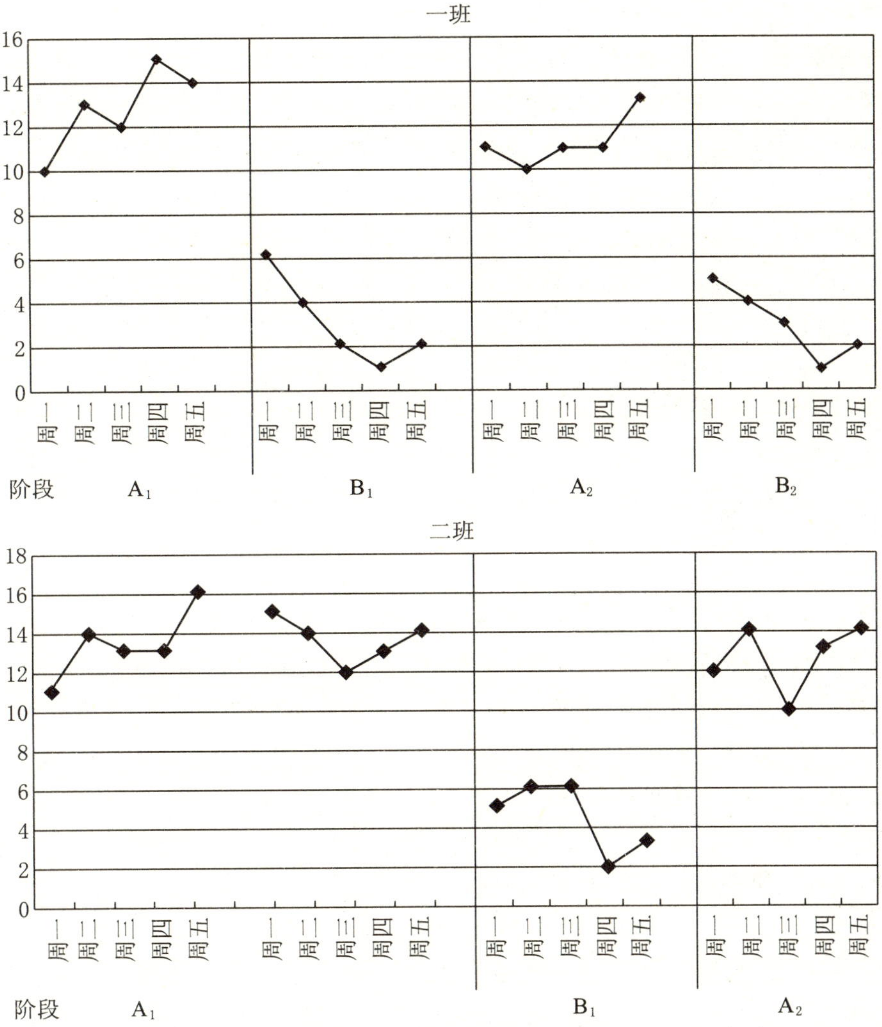

图 4.1 多重基线研究实例

预防性干预

好的教学实践鼓励教师以积极的方式建立起自己的教师系统和管理方式，这样关注的焦点就是避免出现的问题。这样的策略不关注单个孩子而是整个班级。一个例子是 Cool Tool，它被设计用来鼓励小学和中学学生通过场景和活动来学习社会行为技巧和预期，以鼓励他们的亲社会行为(Sugai, Geisen and Fernandez, 1995)。该项目强调的技巧的例子是“准备好学习”“管理怒气”“尊重他人”。Langland、Lewis-Palmer 和 Sugai(1998)在两个破坏性行为水平很高的教室，用 AB 设计评估了本方法(见第 3 章)。在 A 阶段，在不同时间测量两个教室中的基线问题行为，一个班比另一个组提前四天开始 B 阶段。B 阶段是干预阶段，可以用到 Cool Tool 课程。因为两个教室使用了两个基线，这称为多重基线研究。作者报告说，两个教室中的破坏性行为减少，包括可以称之为“严重破坏”“言语攻击”“骚扰”

“不服从”的行为。在第一个教室，这些行为从每分钟 0.25 次下降到 0.07 次，第二个教室从 0.11 次下降到 0.04 次。在第二个教室开始 B 阶段干预之前，第二个教室的破坏性行为的平均水平下降不大，也许是第一个教室的干预行为的溢出效应。在圣诞节假期之后，B 阶段实施了两个月之后，仍然维持了干预措施。但是，也有可能两个教室的效应是由在两个教室进行的 Cool Tool 之外的因素引起的。正如第 3 章讨论的那样，Campbell 和 Stanley(1966)指出“历史”可能影响诸如此类的准实验设计内部效度。例如，参与其中的老师进行工作的精力和热情提高了，知道他们将要参与可能改变他们教室里破坏性行为的干预。因此，在 B 阶段开始前，第二个班的老师可能无意中在某种程度上改变了自己的教课风格。

小组活动
提供你可以在班级上或小组里进一步探索研究主题的活动。

小组活动(2～6 人)　和朋友讨论

有个校长听说了 Cool Tool 并请教作为当地教育心理学家的你，在你的批判性评估下(见第 3 章)，是否应该在她的学校实行。根据你对 Langland 等人(1998)提供的证据，你有何观点？

在上述 Langland 等人(1998)的研究中，教师使用了叫作**预矫正**(pre-correction)的技巧，在不良行为出现**前**，提示学生问题行为可能出现的情景(Colvin, Sugai and Patching, 1993)。预矫正可能包括提醒学生规则，让他们以适当的行为为榜样、姿势或者允许他们实践好的行为。这样的方法是积极的，而非反应的，有时候称之为“以先前行为为基础的”。积极的监管是另一种形式的积极的、以先前行为为基础的干预。在积极监管中，教师巡视教室，扫描房间并检查适当和不当行为，与学生接触，当他们发现适当的学习和社会行为时会建议积极地贯彻(DePry and Sugai, 2001)。DePry 和 Sugai(2002)评估了一个日常干预项目，将这两个以先前行为为基础的方法应用到有 26 个小学生参与的研究，并培训老师审视日常数据，以便学会在干预阶段关注教授过程。作者报告说，微小的行为事件下降了：不学习、在教室里吃东西、不听老师的话、传纸条、离开座位的行为、抄其他人的作业。然而设计本身在可能引发行为结果的混淆变量方面存在着不足之处。例如，研究只有一个班级参与，有经验的老师主动参与。当时是学年末，老师和学生的情绪很高涨，盼望着假期。是不是临近假期以及教师的热情促成了该结果，而非干预本身？这些问题是你在权衡干预方法效度的证据时应该考虑的。记住第 3 章 Campbell 和 Stanley(1966)的“历史”概念。这意味着，在干预的同时发生了与之相竞争的事件，可能会影响到研究的内部效度，使得明确得出干预和结果之间存在的关系变得很难。

QUISSET 现在到课本之外……自己查查看！

在图书馆电子数据库检索“内部效度的威胁”。

- 第 3 章中概述了 Campbell 和 Stanley(1966)对内部效度的威胁的观点。通过图书馆数据库和网络资源更详细地研究内部效度的可能威胁，直到你完全理解。
- 哪些内部效度的威胁能够解释 DePry 和 Sugai(2002)的研究？

使用应急管理的干预

在前面的部分中，我们看到了对于一些积极的、预防性干预方法的评估。更普遍评估的是反应的而非积极的应急管理方法。应急管理强调良好行为**一旦出现**，就对其强化。

关键的问题是谁应该接受强化。正如我们在本章前面部分的普遍性数据中看到的，在任何班级中有问题行为和需要老师细心管理的学生只占少数。强化应该在个体层面还是在群体层面进行？哪些有个人目标和奖励的管理项目应只应用于班级里面行为有问题的孩子？教师们经常认为关注个人的系统对管理者来说不易操作。他们有时候也觉得，其他人行为良好，安静学习却没有机会得到奖励，给予那些需要行为支持的表现不好的学生支持是不公平的。在任何情况下，证据表明个人和群体应急管理同样有效（Axelrod，1973；Rosenbaum，O'Leary and Jacob，1975）。关注整个班级或者学校的普适干预被视作在教育机构建立社会环境的方式（Sugai，Sprauge，Horner，and Walker，2000）。

群体应急管理干预已被发现在解决课堂问题上有效（Stage and Quiroz，1997）。在群体层面需要从三个层面对应急进行管理（Litow and Pumroy，1975）。当孩子实现了群体标准，是否应该不管班里其他人的表现，给予孩子单独强化，这应该是**独立的**（independent）吗？一个这样的例子是对于实现60%行为目标的小学生奖励额外的10分钟课间休息时间。同样的目标、评价标准和奖励用在小组里时应该是应急强化的，也就是分配奖励，根据个人的表现单独应用到孩子身上。或者应该是**依赖的**（dependent），根据班级里面有表现问题和目标的成员确定整个班级的奖励？采用这种方法就是根据实现60%行为目标的特定学生的表现，来给整个班级额外的10分钟课间休息时间。排斥可能是这个方法的一个问题，班级里面的其他人抱怨那些没有实现自己目标的人，埋怨他们导致班级没能得到奖励。第三是**相互依赖的**（interdependent）应急。用这种合作方法，奖励取决于整个班级实现班级行为目标的情况，如本例中的60%。这意味着班级里的所有学生需要扮演好自己的角色，确保每个人都得到奖励。

实例　对于相互依赖的小组的依赖性研究

1. 在Lohrmann和Talerico的研究中（2004），使用了消除破坏性行为的差别强化程序。这种方法取决于在规定时间内，目标行为低于协定的比例的程度。这些目标是，离开自己的座位、不完成作业和不停说话。学习支持教室中的十名学生参与了"船下锚"活动，在这种干预中，每隔一段距离在墙上挂船和锚的图画。当每节课的破坏性行为少于50个时，给予小组一个别针，直到小组收集到10个别针，能够把船和锚连接起来。每个参与者从一个清单中选择单独的奖励（例如，玩具、书签、游戏）。用多重基线方法，作者报告说，不停说话的行为有所下降，虽然有关其他两个目标行为的发现不够明确。

2. Luiselli、Putnam、Handler和Feinberg（2005）为期三年的研究关注整个学校的破坏性行为而非班级层面的行为。这包括成立一个行为支持团队，优化自己的数据管理系统来更准确地记录纪律参照和暂停；修订校规来澄清积极的行为预期，然后引入代币强化系统(独立小组应急)。在教室层面,积极行为被强化。作者报告说因行为问题转到校长处(从干预前的每100名学生1.3人下降到追踪时的0.54人)和暂停上学(从干预前的每100名学生0.31人下降到追踪时的0.2人)平均水平有所下降。这就是准实验研究设计,虽然在建立干预和行为结果之间的随机关系方面存在问题。虽然暂停和引用在干预期间整体下降,但是干预的第二年,实际又增长了。

3. Christ和Christ(2006)用数字计分板来在三个破坏性的中学班级实施差别强化程序。计分板每隔两分钟自动记录,老师没察觉到破坏,班级得一分。得到十七分以后,给予小组自由时间。独立观察者评估目标行为。当破坏性行为出现,数字计时器重置,该时间段内不得分。作者报告表示,学习行为增加,破坏性的交头接耳下降。

哪个普适方法最有效,特别是当考虑到实践需要时,对于相互依赖的、独立的或者单独的证据是不够明确的(Kelshaw-Levering, Sterling-Turner, Henry and Skinner, 2000)。Kelshaw-Levering等人进一步注意到,独立小组强化可以通过确保给随机选择的小学生(不为班级所知)奖励是依据他们的行为是否达到了行为标准。用这种随机的独立应急,在任何情况下,班级成员被要求独立行动,因为只有老师知道学生获得奖励的标准(Gresham and Gresham, 1982)。使用随机的方法,独立的应急强化可以兼具相互依赖的应急强化的联合好处。

然而,Kelshaw-Levering等人(2000)注意到,除了将目标学生随机分配,干预的其他要素随机也有好处。例如,应急管理的一个限制是,当一个小组被奖励,并非所有小组成员都会把选择的奖励当作强化。我们知道,对一个孩子起强化作用的,可能对另一个不。这被称为"神秘动因"(Rhodes, Jensen and Reavis, 1992),它是未知的、随机的强化物。Murphy、Theodore、Aloiso、Alric-Edwards和Hughes(2007)在由八个学龄前儿童组成的小组中使用了本方法,这是后进儿童主项目的一部分。如果每个儿童都达到了破坏性行为目标,给予整个班级12个神秘奖励中的一个,包括扔沙包、游戏、唱歌或者贴纸。在Kelshaw-Levering等人(2000)的研究中参与的是学龄儿童,当一个小组实现了目标,可以从一个装有纸片的罐子里抽取写有奖励的纸条,可能的强化选择包括额外的玩耍时间和食物奖励。

Kelshaw-Levering等人(2000)进一步认识到使用的强化不仅受限于教室应急管理干预后的有效行为变化。例如,当好行为出现的规定时间过去,孩子们可能会故态复萌。更进一步讲,只是关注的行为下降,其他行为仍然是问题。为了应对这些担忧,Kelshaw-Levering等人使用了多阶段应急管理干预,其中所有要素都是随机的:目标行为、目标学生、强化和未知的奖励标准。他们的研究表明随机化所有要素可能比只强化强化物有效。

QUISSET 现在到课本之外……自己查查看!

在图书馆电子数据库检索"随机应急管理"。

● Kelshaw-Levering等人(2000)和Murphy等人(2007)讨论了各自研究的不足。确认这些是什么,并评估你在应急管理随机化上的观点。

什么有效？元分析的结果

目前，我们关注的是一些行为管理评价的例子，给予老师可以在课堂上应用的普适方法的意识，以及在设计和解读这些研究时存在的内在问题。你可以看到，虽然这些研究表明干预有效，因为混淆变量，有时很难确保这些干预会在其他学校的情境中有效。如果你是试图决定用哪种方法处理班上破坏性行为的教育心理学家或者老师，你可能有点不确定该如何进行。元分析通过将相关研究还原为该领域的通用标准、有效评价尺度来帮你做决策，这样所有可信研究的发现就可以被比较，即使它们使用的方法不同。该方法能帮助确定有效项目的关键特色是什么，以及它们可能对谁最有效。这是一种考虑元分析的简便方法。元分析研究者脑海里有一个问题，干预多有效？他们不去调查单个参与者在参与干预项目和对照组时发生了什么变化，而调查不同研究的结果，来确定该研究问题的答案（例如 Cordray，1990）。第 2 章表明元分析应处于证据体系的顶端。你现在可能想复习下该章来提醒自己不同证据源的效力和不足。

重要概念　什么是元分析

要用干预来处理教室行为问题，即使粗略搜索一下文献，你会发现本领域进行了很多研究。有些声称比别的更成功。如果你要确定哪种干预有效，你怎么在不同的证据中找到方法？你在浏览相关著作时又怎么权衡相互冲突的发现？你怎么将各种研究一体化？这样的话你可以整合你的发现，使你足以得出对某种干预有效与否的结论。通过量化干预效力和统计意义，元分析审查可以做到这点。在审查中，元分析会解释在哪个时期检索了什么数据库，包括使用了什么标准。它也能确认很可能导致设计不良的研究标准，例如，那些没有对照组的或者可靠性有疑的测量。读者不是简单地接受作者对于自己发现重要性的解读，他们可以通过统计证据做出自己的判断。进一步说，他们做的不仅仅是一个干预效度的研究，也可以通过审视关于该主题的一系列研究来获得概观，即便有些可能发现不如另一些瞩目。

一项元分析也可能包括显著性更高的、p 值更小的、效应量更小的研究，包括审视发表在不太著名的刊物上的研究（Rosenthal，1995）。原因在于主要期刊倾向于发表重大发现，因此检索主要刊物你只会发现你感兴趣的显示干预有效的发现。但是那些 p 值更小的、效应量更小的研究也进行了，并被发表了。如果你也考虑到这些发现，那么你现在手头有一些显示干预高度有效的研究，另一些发表在不重要的期刊上、显示没那么有效研究。显然，你要确定在哪种干预上投入你的时间、你的精力和地区的教师资源，你也希望了解不那么引人瞩目的结果，来权衡建议的干预是否能起作用。

元分析提供了一种实现这一目的的量化手段。效应量是元分析使你做到这点的方法学上的关键因素，它如此重要以至于 Rosenthal(1995) 将其称为“元分析领域的通用货币”。对于每个称之为元分析的研究，其中应有给定的效应量。这和显著性很不相同。在统计意义上，p 值告诉你发现的差异的程度有多大，也就是说当 $p<0.5$ 或者更小时，被视作有意义的不太可能是无意义的发现。效应量告诉你差异有多大。可能的情况是，差异在统计学上有意义，但是效应量小。这意味着有意义的差异存在，比如说在干预组和对照组，但是没到值得你投入资源带来足够大变化的程度。元分析会提供一种你感兴趣的干预的平均效应量。作为指导，Cohen's d 常被用来测量效应量，0.8 是高的效应，0.5 是中等效应，0.2 是小的效应(Cohen, 1988)。

Stage 和 Quiroz(1997)对 99 项旨在减少教室破坏性行为的研究进行了元分析。和行为项目一样，他们被视作更专业和针对性的干预，可以在学校内进行，例如认知行为治疗，愤怒管理项目，顾问、家长培训项目。研究包括只有非治疗对照组的研究或者带有基线阶段的研究，这样所有的研究共同提供了一种有力的针对干预变化比较的测量。他们认为元分析经常会删去时间序列数据(见有关行为干预的部分)，这会构成重要数据的丢失。在元分析中，作者使用了一种计算时间序列数据的统计学方法，这可以解决结果解读中面临的挑战。然而，当他们推断说提高的积极的表现不一定意味着破坏性行为的减少时，他们并没有包括进报告积极教室行为变化的研究。

他们报告说在学校情境进行的干预大体上是有效的，小学生的破坏性行为减少了 78%。他们发现涵盖一系列上述治疗的不同研究之间没有明显的不同。应该指出的是，小组应急、差别强化方法和自我管理减少了 85%的小学生破坏性行为。自我管理可以被视作很大程度上帮助小学生学会管理自己的行为，以对那些外部管理进行回应。然而，Stage 和 Quiroz 确实注意到依赖教师报告不太可能显示行为观察之外的变化。这可能是因为即使个别学生减少了自己的破坏行为，在涉及其他学生时，老师还是将他们视为破坏性的和有问题的。

更近的有 Wilson 和 Lipsey(2007)对 1950 年以来将攻击性和破坏性行为作为结果变量的实验性或者准实验性教室干预研究进行了元分析。这包括对被诊断为情感和行为障碍的儿童的研究，以及那些在教室中表现出破坏性行为却没有特殊状况的儿童的研究。作者报告说整体平均攻击性和破坏性行为的效应量是 0.21，根据 Cohen 的标准(1988)，这是很小的效应(见重要概念框)。对于所有教室里的儿童进行了四个普遍性的项目，平均效应量是 0.21。正如 Wilson 和 Lipsey 指出的，这种效应量代表的破坏性行为减少在教室中是有实践意义的。作者发现来自低社会经济地位小组的孩子显示了比来自高社会经济地位小组的孩子更高的效应量。本研究中报告的大多数普遍性项目是认知性的，关注如愤怒管理、社会情境中的问题解决、敌对思想转变。仅有四个普遍性项目使用行为策略，因为时间序列设计未包括在设立了对照组标准要求的元分析中。应该注意到很多认知项目也使用了行为成分。

对于干预是针对有需要的儿童的选择性项目，Wilson 和 Lipsey 报告说平均效应量是相似的，为 0.29。这些主要是抽选项目，即仅有那些需要干预的孩子会接受干预，不论是单独的还是在小组里面，或教室情境之外。同样，大多数选择性项目是认知性的，虽然这次有大量的行为、社会技巧和顾问干预，以及同龄人调解的干预。Wilson 和 Lipsey 发现行为治疗选择性项目的效应量比其他类型的干预高。重要的是，坚持也是预测结果的重要标志。这表明学校应该实行他们认可的干预项目。

什么对 ADHD 儿童干预有效

到目前为止，我们关注的是提高未有行为障碍诊断（也就是教室中出现的一般性破坏行为）的儿童的干预有效性的证据。让我们继续审视课堂 ADHD 干预。ADHD 不仅是最常见的成长障碍，也是研究最普遍的（Rowland et al., 2002）。这有助于我们的探讨，因为这意味着在如何管理教室行为方面有大量而且丰富的证据来源。确实，患有 ADHD 的儿童表现出来的问题可被视作不断需要老师管理的低水平破坏性行为的极端形式。

常见的 ADHD 兴奋剂处方药物已显示有效（Pelham, 1993），但是对于长期的效应还有担忧。即使认为 ADHD 有生物学基础，心理社会情境也被视作重要因素（NICE, 2008），研究者认为行为方法也有效（例如 Pelham and Fabiano, 2008），并已经成功应用了 30 多年（O'Leary, Pelham, Rosenbaum and Price, 1976）。这里有合并行为矫正和药物治疗的证据（American Academy of Pediatrics, 2001）。英国的指导准则最近称药物治疗不应该是 ADHD 患儿的首要治疗方法，而应采取心理治疗方法，即教师在教室进行心理干预（NICE, 2008）。Pelham（2008）同样也认为行为治疗应该作为首要方法。我们在此不打算争辩对于 ADHD 治疗究竟是药物、行为方法还是将两者合并才是最有效的方法。相反，我们坚定地关注行为方法的应用，目的在于检视效应量的证据，以便知道现存方法中的哪个在教室中应用最有效。

DuPaul 和 Eckert（1997）的元分析审视了 63 项以学校为基础的干预研究，他们将其分类为应急管理、认知行为方法或者学业干预。学业干预行为主要关注教室内的先决条件。他们发现，在效应量为 0.5 或者以上时，应急管理和学业干预在解决破坏性教室行为方面比认知行为方法更有效。作者报告说，在特殊的教育情境和主流教室进行的项目之间没有大的不同，这一发现有重要意义，因为患有 ADHD 的儿童一直在包容性的主流环境中受教育，最近由 Fabiano、Pelham、Coles、Gnagy、Chronis-Tuscano 和 O'Connor（2009）进行的研究也得出了同样的结论，就像 DuPaul 和 Eckert 那样，他们采用包括个案时序和参与者作为小组参照物的组内研究。他们认为，只审视随机对照的组间研究不仅可能导致很重要的证据来源丢失，还会引发在实践中随机对照的实验的结果对于单个案例有何意义的担忧。他们的元分析也包括 ODD 和 CD 的研究，但是当样本中的大多数孩子被诊断有 ADHD。当没有治疗对照组时，研究得到了组间研究的大效应量（0.83）。

这表明在不同的情境下，行为治疗对于提高 ADHD 患儿的行为表现有持续有力的效果，这些发现可以被归纳到其他教师情境中。包括以先例为基础的和以结果为基础的研究。两者在外部都依赖教师的反馈;在内部,当不用老师催促,学生依靠自我管理学习监控和强化自己的行为(DuPaul and Stoner, 2003)。ADHD患儿可用的以先例为基础的策略包括将学习任务分解成更小的部分以便进行,教室规则的积极教授,以及允许学生从老师提供的菜单中挑选他们接下来要完成的任务来修改学习任务(DuPaul and Weyandt, 2006)。结果为基础的方法通常包括奖励、标志和得分系统,这些针对目标行为;每日报告卡和审慎应用反应—代价和暂停,这些用于破坏性行为(Pelham and Fabiano, 2008)。

更进一步说,临床行为治疗可能被视作不够集约的行为方法(DuPaul and Murphy, 1986),因为与应用在特殊情境中的更激烈的方法相比,该方法只是训练教师对班级发出明确的指令,并对良好的行为进行表扬和奖励。虽然教师输入上的强度有所不同,但是报道显示临床行为治疗和应急管理在提高ADHD患儿方面同样有效(DuPaul and Eckert, 1997; Pelham and Fabiano, 2008)。Fabiano、Pelham、Gnagy、Burrows-MacLean、Coles、Chacko等人对追踪干预强度的问题很感兴趣,因为如果低强度的临床行为治疗和更耗人力、更花时间因此更耗钱的应急管理方法一样有效,那么前者显然更合适实行。他们的研究把低强度行为矫正(lower-intensity behaviour modification, LBM)和高强度行为矫正(higher-intensity behaviour modification, HBM)同三种不同剂量的药物干预进行了比较,证实都是有效的研究,也看了合并效应以便尽量找出最佳的方法以及强度。就行为改变而言,从测得的不守班规的情况减少可知,LBM和HBM都显著地提高了教室行为;从测得的坐在自己座位上学习的学生可知,学习效率提高了。干预水平之间没有显著差异。研究进一步复制了已经建立的药物治疗的效果。重要的是,Fabiano等人的研究发现,LBM的效应量本身就等同于所有的干预,除了HBM+药物干预和最高剂量的药物干预。确实,LBM和低剂量的药物一同使用与高剂量的药物有同样的效果。这种低水平应急管理程序的发现,加上低剂量的药物相结合,可能有助于有效使用教师资源和避免更高剂量的副作用(MTA Cooperative Group, 2004)。虽然这些结果可能和MTA研究报告的结果冲突(MTA Cooperative Group, 1990a, 1990b),Fabiano等人认为以前的研究可能有低水平的行为改变这一混淆变量,他们的研究是第一个将服药引起的行为改变分开的研究。这种路径明显对于教室内和教室外的ADHD管理有重要的意义。的确,美国心理学会将确定有效的心理干预可以用作药物干预的替代或者和药物干预一起使用作为优先事项(Levant, 2005)。

QUISSET 现在到课本之外……自己查查看!

在图书馆电子数据库检索“应急管理/用药强度”。

- Fabiano 等人(2007)的研究中的效应量是多少?
- Fabiano 等人讨论了本研究的局限。请列出它们。
- 上述结果可能和MTA研究报告的结果冲突(MTA Cooperative Group, 1990a, 1990b)。阅读MTA研究,解释MTA的发现和Fabiano等人的发现以及这些研究的设计,评估下你在应急管理强度及其和用药关系上的观点。

然而，令人失望的是，DuPaul 和 Eckert(1997)报告说除干预项目外，没有多少长期益处的证据。似乎，很少有研究评估这项，那些予以评估的也很少有观察到持续的行为提高(例如 Barkley，Shelton，Crosswait，Moorehouse，Fletcher，Barrett et al.，2000；Shelton，Barkley，Crosswait，Moorehouse，Fletcher，Barrett et al.，2000)。确实，如果你把它视作个案，短期是可能测量到因取消干预而出现的逆转的效应，这似乎说明行为项目无法维持短期干预之外的效应(Pelham and Fabiano，2008)。为了使行为提高持续下去，项目可能会要求将关注建立在维持上(DuPaul and Eckert，1997；Fabiano et al.，2007)。更有希望的是，Reddy、Newman、De Thomas 和 Chun(2009)在随后的追踪研究中报告了他们称之为的"睡眠者效应"。MTA 合作组跟踪 10 个月(MTA Cooperative Group，2004)，又追踪了随机分配的行为和治疗小组 22 个月(Jensen et al.，2007)，发现在第一数据点，虽然治疗组显示了更大的效应量，后续这种效应下降了；经过 22 个月，接受行为和治疗干预的小组之间没有什么差别。

虽然 ADHD 患儿的行为项目的效应的证据是可信的，然而应该注意到，认知行为教室干预在减少 ADHD 患儿破坏性行为方面也是有效的(DuPaul and Eckert，1997；Pelham，Wheeler and Chronis，1998)。自我教导、自我控制策略鼓励儿童对任务作出反应并用认知彩排在整个任务中指导他们。愤怒管理是认知行为教室策略的一个例子。有些人也提出，认知行为方法对学习结果而非行为有效(DuPaul and Eckert，1997)。

聚焦　任务工作组标准

Pelham、Wheeler 和 Chronis(1998)评估了 ADHD 患儿的干预项目，并得出结论：认知行为干预没有达到美国心理学会任务工作组良好治疗的标准(Lonigan，Elbert and Johnson，1998)；相比之下，行为应急管理明显达到标准了。他们也得出结论，没有足够的证据支持关注社交技巧训练能提高同龄人关系。在他们更近的评估中，包括最后一个评估和 2008 年之间的所有研究，Pelham 和 Fabiano(2008)得出了相似的结论，这次使用的是 Nathan 和 Gorman(2002)的评估方法与 APA 任务工作组标准相关的指导准则。有关任务工作组标准更多的内容参见第 2 章。

聚焦　详细介绍特定主题下的核心研究

那么其他情感/行为障碍？

到目前为止，我们审视了低水平破坏性行为的管理和课堂中 ADHD 患儿的行为管理的研究证据。但是研究表明，诊断出的诸如 ODD 和 CD 之类的反社会行为可能同样会对行为干预作出良好的反应。

Fossum、Handegård、Martinussen 和 Mørch(2008)进行了一项元分析研究，研究对象是被确诊患有 ODD 和 CD 的儿童，如有临床意义的破坏性和攻击性行为。他们报告了较高的效应量 0.95，这也是行为方法降低破坏性和攻击性行为的有效性证据。Reddy、Newman、De Thomas 和 Chun(2009)的元分析关注被诊断为情感扰乱或者被认为有情感扰乱风险的儿童。大部分样本是患有 ADHD 和/或 ODD 的孩子，但是也包括确定有适应障碍、抽动障碍、学习障碍、语言障碍以及内化障碍的儿童。在他们的分析中，分析对象包括以学校为基础的预防和干预项目，他们报告说后测试的效应量很大是 1.0，追踪项目是 1.35，干预项目通常比预防项目更有效，但是预防项目在提高积极参与和适应性功能上效果更好。雷迪等注意到，干预研究中的儿童有更严重和慢性的症状，所以与预防项目参与者相比，可能会有更大幅的提高；对于干预项目，最大的学校效应在外化行为、社交技巧和一般性学术技巧上。这里还无法得出哪种干预最有效的结论，因为元分析没有按这种方式分类，但是研究确实认为，即使面对最有挑战性的人群，以学校为基础的干预还是最有效的。

总结与结论

本章讨论了一系列教师所认为的麻烦的教室行为。从低层次的所有孩子都会参与的一般性行为，例如在课堂上说话，到更严重和普遍的行为，这些行为会导致单个儿童的诸如 ADHD 的状况。本章和整本书采用的观点是，无论是否得到诊断，都不只是孩子的问题，而是源自孩子和他/她与环境的互动。因此本章审视的干预包括老师对学习环境管理方法的改变，通常指向整个班级或者小组层面而非个人层面。本章提供了以课堂为基础的行为干预项目在提高老师认为的教室麻烦行为方面的有效性证据。

每章最后的**拓展阅读**列出了你可能感兴趣、有必要进一步查阅的文章。

拓展阅读

访问 www.pearsoned.co.uk/markswoolfson 获取下列基础文章*：

Fabiao, G., Pelham, W., Coles, E., Gnagy, E., Chronis-Tuscano, A., and O'Connor, B. (2009). A meta-analysis of behavioral treatments for attention-deficit/hyperactivity disorder. *Clinical Psychology Review, 29*(2), 129–40.

Kelshaw-Levering, K., Sterling-Turner, H., Henry, J., and Skinner, C. (2000). Randomized interdependent group contingencies: group reinforcement with a twist. *Psychology in the Schools, 37*, 523–33.

Langland, S., Lewis-Palmer, T., and Sugai, G. (1998). Teaching respect in the classroom: An instructional approach. *Journal of Behavioral Education, 8*, 245–62.

参考文献

American Academy of Pediatrics (2001). Clincal practice guideline: Treatment of the school-aged child with attention-deficit/hyperactivity disorder. *Pediatrics, 108*, 1033–44.

American Psychiatric Assocation (1994). *Diagnostic and Statistical Manual of Mental Diseases (DSM-IV) 4th edition*. Washington, DC: American Psychiatric Association.

Arbuckle, C. and Little, E. (2004). Teachers' perceptions and management of disruptive classroom behaviour during the middle years (years five to nine). *Australian Journal of Educational and Developmental Psychology, 4*, 59–70.

* 本部分版权属培生教育出版集团，如需查询，请咨询培生相关部门。

Axelrod, S. (1973). Comparison of individual and group contingencies in two special classes. *Behavior Therapy, 4*, 83–90.

Barkley, R., Shelton, T., Crosswait, C., Moorehouse, M., Fletcher, K., Barrett, S., *et al.* (2000). Multi-method psychoeducational intervention for preschool children with disruptive behavior: Preliminary results at post-treatment. *Journal of Child Psychology and Psychiatry and Allied Disciplines, 41*, 319–32.

Beaman, R. and Wheldall, K. (1997). Teacher perceptions of troublesome classroom behaviour: A review of recent research. *Special Education Perspectives, 6(2)*, 49–55.

Beaman, R., Wheldall, K., and Kemp, C. (2007). Recent research on troublesome classroom behaviour: A review. *Australasian Journal of Special Education, 31*, 45–60.

Brophy, J. (1985). Classroom organisation and management. *Phi Delta Kappa, 5*, 2–17.

Campbell, D. and Stanley, J. (1966). *Experimental and quasi-experimental designs for research.* Chicago: Rand McNally.

Christ, T. and Christ, J. (2006). Application of an interdependent group contingency mediated by an automated feedback device: an intervention across three high school classrooms. *School Psychology Review, 35*, 78–90.

Cohen, J. (1988). *Statistical power analysis in the behavioral sciences.* (2nd ed). Hillsdale, NJ: Erlbaum.

Colvin, G., Sugai, G., and Patching, B. (1993). Precorrection: An instructional approach for managing predictable problem behaviours. *Intervention in School and Clinic, 28*, 143–50.

Cordray, D. (1990). Strengthening causal interpretations of non-experimental data: The role of meta-analysis. In L. Sechrest, E. Perrin, and J. Bunker (eds). *Research methodology: Strengthening causal interpretations of non-experimental data* (pp. 151–72). Washington, DC: US Department of Health and Human Services.

Department of Children, Schools and Families (2008). *Permanent and fixed exclusions from schools and exclusion appeals in England 2006/7*, SFR 14, 1–19. http://www.dcsf.gov.uk/rsgateway/DB/SFR/s000793/SFR_14Revised.pdf

DePry, R. and Sugai, G. (2002). The effect of active supervision and pre-correction on minor behavioral incidents in a sixth grade general education classroom. *Journal of Behavioral Education, 11(4)*, 255–67.

Ding, M., Li, Y., Li, X., and Kulm, G. (2008). Chinese teachers' perceptions of students' classroom misbehaviour. *Educational Psychology, 28*, 305–24.

DuPaul, G. and Eckert, T. (1997). The effects of school-based interventions for attention deficit hyperactivity disorder: A meta-analysis. *School Psychology Review, 26(1)*, 5–27.

DuPaul, G. and Stoner, G. (2003). *ADHD in the schools: Assessment and intervention strategies*, 2nd edn. New York: Guilford.

DuPaul, G. and Weyandt, L. (2006). School-based intervention for children with attention deficit hyperactivity disorder: Effects on academic, social and behavioural functioning. *International Journal of Disability, Development and Education, 53(2)*, 161–76.

Fabiano, G., Pelham, W., Gnagy, E., Burrows-MacLean, L., Coles, E., Chacko, A., *et al.* (2007). The single and combined effects of multiple intensities of behavior modification and multiple intensities of methylphenidate in a classroom setting. *School Psychology Review, 36*, 195–216.

Fabiano, G., Pelham, W., Coles, E., Gnagy, E., Chronis-Tuscano, A., and O'Connor, B. (2009). A meta-analysis of behavioral treatments for attention-deficit/hyperactivity disorder. *Clinical Psychology Review, 29*(2), 129–40.

Fossum, S., Handegård, B., Martinussen, M., and Mørch, W. (2008). Psychosocial interventions for disruptive and aggressive behaviour in children and adolescents: A meta-analysis. *European Child and Adolescent Psychiatry, 17*, 438–51.

Gresham, F. and Gresham, G. (1982). Interdependent, dependent and independent group contingencies for controlling disruptive behaviour. *Journal of Special Education, 16,* 101–10.

Hinshaw, S. (2001). Is the inattentive type of ADHD a separate disorder? *Clinical Psychology Science and Practice, 8,* 498–501.

Hinshaw, S. and Park, T. (1999). Research problems and issues: Towards a more definitive science of disruptive behaviour disorders. In H. Quay and A. Hogan (eds), *Handbook of disruptive behaviour disorders*. New York: Kluwer Academic (pp. 593–620).

Ho, C. and Leung, J. (2002). Disruptive classroom behavours osecondary and primary school students. *Educational Research Journal, 17,* 219–33.

Houghton, S., Wheldall, K., and Merrett, F. (1988). Classroom behaviour problems which secondary school teachers say they find most troublesome. *British Educational Research Journal, 14,* 297–312.

Jacob, A. (2005). Behaviour – whose choice? *Australasian Journal of Special Education, 29(1),* 4–20.

Jensen, P., Arnold, L., Swanson, J., Vitiello, B., Abikoff, H., Greenhill, L. *et al.* (2007). 3-year follow-up of the NIMH MTA study. *Journal of the American Academy of Child and Adolescent Psychiatry, 46,* 989–1002.

Jenson, W., Olympia, D., Farley, M., and Clark, E. (2004). Positive psychology and externalising students in a sea of negativity. *Psychology in the Schools, 41(1),* 67–79.

Jones, K., Charlton, T., and Wilkin, J. (1995). Classroom behaviours which first and middle school teachers in St Helena find troublesome. *Educational Studies, 21,* 139–53.

Kazdin, A. (1995). *Conduct disorders in childhood and adolescence,* 2nd edn. Thousand Oaks, CA: Sage.

Kelshaw-Levering, K., Sterling-Turner, H., Henry, J., and Skinner, C. (2000). Randomized interdependent group contingencies: group reinforcement with a twist. *Psychology in the Schools, 37,* 523–33.

King, S., Waschbusch, A., Frankland, B., Andrade, B., Thurston, C., McNutt, L., Terrio, B., and Northern Partners in Action for Child and Youth Services (2005). Taxonomic examnation of ADHD and Conduct Problem comorbidity in elementary school children using cluster analyses. *Journal of Psychopathology and Behavioral Assessment, 27,* 77–88.

Lahey, B., Miller, T., Gordon, R., and Riley, A. (1999). Developmental epidemiology of the disruptive behavior disorders. In H. Quay and A. Hogan (eds), *Handbook of disruptive behaviour disorders*. New York: Kluwer Academic (pp. 23–48).

Langland, S., Lewis-Palmer, T., and Sugai, G. (1998). Teaching respect in the classroom: An instructional approach. *Journal of Behavioral Education, 8,* 245–62.

Lawrence, J. and Steed, D. (1986). Primary school perception of disruptive behaviour. *Educational Studies, 12,* 147–57.

Leung, J. and Ho, C. (2001). Disruptive behaviour perceived by Hong Kong primary school teachers. *Educational Research Journal, 16,* 223–37.

Levant, R. (2005). *Report of the 2005 Task Force on evidence-based practice.* American Psychological Association.

Litow, L. and Pumroy, D. (1975). A brief review of classroom group-oriented contingencies. *Journal of Applied Behaviour Analysis, 8,* 341–7.

Little, E. (2005). Secondary school teachers' perceptions of students' problem behaviours. *Educational Psychology, 25,* 369–77.

Lohrmann, S. and Talerico, L. (2004). Anchor the boat: A classwide intervention to reduce problem behavior. *Journal of Positive Behavior Interventions, 6,* 113–20.

Lonigan, C., Elbert J., and Johnson, S. (1998). Empirically supported psychosocial interventions for children: An overview. *Journal of Clinical Child Psychology, 27,* 138–45.

Luiselli, J., Putnam, R., Handler, M. and Feinberg, A. (2005). Whole-school positive behaviour support: effects on student discipline problems and academic performance, *Educational Psychology, 25*, 183–98.

Meltzer, H., Gatward, R., Goodman, R., and Ford, T. (2000). *Mental health of children and adolescents in Great Britain*. London: HMSO.

Merrett, F. and Wheldall, K. (1984). Classroom behaviour problems which junior primary school teachers find most troublesome. *Educational Studies, 10*, 87–92.

MTA Cooperative Group. (1999a). 14-month randomized clinical trial of treatment strategies for attention deficit hyperactivity disorder. *Archives of General Psychiatry, 56*, 1073–86.

MTA Cooperative Group. (1999b). Moderators and mediators of treatment response for children with attention-deficit-hyperactivity disorder: The multimodal treatment study of children with ADHD. *Archives of General Psychiatry, 56*, 1088–96.

MTA Cooperative Group. (2004). National Institute of Mental Health multimodal treatment study of ADHD follow-up: 24-month outcomes of treatment strategies for attention-deficit-hyperactivity disorder. *Pediatrics, 113*, 754–61.

Murphy, K., Theodore, L., Aloiso, D., Alric-Edwards, J., and Hughes, T. (2007). Interdependent group contingency and mystery motivators to reduce preschool disruptive behavior. *Psychology in the Schools, 44*, 53–63.

Nathan, P. and Gorman, J. (2002). Preface. In P. Nathan and J. Gorman (eds), *A guide to treatments that work*, 2nd edn. New York: Oxford University Press (pp. 3–4).

NICE (2008). *Attention deficit hyperactivity disorder. Diagnosis and management of ADHD in children, young people and adults. NICE Clinical Guideline 72*. London: National Institute for Health and Clinical Excellence.

Nock,M., Kazdin, A., Hiripi, E., and Kessler, R. (2006). Prevalence, subtypes and correlates of DSM-IV conduct disorder in the National Comorbidity Replication. *Psychological Medicine, 36(5)*, 699–710.

O'Leary, K., Pelham, W., Rosenbaum, A., and Price, G. (1976). Behavioral treatment of hyperkinetic children. *Clinical Pediatrics, 15*, 510–15.

Oswald, M. (1995). Difficult to manage students: A survey of children who fail to respond to student discipline strategies in government school. *Educational Studies, 21*, 265–276.

Pelham, W. (1993). Pharmacotherapy of children with attention-deficit hyperactivity disorder. *School Psychology Review, 22*, 199–227.

Pelham, W. (2001). Are ADHD-I and ADHD-C the same or different? Does it matter? *Clinical Psychology: Science and Practice, 8*, 502–6.

Pelham, W. (2008). Against the grain: a proposal for a psychosocial-first approach to treating ADHD – the Buffalo Treatment Algorithm. In K. Burnett, L. Pfiffer, R. Schachar, G. Elliott, J. Nigg (eds) *Attention deficit hyperactivity disorder: A 21st century perspective*. New York, NY: Informa Healthcare (pp. 301–16).

Pelham, W. and Fabiano, G. (2008). Evidence-based psychosocial treatment for ADHD. *Journal of Clinical Child and Adolescent Psychology, 37*, 184–214.

Pelham, W. and Murphy, H. (1986). Attention deficit and conduct disorder. In M. Hersen (ed.), *Pharmacological and behavioural treatment: An integrative approach*. New York: Wiley (pp. 108–48).

Pelham, W., Wheeler, T., and Chronis, A. (1998). Empirically supported psychosocial treatments for ADHD. *Journal of Clinical Child Psychology, 27*, 189–204.

Pfiffner, L. and O'Leary, S. (1993). School-based psychological treatments. In J. Matson (ed.) *Handbook of hyperactivity in children*. Boston, MA: Allyn and Bacon (pp. 234–55).

Polanczyk, G., De Lima, M., Horta, B., Biederman, J., and Rohde, L. (2007). The worldwide prevalence of ADHD: A systematic review and metaregression analysis. *American Journal of Psychiatry, 164(6),* 942–48.

Polanczyk, G. and Rohde, L. (2007). Epidemiology of attention-deficit/hyperactivity disorder across the lifespan. *Current Opinion in Psychiatry, 20(4),* 386–92.

Rapport, M., Murphy, A., and Bailey, J. (1980). The effects of a response cost treatment tactic on hyperactive children. *Journal of School Psychology, 18,* 98–111.

Reddy, L., Newman, E., De Thomas, C., and Chun, V. (2009). Effectiveness of school-based prevention and intervention programs for children and adolescents with emotional disturbance: a meta-analysis. *Journal of School Psychology, 47,* 77–99.

Rhodes, G., Jensen, W., and Reavis, H. (1992). *The tough kid book: Practical classroom management strategies*. Longmont, CO: Sopris West.

Rosenbaum, A., O'Leary, K., and Jacob, R. (1975). Behavioral intervention with hyperactive children: group consequences as a supplement to individual contingencies. *Behaviour Therapy, 6,* 315–23.

Rosenthal, R. (1995). Writing meta-analytic reviews. *Psychological Bulletin, 118(2),* 183–92.

Rowland, A., Lesesne, C., and Abramowitz, A. (2002). The epidemiology of attention deficit/hyperactivity disorder (ADHD): A public health view. *Mental Retardation and Developmental Disabilities Research Reviews, 8,* 162–70.

Scottish Government (2009). Statistics publication notice. Exclusions from schools 2007/8. http://www.scotland.gov.uk/Resource/Doc/258163/0076560.pdf

Shelton, T., Barkley, R., Crosswait, C., Moorehouse, M., Fletcher, K., Barrett, S., *et al.* (2000). Multimethod psychoeducational intervention for preschool children with disruptive behavior. Two-year post-treatment follow-up. *Journal of Abnormal Child Psychology, 28,* 253–66.

Shen, J., Zhang, N., Zhang, C., Caldarella, P., Richardson, M.J., and Shatzer, R.H. (2009). Chinese elementary school teachers' perceptions of students' classroom behaviour problems. *Educational Psychology, 29,* 187–201.

Stage, S. and Quiroz, D. (1997). A meta-analysis of interventions to decrease disruptive classroom behaviour in public education settings. *School Psychology Review, 26(3),* 333–68.

Sugai, G., Geisen, C., and Fernandez, E. (1995). *The Cool Tool: A social skills teaching format.* Behavioral Research and Teaching. University of Oregon, Eugene.

Sugai, G., Sprauge, J., Horner, R., and Walker, H. (2000). Preventing school violence: The use of office discipline referrals to assess and monitor school-wide discipline interventions. *Journal of Emotional and Behavioral Disorders, 8,* 94–101.

Turnuklu, A. and Galton, M. (2001). Students' misbehaviours in Turkish and English primary classrooms. *Educational Studies, 27,* 291–305.

Wentzel, K. (1993). Does being good make the grade? Social behaviour and academic competence in middle school. *Journal of Educational Psychology, 85,* 357–64.

Wheldall, K. and Merrett, F. (1988). Which classroom behaviours do primary school teachers say they find most troublesome? *Educational Review, 40,* 13–27.

Wilson, S. and Lipsey, M. (2007). School-based interventions for aggressive and disruptive behavior: update of a meta-analysis. *American Journal of Preventive Medicine, 33(S2),* 130–43.

Wolfendale, S. (1996). Accounting a network of services for EBD: a description of the DECP working party and beyond. *Educational and Child Psychology, 13*(1), 5–12.

第 5 章

自闭症谱系障碍

本章我们将会考察目前自闭症的研究情况。你也许已经对自闭症有一些了解。围绕适应自闭症儿童教育的规定或者自闭天才的天赋的争议常被媒体报道。我们更多考虑的是，本章所提到的学术方法应该能使你在任何这类的争论中采取一个更明智的立场。

学习目标

本章结束时，你应该能：

- 理解"自闭症"、自闭症谱系障碍、高功能自闭症、阿斯伯格综合征以及它们之间的关系
- 理解该领域的主要理论观点，包括思维理论、执行功能障碍、弱中心信息整合理论、与亲验之心理论，以及关于这些理论的研究方法
- 准确评价基于不同理论解释自闭症的依据
- 整合不同的理论观点
- 确认仍未解决的课题及新的研究领域
- 评价被普遍使用的班级干预方法的效力依据

自闭症最初如何被确认？

1940 年，一位在巴尔的摩工作的儿童精神病学家 Leo Kanner 发表了一篇论文。论文中描述的 11 个案例表现出他认为的一种罕见的奇怪行为，他把这称为"早期幼儿自闭症"。一年后，Hans Asperger 在维也纳也报告了"自闭性精神病质"。40 年后 Lorna Wing 称"自闭性精神病质"为阿斯伯格综合征（Wing，1981）。事实上，Kanner 和 Asperger 的案例研究并非首次记录儿童表现出不寻常的行为，18 世纪阿韦龙省的野孩可能就是拥有自闭症行为的一个早期例子（Firth，2003）。

Kanner 和 Asperger 分别使用术语"自闭症"可能并不完全是巧合。1911 年 Bleuler

首次使用该术语，到1940年代“自闭症”被精神病学普遍用于描述个体与外界的狭隘联系，太过极端以至于自我封闭(Frith, 2003)。事实上“自闭症”可能已经令人引起不必要的误解，因为它意味着与精神分裂症有关，即从社会关系，退回到虚幻的生活，而不是无法建立合理的人际关系和贫乏的想象力(Rutter, 1978)。

Kanner的论文是用英文发表的，Asperger的论文是用德文发表的。如果说不同的语言不足以成为障碍，但这发生在“二战”期间——当时英语世界与纳粹德国正势不两立。很可能只有少数的研究者注意到两篇论文的相似之处，直到1970年代，Wing使Asperger的论文引起了英语世界的注意(Sharma, Woolfson and Hunter, submitted manuscript)。

我们关于自闭症的解释被证明反映的是时代特征(Rajendran and Mitchell, 2007)。早期自闭症病因的概念在1950年代受到依恋理论的影响并且建立在现在看来不足为信的“冰箱妈妈”的理论之上，现在看来也就并不那么令人惊讶了(Bettelheim, 1967)。这描述了在儿童所观察的情境中，母亲被认为是引起自闭症的原因，因为她们对待孩子缺乏温暖的母爱，如今我们已经离开这种解释。你将会发现现在的解释更贴合时代潮流。下文将会讨论这些解释。

什么是自闭症?

自闭症是一种发育障碍，是广泛性发育障碍的集合，其特征通常会在三岁之前表现出来。自闭症的典型表现“三重障碍”最初是由Wing和Gould确定(1979)。

从那时起三大领域逐渐受到影响，核心特征是：

- 社交
- 沟通
- 在行为灵活度上表现出受限制的、重复性的行为以及缺乏想象力。

例见Boucher(2009)。

正如第4章所提到的那样，《精神障碍诊断与统计手册》(DSM-IV)和《国际疾病分类》(ICD-10)被用于医学和健康的专业诊断中。它们提供了用于鉴定自闭症的清晰的临床标准。你会发现研究者所称的自闭症谱系障碍(autism spectrum disorders, ASD)覆盖了许多不同的自闭症样症状。在考虑自闭症谱系障碍概念时，谱系的一端是儿童表现出严重的社会、交流和行为障碍以及低智商，另一端是儿童拥有平均或超常的智商，这类儿童被认为患有高功能自闭症(high-functioning autism, HFA)。在这一端的儿童也可能患有阿斯伯格综合征。这些儿童表现出自闭损害时，他们的早期语言和其他里程碑式的发展和同龄人是一样的，在很多情况下甚至优于同龄人。当我们阅读研究时，重要的是要仔细检查确定自闭症样本的症状是什么。

现在自闭症比以前“更多”?

如今，我们似乎更多听说自闭症。1970年代，当笔者在英国受训成为一名教育心理学家时，我们都认为在工作中遇不到自闭症是非常罕见的情况。如今，大部分的教师和所有的教育心理学家都注意到自闭症，很多老师很有可能在主流课堂上就直接经历过自闭症儿童。那么，这是否说明现在自闭症比以前“更多”了？

为了回答这个问题，我们必须要看一看患病率和发病率的数据。Lotter(1966)以及Wing 和 Gould(1979)报告了英国地区在 20 世纪 60 年代至 70 年代发病率为每万名儿童中有 4.5 人患有自闭症，这当然证实了我们当时作为新晋合格的心理学家所被教授的知识。事实上，爱尔兰(McAcarthy, Fitzgerald and Smith, 1984)、美国(Burd, Fisher and Kerbeshian, 1987)、法国(Cialdella and Marmelle, 1989)、德国(Steinhausen, Göbel, Breinlinger and Wohllebhen, 1984)、丹麦(Brask, 1972)、瑞典(Gillberg, 1984)以及日本(Hoshino et al., 1982)都报告了类似的低发病率，尽管其他的日本研究者报告过高至16‱的自闭症发病率(Ishi and Takahashi, 1983; Matsuishi et al., 1987)。

重要概念　理解“患病率”和“发病率”之间的区别吗？

患病率和发病率对医科学生来说是极熟悉的术语，但是对心理学学生而言却知之甚少。然而，对心理学学生而言理解这些概念对了解当前自闭症患病率和发病率的参数是否增加是很重要的。

术语患病率和发病率参考了统计信息。自闭症患病率数据告诉我们在一定时间内自闭症儿童与患病率研究的儿童总数的比率。患病率通常以百分比的方式表示，或每万名儿童中得此病的人数，这也是测量总人口中患有此病的方法。

另一方面，发病率指在特殊时间内新确诊为自闭症儿童的人数与总人口中儿童总数的比率。发病率也常用每万人或每十万人中新确诊的自闭症儿童数来表示。

要考虑患病率和发病率之间有何不同，让我们先来考虑一种普遍的疾病，如流感。

几乎每人都得过流感，所以发病率会在某一特定时期非常高，会有很多新的病例被确诊。幸运的是流感只持续一小段时间，所以每年的患病率低于发病率，因为只有少数人会在任何时间患有流感。

换言之，像自闭症这样的慢性病并不会消失，所以自闭症的患病率会高于发病率，因为发病率仅记录新确诊的病例数而患病率则反映了患自闭症的儿童总数。因此，患病率既包括那些在某一时期新确诊的人数(发病率)，也包括那些早年被确诊的病人，他们自然在报告收集数据时期仍患有自闭症。

那么从那时起人数开始增加了吗？最近英国、中国、芬兰和美国等国家的研究报告都在每万名儿童 8 到 20 人，最低值与上面所说的 20 世纪 60 年代、70 年代、80 年代的患病率并没有太大的不同(Croen, Grether, Hoogstrate and Selvin, 2002; Kielinen, Linna and Moilanen, 2000; Lin, Lin and Wu, 2009; Lingam et al., 2003; Wong and Hui, 2008)。Fombonne(2009)最近的研究综述也认为患病率为 20‱。然而，其他研究者报告的患病率高达 39.2‱(澳大利亚；Icasiano, Hewson, Machet, Cooper and Marshall, 2004)和每万名

儿童中有100人患有自闭症(Baird et al., 2006; Baron-Cohen et al., 2008)。挪威的一份研究报告竟高达2.7%(即每万名儿童中有270人患有自闭症;Posserud et al., 2006)。

这并不简单明了,不是吗?让我们想一想如何解释这种情况。为了比较不同来源的文献数据,你需要弄清自闭症是如何被学界界定的。患病率的增加可能**部分**反映了如今自闭症作为一种谱系障碍的概念扩大化,而不再是仅仅位于谱系严重一端的典型自闭症。患病率的增加也可能反映专家们如今能更好地诊断自闭症,也反映了转诊程序和评估测量方法的改进以及公众对自闭症的高度关注,而不仅仅反映了高发病率(Fombonne, 2009; Rutter, 2005)。有些研究者用泛化的自闭症谱系障碍概念预先报告了近似每万名儿童中有50至60人患有自闭症,但是报告的典型自闭症数量要少得多,每万名儿童中只有10至30人(例如Bertrand et al., 2001; Gillberg, Cederlund, Lamberg and Zeijlon, 2006; Gurney et al., 2003; Scotton, Baron-Cohen, Bolton and Brayne, 2002)。

关于这个问题的复杂性,我们现在需要清楚,到目前为止我们只讨论了患病率还未考虑到发病率。甚至在考虑到上文所提的程序上的变化之后,自闭症的发病率仍可能增高了。所以,问题是:相比于过去,如今更多的儿童得到自闭症谱系障碍的诊断吗?为了回答这个问题,我们需要考察其与发病率的特殊关联,例如,为寻找证据支持或驳斥这样的假设:现代环境的危害引起了自闭症的"流行"。我们需要查看发病率的数据来看是否有这样的"流行"。

检查文献时我们可以发现大部分研究者报告的发病率都小于10‱(例如Barbaresi et al., 2005; Powell et al., 2000; Williams et al., 2005)。这应该对你来说很有意义,如果你期待自闭症的发病率低于患病率(请看核心概念框)。在Hertz-Picciotto和Delwiche(2009)的研究中发病率较高(但仍低于患病率),报告的发病率2001年是每万名儿童中有42.5人患有自闭症,而Honda等人(2005)则报告称1988年至1991年期间,每万名儿童中有27.2人患有自闭症。不管发病率如何,这些研究似乎都表明这些年来发病率有所增加。举例来说,Barbaresi等人(2005)的报告称美国的自闭症发病率从1980年代的0.55‱上升到1990年代的4.5‱。Hertz-Picciotto和Delwiche(2009)也报告了加利福尼亚州的发病率从1990年的6.2‱开始也有所提高,2~3岁年龄段的儿童变化变大。在英国,Powell等人(2000)也报告了发病率从1991年至1992年期间的3.5‱增加到1995年至1996年期间的13.1‱。在中国香港,Wong和Hui(2008)报告称1986年至1990年期间发病率为5.2‱,在2001年至2005年期间增加到了7.9‱。然而,解释患病率增高的同样理由只能部分地说明发病率的增加。虽然如此,仍有极大的可能是在过去的40年里,患有自闭症的儿童数目的确有所增多。

QUISSET 现在到课本之外……自己查查看!

在图书馆电子数据库检索"患病率/发病率"。

- 文献对不同国家的不同患病率/发病率提供的解释是什么?
- 当前的不同是如何被解释的?
- 考虑一个与之相关的你自己提出的问题。

小组活动(2~6 人) 和朋友讨论

经过这一章的阅读以及实践了 QUISSET 之后,你已经理解了一些关于自闭症的争议。小组讨论中你们需要考虑的问题是:

"近年来自闭症的发病率有所增加吗?"用论据支持你的论证。将小组分为两半,一半的人去研究主张自闭症发病率确有增加的论证并且从学术研究中寻找支持该论证的论据;另一半研究主张自闭症发病率的增加都有其他原因而且患自闭症儿童的数目并没有发生改变的论证。

提示:确保你们阅读的是原始论文,观察研究是如何被执行的,自闭症是如何被确定的,被试群体的年龄是多少,以及诊断的工具是什么。这些研究是不同的吗?你们的 QUISSET 在这里应该能起到帮助。还未解决的问题是什么?

最终的数据问题……更多的男孩还是女孩被确诊为自闭症?

相比于自闭症的发病率问题,该问题的答案异议并不多,因为患有自闭症的男孩多于女孩是一致的研究发现。当然,患病率的数据取决于如何计算。举例来说,Fombonne(1999)及 Scott、Baron-Cohen、Bolton 和 Brayne(2002)都报告称男孩与女孩的患病比率为 4∶1。然而这些男孩与女孩的比率变化取决于你着眼于普通学校还是特殊学校。在普通学校,男女比率似乎更高(8∶1),特殊学校的男女比率差别较小(3∶1)。这似乎是因为被确诊为自闭症的女孩比男孩拥有更严重的学习障碍,因此更有可能在特殊学校接受教育(例如 Gillberg, Steffenburgh and Shaumann, 1991)。也可能因为女孩的学习问题被父母或老师认为更严重。正如本章之前所提及,受限的重复行为如反复开门关门或者对过去的过于专注都是自闭症的关键特征。关于女孩的自闭症症状被证明认识得还不够,这可能是因为男女孩表现不同,女孩比男孩兴趣受限的程度较轻,在社会发展上表现出的损害也更轻(Wolff and McGuire, 1995)。这一理念也适用于稍后本章将讨论的 Baron-Cohen(2002)的**极端男性脑**(extreme male brain)理论。

自闭症理论

有各种原因被用来解释自闭症。我们将检验当前促进研究的那些核心理论方法。

心智理论缺陷

该理论认为,由于缺乏**心智理论**(theory of mind),患自闭症的儿童会有一种特殊的认知缺陷。心智理论不仅使你意识到他人与你不同的精神状态、某些观念,也是使你理解这些观念是什么的能力。我们使用心智理论了解其他人在某种情境下的感受或者从他们的身体或者情绪的角度观察他们为何与我们有很大的不同。这也被称为"心智"或"心智读取”的不足。有些人认为这种认知缺陷也可能是与自闭症相关的社会障碍。Baron-Cohen、Leslie 和 Frith(1985)所完成的经典研究极好地阐释了这种理解他人意图和观念的能力。

Wimmer 和 Perner(1983)使用 Sally-Anne 测试发展了一级错误信念任务(见聚焦)。他们发现 80%的自闭症儿童都拥有正常的智力水平，他们会说 Sally 认为大理石在 Anne 的盒子里，尽管 Sally 已经离开房间并且不可能知道大理石被移动过了。结论是作为回答的基础他们更愿意从自己的角度而非 Sally 的角度来考虑问题。Braon-Cohen 等人(1985)发现与普通四岁儿童的控制实验组和唐氏综合征儿童相比，自闭症儿童更倾向于从自己的角度回应，而前两组的智力年龄都比自闭组低。这种一级信念归因的不足既在人身上，也在娃娃身上表现(Leslie and Frith, 1998)。

然而，Bloom 和 German(2000)争论说错误信念任务比它所表现的更为复杂，为了正确回答，儿童被要求拥有更多的错误信念而不仅是了解它们。他们还需要跟上情节——娃娃们正在做什么？他们需要记住在 Anne 移动之前巧克力在哪，也需要记住移动之后巧克力在哪？

聚焦　什么是 Sally-Anne 错误信念任务？

这个任务最初是由 Wimmer 和 Perner(1983)发展起来用以检查幼龄儿童的错误信念。Braon-Cohen 等人(1985)随后修改了该任务用于自闭症儿童并且取得了令人兴奋的成果。

在这个任务中，被试儿童目睹了一系列由两个娃娃，Sally 和 Anne，所表演的事件。这两个娃娃分别拥有一个篮子和一个盒子。被试儿童观察到 Sally 在她的篮子里放了一块巧克力然后离开了房间。在 Sally 不在的时候，即 Sally 并未看见 Anne 从她的篮子里拿出了巧克力藏在了自己的盒子里。Sally 回来后儿童被要求回答“信念”问题，“Sally 认为巧克力在哪？”要通过该测试，正确答案当然应该是 Sally 认为巧克力在她的篮子里(因为那是她离开时放的地方，并且她没有看到 Anne 拿走巧克力)。

这样的反应反映了最低水平的心智理论操作，被称为一级信念归因(Wimmer and Perner, 1985)。这帮助你明白他人和你持不同信念，由此，预期一个人在特定情境下作何反应也取决于信念本身。

Bloom 和 German(2000)进一步指出儿童还需要充分了解要回答的问题，例如问题是 Sally **会**看哪里，而不是**应该**去哪里寻找巧克力。因此，他们声称 Sally-Anne 任务可能不仅利用了心智理论。他们进一步探讨并认为心智理论其实是比通过或者未通过错误信念任务更大的概念。较年长的儿童不能通过该任务是因为他们不具备心智理论，而较年幼的普通儿童失败更多是因为该任务的其他要求。Bloom 和 German 认为较年幼的儿童也可能在该任务中失败，因为他们还没有理解错误信念却已经具备心智理论。学龄前儿童无法参与想象力游戏是这个年龄群体的典型特征，不具备心智理论可以使他们扮演完成成人生活中重要的日常生活任务。

不足还是延迟?

正如上文所讨论的那样,80%的自闭症儿童在一级错误信念任务中失败。然而,这意味着20%的自闭症儿童实际上通过了该任务。这就意味着并不是心智理论不足,因为有些自闭症儿童在这项任务中取得了成功。一项新的二级信念任务正是在此理解上发展起来的。如果自闭症儿童在该任务中表现不好,那就证明是心智理论发展延迟而非不足,通过一阶错误信念的自闭症小组在处理更为复杂的信念任务时可能会失败。Braon-Cohen(1989)发现事实上使用更高级的心智理论任务(我认为她认为他认为)(见下文**聚焦**)时,90%的自闭症样本指出他们知道货车去哪里了,而不是Mary认为John认为货车在哪?相反地,70%的7岁儿童和60%唐氏综合征的儿童都通过了二级信念问题,他们在智力年龄上都要低于自闭症儿童。这就使Braon-Cohen(1989)采用认知**延迟**而非认知不足来厘清这个问题。

Happé(1995)的元分析为延迟而非不足提供了更进一步的支持。她发现儿童的言语智力年龄(见**重要概念**)与他们在Sally-Anne任务中的表现有明显的联系。Happé的研究结果表明,要获得Sally-Anne任务的成功,儿童必须要达到特别的言语智力年龄,直到他们达到言语智力年龄才能获得可能延迟的心智理论。在她的研究中,普通儿童开始能通过心智理论任务是在2岁零10个月的言语智力年龄。然而,样本中的自闭症儿童通过的门槛更高,他们直到达到5岁零6个月的言语智力年龄才能通过。

重要概念

足龄(chronological age)是指儿童的实际年龄,从出生至今。**智力年龄**(mental age)是指使用标准化的与年龄相关的量表所得到的,用于评估儿童在一组认知任务中的表现的分数。这些认知任务可能是言语任务则产生**言语智力年龄**(verbal mental age);或者不依赖言语技能,那么产生的是**非言语智力年龄**(nonverbal mental age)。

聚焦 Braon-Cohen(1989)的二级错误信念任务

二级错误信念涉及一个带有房子、一座教堂、两个娃娃John和Mary,以及一辆冰激凌货车的玩具村庄。此外,这也是一个范式,最初由Perner和Wimmer(1985)发展而来。

情节是这样的:John和Mary在公园里,John想要买冰激凌,但是他没有钱,他把钱落在家里了。卖冰激凌的男子说他一整天都会待在那儿,所以John可以晚点再来买。John正要回家取钱,看见卖冰激凌的男子在移动他的货车。卖冰激凌的男子解释说他把货车移到教堂外去卖冰激凌。

这时Mary回家了,然后去John家找他。Mary告诉John的妈妈说John去买冰激凌了。二级信念问题提问儿童Mary认为John去哪儿买冰激凌了?

在一级信念认为中儿童被问道:“Sally在想什么?”在二级任务中,儿童被问道:“Mary认为John在想什么?”

QUISSET 现在到课本之外……自己查查看！

在图书馆电子数据库检索“高级心智理论”。

调查心智理论时，研究者已经从一级和二级信念发展到更高级的心智理论任务了。

● 用于儿童高级心智理论研究的任务是什么？

● 研究者的发现是什么？

提示：Happé 的奇怪故事(Happé, 1995)；成人眼神读心任务(Braon-Cohen, Joliffe, Mortimore and Robertson, 1997；见下文的任务示例)；失礼任务(Braon-Cohen et al., 1999)。

● 下一步是找到更多最近使用心智理论任务的研究。研究发现了什么？它们支持/延伸/挑战这些任务的最初成果到何种程度？你现在能对心智理论和自闭症下什么样的结论？

从你的阅读中找到证据支持你的回答。

聚焦　眼神读心：一项成人高级心智理论(心智化)测验

在这项测验中，向一位成年参与者展示了 25 张有演员眼睛的图片。在最初的任务中(Braon-Cohen et al., 1997)他/她随后必须进行选择，从中挑选出 2 张描述图片中人的感受最恰当的图片。这背后的理念是，要正确回答问题，你必须把自己投入到他人的思维中去感受他们的感觉，即他们的思维情境。然而 Braon-Cohen、Wheelwright、Hill、Raste 和 Plumb(2001)指出，被认为是高级心智理论的“眼神读心”测验与儿童冰激凌货车任务相比，仅仅涉及心智理论的第一阶段，归因图片中任务的正确思维情境。但是，并没有涉及推理的第二阶段。

Braon-Cohen 等人(2001)修改了原始任务以消除实验发现来自机会反应的可能性，因为严格从两种文字回答中选择一个的测试分数范围太过狭窄，不能充分区分自闭症倾向的人群与自闭症患者。为了解决这个问题，他们增加了展示图片的数量，增加了选择的次数，从每幅图片两次增加到四次，限定图片要更复杂的思维情境而非简单的开心/难过情境，使任务更具挑战性。

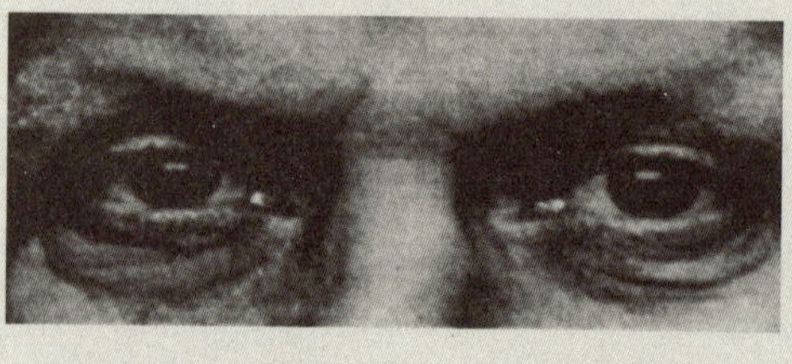

图片(a)　测验用到的一个(男性)刺激实例：最初版本的文字选择是“严肃”(正确)对“幽默”。修订版本的文字选择是“严肃”(正确)“害羞”“警觉”和“困惑”。

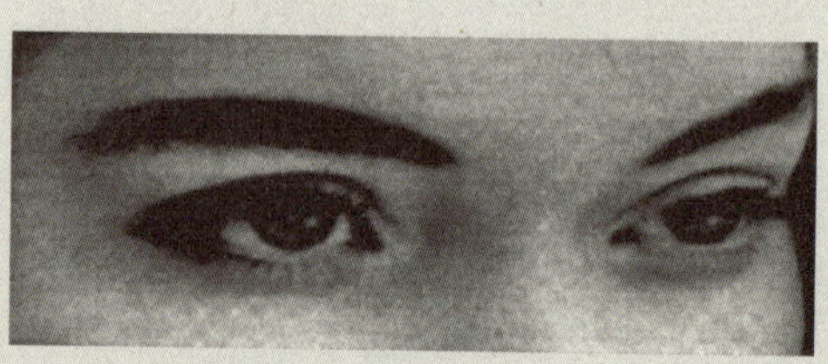

图片(b)　眼神测试的第二个(女性)实例：最初版本的文字选择是“沉思”(正确)对“草率”。修订版本的文字选择是“沉思”(正确)“惊骇”“恼怒”和“毫无耐心”。

资料来源：Braon-Cohen et al., 2001.
复制许可：John Wiley & Sons Inc.

心智理论的缺陷/延迟可能是广泛性共情缺陷的一部分吗?

另一种思考心智理论的方式涉及认知共情——感受他人的想法和以恰当的方式回应的能力。然而,在认知共情之外的是情绪共情,能够感受到他人的情绪并做恰当的回应(Braon-Cohen, 2008)。Braon-Cohen认为大量心智理论研究仅涉及认知共情,而自闭症儿童的情感(情绪)共情也是值得研究的。这是一个新的研究兴趣领域。然而Braon-Cohen和Wheelwright(2004)争论说认知和情感方面并不容易分离,正如很多情境同时涉及共情的认知和情感方面。

共情缺陷

一种普遍的说法是普通人群中,女性在共情方面要优于男性(例如Davis, 1994; Hastings Zahn-Waxler, Robinson, Usher and Bridges, 2000; Karniol, Gabay, Ochion and Harari, 1998)。众所周知,女性在维持社交上要优于男性(McMullen, Vernon and Murton, 1995);女孩在言语上比男孩更流利、更丰富(Austin, Salehi and Leffler, 1987);女性的社交网络比男性更倾向于亲密,个人披露和共情(Turner, 1994);女性在社交网站上的共情评论比男性更高(Preece, 1999)。

Lawson、Braon-Cohen和Wheelwright(2004)做了一项以患阿斯伯格综合征的男性、未患阿斯伯格综合征的男性、未患阿斯伯格综合征的女性为对象的三组实验研究。不但证明了女性的共情优于男性,也表明患有阿斯伯格综合征的男性共情要弱于未患阿斯伯格综合征的男性。Lombardo、Barnes、Wheelwright和Baron-Cohen(2007)也报告了自闭症群体的类似不足。然而,Yirmiya、Sigman、Kasari和Mundy(1992)通过一个儿童样本证明,尽管高功能自闭症群体在确认视频短片所展示的情绪上得分低于控制组,但是他们在回应所观察到的情绪时仍然可以证明是情感共情。事实上,Rogers、Dziobek、Hassenstab、Wolf和Convit(2007)在他们的研究中进一步地挑战了共情缺陷的概念,他们发现在控制认知共情和心智理论之后,阿斯伯格综合征小组并不比控制组在Davis共情关注量表(Davis, 1983)上表现出明显的劣势。事实上,在该研究中,阿斯伯格综合征儿童甚至比控制组在个人悲痛分量表上表现更好,尽管这可能是由于自闭症样本被报道普遍患有高度焦虑症,而不是因为共情本身。这是一个基于自我报告的小样本研究,但是发现却表明自闭症儿童能拥有和普通儿童一样的对他人的关注,对自闭症儿童的情感共情的进一步研究是必要的。

除了感受他人情绪即**人际情感共情**(interpersonal affective empathy)困难之外,还有一种新出现的证据表明ASD患者个体可能还有**内省**(intrapersonal)障碍,一种认识自我情绪的障碍(Lombardo et al., 2007)。该研究的参与者们必须指出如何更好更客观地描述自己(自我参照)、和自己相似的一个朋友、哈利·波特(一个不同于自己的书/电影里的人物),研究结果表明自闭症人群的自我参照受到了损害。这由Lombardo等人提出,更进一步地支持了Frith(2003)关于自闭症"缺乏自我"的概念。

Minio-Paluello、Baron-Cohen、Avenanti、Walsh和Aglioti(2009)最近的一项研究进

一步表明了阿斯伯格综合征患者的**具身共情**的缺失。当个体看到有人体验痛苦，观察者的身体会对所观察到的他人的痛苦表现出神经生理上的共情反应。在 Minio-Paluello 等人的研究中，参与者观察到视频短片中有些痛苦是强加在某些人身上的。期待的反应是，通过想象痛苦，正常发展的成年观察者会在同样的肌肉部位出现运动诱发电位替代性下降，正如短片中所形容的痛苦那样。Minio-Paluello 等人发现没有证据表明阿斯伯格综合征样本受到影响，他们给出结论：运动感觉缺陷也会导致先前在阿斯伯格综合征人群中观察到的共情缺陷。

高系统化、低共情和极端男性脑理论

男性在共情方面劣于女性，自闭症患者在共情即**低共情**(hypoempathising)上表现也较差，这表明男性在系统性上表现出一种特殊的长处，自闭症患者可能就是极端的典型。系统化是一种注意到客体或项目之间关系本质的能力，以建立可预测的规则(Baron-Cohen, 2002)。Baron-Cohen(2006)认为每个人都有建立在特殊水平之上的系统化机制，有些高，有些低。当个体建立了高水平的系统化机制，她/他会四处寻找一种逻辑模式，无论该模式是否相似或合适。这就是自闭症患者普遍存在的**高系统化**(hypersystemising)，他们倾向于朝很容易被预期到的方向改变或者根本不改变。这种观点提供了一种有价值的新的方式来思考，相比于女性为什么更多的男性被确诊为自闭症。

系统化使用“如果—那么”规则——如果某事发生，那么另一事也会随之而来。Baron-Cohen(2008)举完全规律性的例子来说明系统化概念，如开关灯或者使用数学公式进行计算。这些都使你采用“如果—那么”法则预测的结果百分百安全，且正确。有点可靠的是电脑，更不可靠但并非完全不可预测的是天气。换言之，Baron-Cohen 指出社会关系更难预测。社会关系并不明确遵守“如果—那么”法则。如果经过走廊时我向你打了个招呼，那么接下来会发生什么？可能什么也没发生，我只不过是期待相互打招呼；可能是我期望能够停下来交谈；也可能是我期待着一个大大的微笑和温暖的拥抱，因为我们是多年未见的好朋友。从这个例子中可以看出，系统化对参与社会生活并不是一个有用的技能。共情也一样。

如共情一样，系统化的报告中也存在着性别的差异。然而，女性长于共情，男性长于系统化。举例而言，细想工程、数学、物理等学科几乎都是男性领域。有效数据表明，大部分国家的女性研究员在科学和工程领域少于30%(UNESCO, 2007)。这些不同不能仅仅用社会化来解释，因为 Baron-Cohen、Wheelwright、Ba'tki 和 Ahluwalia(2001)报告称，1天大的男婴注视移动的摇篮比注视脸的时间更长，也就是说更注意那些能够预测的系统性运动；女婴则正好相反。

此外，超高系统化能够帮助人在某些领域取得高成就。Baron-Cohen、Wheelwright、Stone 和 Rutherford(1999)报告称阿斯伯格综合征患者在电脑科学、数学和物理领域表现出色。有证据表明患有自闭症的儿童倾向于与在系统化领域工作的人建立关系，如工程和数学，他们的父母在系统化上也有长处(Baron-Cohen and Hammer, 1997; Baron-

Cohen, Wheelwright, Stott, Bolton and Goodyer, 1997)。系统化可能是那些没有被诊断为 ASD 却表现出某些较轻典型自闭症症状者的症状的一部分,这被称为广泛性自闭症表型(Baron-Cohen, Wheelwright, Burtenshaw and Hobson, 2007)。

关于系统化和共情真正关系的看法仍存有争议。这两个概念是否建立在各自独立的维度上?或者它们以一种相反的方式发生关联,如一方的不足之处正是另一方的长处(Jarrold, Butler, Cottington and Jimenez, 2000)?共情—系统化理论的推广是自闭症的极端男性脑理论(Baron-Cohen, 2002; Baron-Cohen and Hammer, 1997)。回顾之前我们关于男孩与女孩自闭症表现如何不同的讨论,男孩在更大程度上表现出的是社会障碍和狭隘的兴趣。

极端男性脑理论认为,区别自闭症个体的显著特征可能是普遍发生在男性与女性之间不同特征的极端化。自闭症特征可能被认为是极端男性。神经解剖学的证据支持该理论,已经证明自闭症的某些神经解剖学特征如增厚的大脑皮质和增大的杏仁核的男性与女性差异存在夸大(Baron-Cohen, Knickmeyer and Belmonte, 2005)。然而,没有证据表明自闭症谱系障碍群体的睾酮水平素更高,这也许是对极端男性脑理论的挑战(Falter, Plaisted and Davis, 2008)。

QUISSET 现在到课本之外……自己查查看!

在图书馆电子数据库检索"极端男性脑的批判性分析"(extreme male brain critical analysis)。

阅读 Falter 等人(2008)的论文。然后阅读 Knickmeyer、Baron-Cohen、Auyeung 和 Aschwin (2008)的对应研究。该研究明确了 Falter 等人论文中的方法论限制,挑战了他们的结论。

你认为 Falter 等人的研究对极端男性脑理论有何挑战?

Baron-Cohen 和他的同事在剑桥大学的自闭症研究中心继续研究自闭症患者的系统化和共情的关系。该中心有一个提供这领域丰富研究信息的有用网站:www.autismresearchcentre.com。

QUISSET 现在到课本之外……自己查查看!

在图书馆电子数据库检索"低共情/高系统化"。

- "心智理论"和"认知共情"概念有何相似/不同?
- 对于自闭症儿童的体验障碍,用低共情来解释是否比特殊的心智理论延迟/不足的解释更好?提供论据支持你的回答。
- 自闭症儿童的低共情与高系统化之间关系的证据是什么?

亲验之心模型

Klin、Jones、Schultz 和 Volkmar(2003)提供了一种可供选择的方式思考与自闭症谱系障碍有关的不足。

他们对自闭症患者处理社会推理结构任务比在真实的社会情境中表现得更好感到困惑。请记住心智理论的障碍是与自闭症联系在一起的，但是有些自闭症患儿通过了 Sally-Anne 的一级任务，人们由此认为心智理论发展更应被认为是滞后而非缺陷。自闭症患者要成功通过 Sally-Anne（冰激凌货车）任务需要更高级别的心智理论来构建任务。Klin 指出尽管自闭症儿童可能在复杂的社会推理任务中成功，但是日常生活中的社会技能贫乏是普遍存在的。

Klin 认为上述解释把心智理论认为是社会能力的必要成分，但是单独的心智理论并不能充分解释所观察到的现象，其他的解释也是需要的。例如他指出，年幼的自闭症婴儿也能表现出早期社会内能缺陷，这些缺陷先于心智理论的发展。也许心智理论的不足是引起早期社会内能缺陷的原因而不是相反的因果关系，Klin 同时质疑心智理论是否在任何情况下都可以被认为是指向自闭症患者，因为有其他发育障碍的儿童也表现出心智理论缺陷。

对成年自闭症患者的眼球运动的考察表明他们较少追踪与社会情境相关的方面，也就是说错过了重要的社会线索，特别的是他们关注的是嘴巴而不是眼睛（Klin，Jones，Schultz，Volkmar and Cohen，2002；Spezio，Adolphs，Hurely and Piven，2007）。例如在一部电影短片中展示男子的惊恐面部表情，普通观众会浏览该男子的眼睛，而自闭症观者则会倾向于浏览男子的嘴巴，从中收集不到任何的信息。甚至当嘴巴没有在影片中展示，脸部也颠倒了，成年自闭症患者依旧固执地注视嘴部区域，表明他们在用一种反常的方法搜集脸部信息（Neumann，Spezio，Piven and Adolphs，2006）。类似的发现也能在儿童身上观察到，2 岁大的自闭症儿童与控制组相比注视嘴巴要多于眼睛（Jones，Carr and Klin，2008）。事实上，Jones 等发现自闭症患者倾向于面向成年人嘴巴而不是眼睛的程度预测了他们社会障碍的严重程度。

图片（a） 自闭症观看者　　　　图片（b） 普通观看者

展示电影短片中一个受惊吓的年轻男子的面部，自闭症组和普通对照组的视觉焦点。
资料来源：Klin et al.，2002.
复制许可：*American Journal of Psychiatry*，American Psychiatric Association.

自闭症患者以一种与普通人十分不同的方式构建对社会的认知。考虑到这个原因，

Klin等人(2003)提出了一种可供选择的自闭症概念，亲验之心。这与是否善于识别明显的社会刺激并作出回应有关。亲验之心的概念框架认为，思维积极地参与，试图在社会世界中认识自我以及认识到个体因社会环境不同而不同。如果人们在社会世界中寻找不同的事物，那么就可以解释，和普通人相比，自闭症人群对社会世界为什么有如此不同的认识与表现。与Bron-Cohen刺激了认知能力研究的心理假设理论相比，Klin的研究方向刺激了社会理解的研究发展。

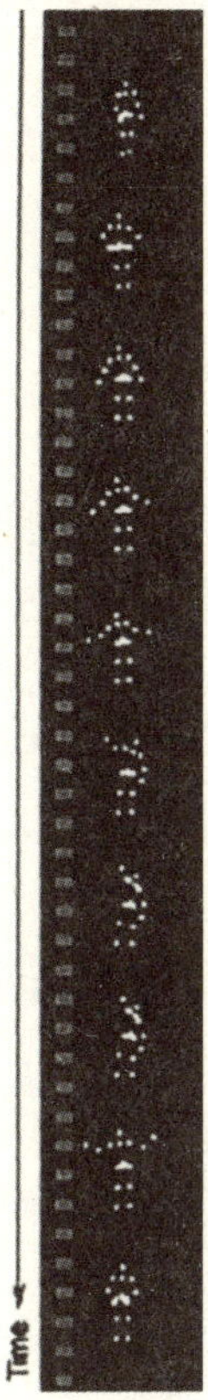

▲光点显示

资料来源：Klin et al.，2009“Two-years-olds with autism orient to non-social contingencies rather than biological motion”，*Nature* 459，figure 1a，pp.257—261.

复制许可：Macmillan Publishers Ltd.

为了通过视觉刺激研究社会意义，Klin和他的同事使用了最初由Heider和Simmel在1940年代发展的方法论范式。在社会归因任务中，通过一部无声电影来表现移动的几何图形之间的相互作用。当普通青少年观影者描述他们所看到的内容时，他们讲述了一个寓社会关系于影片中的卡通故事。例如，他们更可能认为大三角形欺负其他的图形；小三角形害羞并且感到害怕，直到有其他的图形来保护他；其他的图形则被描述成快乐和嬉戏的。自闭症青少年也叙述了这个卡通片，但是没有任何的社会维度。他们使用物理关系而不是社会关系来讲述这个故事，例如“大三角形加入小三角形”(Klin，2000)。

Klin和他的团队还研究了自闭症儿童对“生物运动”的感知。相比一片树叶从树上掉落的无生命的物体运动而言，我们更多参与人类和动物的运动，即生物运动。生物运动对我们而言更重要，因为它能指示一个捕猎者，或者有些人带给我们事物，因此对我们的生存更有意义。Klin的团队研究用光点显示的方法，通过身体关节上的一些光点展示一个运动的身体。该方法把运动从实际的人体中分离出来。

我们能将人类简单的社会活动，如打架或拥抱归因于图形，也就是说用光点展示出。通过用光点展示儿童“拍手游戏”的短片，Klin、Lin、Gorrindo、Ramsay和Jones(2009)发现2岁的自闭症患者注意力集中在非社会性的方面：尤其关注拍手运动和拍手声音之间的视听同步。这与普通婴幼儿不同，他们参与到拍手中，也就是说，物理运动是伴随着社会意义的。Klin等认为该发现也能解释为什么自闭症患者在观看脸部时更关注嘴巴。这也许是因为嘴巴和说话声音之间的视听同步吸引了他们的注意力。

从环境中提取社会信息的障碍能帮助解释为什么自闭症儿童在社会环境中会体会到这样的困难。在操场上有一大批复杂的脸部表情、手势和姿势等社会线索需要纳入考量以决定是否能够加入一个儿童群体以及如何做到更好——该群体看起来是友好还是敌对，对新成员开放加入吗？或者他们的身体语言表明他们是一个紧密联系的群体，不愿意其他任何人加入？如果你的社会因素并不突出，那么你可能不能接收到恰当的情境特征——举例来说，你需要知道注意他人的脸部表情比物理特征（如足球是如何跳动的）更为重要。你还需要知道你能看到的最能给你社会信息的面部部分是什么——是眼睛而不是嘴巴。Klin 和耶鲁大学的研究团队因此认为，对情境中的社会信息的研究应朝着自闭症研究的方式发展。

执行功能障碍

执行功能（executive function）指的是这样的行为，如计划（举例：事先考虑达到的目标）；抑制占主导地位但无关紧要的反应（举例：不意气用事）；记忆；思维灵活性（举例：毫无阻碍或持续地从一个任务、主题或者主意中转移到另一个）。所有的这些能力都需要有效地解决问题来达到目标。不像我们上文讨论的研究，自闭症样本的执行功能障碍研究受认知神经心理学工作与非典型人群的共同推动。Ozonoff、Pennington 和 Rogers（1991）指出，在他们的研究中发现有些自闭症表现出与大脑受损病人的症状相似，结果都是执行功能不足。

由此，一支研究自闭症执行功能的流派发展起来。自闭症儿童事实上被发现工作记忆（Goldberg et al.，2005）；抑制（Corbett，Constantine，Hendren，Rocke and Ozonoff，2009；Hughes，Russell and Robbins，1994）；认知灵活度（Corbett et al.，2009；Ozonoff，Strayer，McMahon and Filloux，1994）以及计划（Hughes，1996；Ozonoffe et al.，1991）。例如，“剑桥袜筒”任务就曾被用于评估规划。这是一个计算机汉诺塔版本，一个数学谜题，常被用于心理学关于问题解决的研究中。在汉诺塔任务中，你必须要在定好的规则下计划如何把圆盘从一根柱移到另一根。相似地，在“剑桥袜筒”任务中，每个人观看两部荧幕剧，每一部剧中都有三个球在一个圆柱物里，看起来就像球被束在吊带袜里一样。他们必须按照指令把这些球按照新的顺序排列，他们必须计划好以便能够用尽可能少的步骤完成这个任务。自闭症谱系障碍儿童与对比组相比，在完成这个计划任务上有障碍。

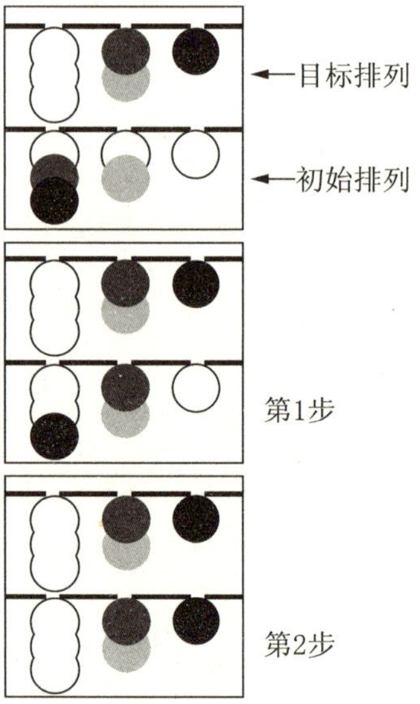

图片 5.1　剑桥袜筒任务
资料来源：Feldmann et al.，2006.
首次出版：BioMed Central.

然而，用执行功能障碍理论来解释自闭症存在一个问题，因为类似的执行功能损坏在其他神经发育障碍上也观察到，所以这并不是自闭症所特有的（Pennington and Ozonoff，1996）。执行功能障碍也未必会在每个自闭症患者身上观察到（Hill，2004a；Hill，2004b）。然而，似乎有证据表明执行功能能够明显地区别自闭症与注意力缺陷多动障碍，追求不同的执行功能障碍定义也可以看作是自闭症诊断的一条可能道路（Hill，2004a；Hill，2004b；Ozonoff and Jensen，1999）。目前还有没有令人信服的证据支持执行功能障碍作为自闭症谱系障碍的一种解释，然而也尚不能排除这一点。

弱中央统合能力

社会能力缺陷显然是通过沟通、社会互动和行为灵活度缺陷判断是否患有自闭症的核心判断依据。心智理论现今虽被认为是自闭行为最具影响力的解释，它与亲验之心模型均无法提供认知能力的有力支持，如有报道称自闭谱系障碍患者拥有超常的思维和日历计算能力、回忆无意义细节、特殊空间技能和绝对音高（Hermelin and O'Connor，1986；Rimland and Fein，1988；Snyder and Mitchell，1999；Treffert，2006）。然而一系列的研究想寻求的是自闭症患者可能存在着的感知不足会否潜在地影响着各个方面。Frith（1989）的**弱中央统合能力**（weak central coherence）理论提出，自闭症的核心不足是感知不足而不是社会能力不足。其假设是自闭症患者不能把碎片化的信息整合成一个整体。这项技能在普通人身上是自动的也是重要的，因为它允许大脑皮层对各项信息进行快速自动的翻译。它构成整体意义的搜索，是格式塔的而不是注意到小细节然后构成一个整体。Frith（1989）称这种整体意义的搜索的倾向为**中央统合能力**，进而假设自闭症患者表现出**弱中央统合能力**。

在该理论被提出的20年里，Happé 和 Frith（2003）已经作出了三处关键的修改：（1）中央加工能力在提取信息上的不足如今被看作是第二问题而不是最基础的问题。关注处理局部细节被看作是自闭症患者拥有的可能力量。（2）该理论目前提出自闭症患者在处理细节上有**偏好**，而不是**不足**。这是因为研究表明，当自闭症患者被明确要求如何做时，他们能够提取整体意义信息。（3）如今更有可能是弱中央统合能力协同心智理论来解释自闭症，而不是解释心智理论。

QUISSET 现在到课本之外……自己查查看！

在图书馆电子数据库检索“弱中央统合能力”。

● 为什么 Happé 和 Frith（2003）修改他们的理论，认为自闭症儿童的弱中央统合能力是一种偏好而不是不足？

提示：了解一下泛化衰减理论（Plaisted，O'Riordan and Baron-Cohen，1998a，1998b）；分层缺陷理论（Mottron and Belleville，1993）。

Shah 和 Frith（1983）的研究（见**聚焦**）为自闭症患者的弱中央统合能力提供了证明。自闭症小组在儿童嵌图测试中胜过控制组的情况时，任务要求处理和匹配一幅图片的各部分而不是拼成一个整体。

聚焦　一项针对中央统合能力的测验

嵌图测试（Embedded Figures Test）（Witkin，Oltman，Raskin and Karp，1971）。

▲复杂图形实例
资料来源：Shah and Frith，1983.
复制许可：John Wiley & Sons Inc.

该任务要求将一块简单的目标形状从一堆混乱的背景中鉴别出。Shah 和 Frith (1983)在研究中对 20 个自闭症儿童、20 个普通儿童和 20 个认知困难的儿童使用了儿童嵌图测试。所有儿童的心理年龄都是匹配的。向儿童展示两块纸板形状，一块三角形，一块包含长方形和一个三角形在最左上角的不规则图形。为便于交流和理解它们被称为"帐篷"和"房子"。随后，按顺序展示给儿童 25 块复杂的纸板，既没有"帐篷"也没有"房子"的图形隐藏(嵌入)其中。儿童必须要指出镶嵌图形或者将剪下的图案盖在上面。自闭症小组在这个任务中表现得比其他两个小组都好，无论是在准确性还是反应速度方面。这被认为是自闭症儿童表现出优越的"打破整体"的能力，所以对组成部分能够看得更清晰。或者说是由于信息处理的困难，"整体"不是主要的或对自闭症人群来说意义不大，个体部分才是主要的。这被称为"弱中央统合能力"。在另一个研究中，Joliffe 和 Baron-Cohen(1997)对 17 个患有高功能自闭症的成年人、17 个阿斯伯格综合征的成年人和 17 个没有自闭症的成年人使用了标准成人嵌图测试。该成人测试包含了 12 张卡片，每张卡片都有复杂的颜色标记，每一张都隐藏着一个简单的目标图形。被测者看一次复杂的标记，然后是卡片另一面的简单图形，接着这张卡片会被翻转过来，让被测者再看一次复杂的标记。

他们被要求描述带有复杂标记的简单图形。如果他们忘了简单图形，可以要求再看一下，次数不限。在这项研究中，各组之前没有精确性上的不同，但是在回应速度上却有不同，自闭症的两组要快于非自闭症组。该研究验证了 Shah 和 Frith(1983)的发现，即自闭症患者在嵌图任务的速度上表现更好。

Shah 和 Frith 的发现在 Morgan、Maybery 和 Durkin's(2003)的研究中得到了证明，在他们的研究中自闭症小组在嵌图测试的速度上比控制组快，但不够准确。然而，关于自闭症小组在这一测试中做得更好的研究发现却不一致，因为其他的研究并未报告自闭症患者在该任务上有优势(例如 Joliff and Baron-Cohen，1997；Ozonoff，Pennington and Rogers，1991；Ropar and Mitchell，2001)。Happé 和 Frith (2006)提供了一种有效的弱中央统合能力研究视野，他们的研究成果凸显了该发现的矛盾之处。

普遍性与特殊性

在评估任何解释自闭症的理论如何有效时，**普遍性**（universality）与**特殊性**（specificity）的概念能帮助到你。当你考虑研究任何一种理论模式时，请自问该理论对所有自闭症患者的适用程度如何？所有的自闭症患者都表现出这种过度或不足吗？本章所提出的解释没有一种能够适用于所有的自闭症儿童。不是所有的自闭症儿童都表现出弱中央统合能力、心智理论不足或者执行功能障碍，没有一种解释能够适用于全体自闭症人士。

特殊性是普遍性的伴生问题，普遍性要求你去考虑是否所有的自闭症患者都表现出这种不足，特殊性要求你考虑是否**只有**自闭症患者才表现出这种不足或者说患有ADHD的儿童也表现出这种障碍。Rajendran和Mitchell（2007）的论文根据他们在自闭症样本上的发现提供了一份很好的关于心智理论、执行功能障碍和弱中央统合能力在普遍性和特殊性方面的研究总结。

可能没有一种理论能够解释自闭症的特异性，而多样不足归因提供了一个相对更好的解释。这些理由允许我们把自闭症看作是执行功能、中央统合能力和心智理论失调的复杂组合。目前更需要的是基于儿童在不同认知任务上所表现的优势和劣势努力确立自闭症儿童亚族（Baron-Cohen and Sweetenham，1997；Happé and Frith，2006）。

QUISSET 现在到课本之外……自己查查看！

在图书馆电子数据库检索“其他关于自闭症的认知理论”。

我们已经预先讨论过三种解释自闭症的核心认知理论：心智理论，执行功能障碍和弱中央统合能力。

- 其他关于自闭症的认知解释是什么？
- 它们的优势和不足是什么？

回顾你所阅读的，根据你的发现形成自己的看法来回答下列的问题：

- 我们如何解释自闭症？

记忆研究

当前其他一些研究者在研究记忆力在解释自闭症儿童身上所观察到的不足时所担当的角色。情景记忆是自我对发生过的事的实际体验。语义记忆是我们对真实信息的记忆。假设自闭症儿童在情景记忆和语义记忆上有障碍，就可以解释某些和自闭症相关的不足(Boucher, 2009)。早期研究发现自闭症儿童与控制组相比,在记忆与语义相关的文字有障碍,更进一步说,控制组在记忆与语义相关的文字时比记忆和语义无关的文字做得更好(Boucher and Warrington; 1976; Hermelin and O'Connor, 1967)。弱中央统合能力理论能帮助解释自闭症患者为什么关注细节,那可能意味着他们无法感知到语义与文字之间的关系,而那原本是可以帮助他们回忆的线索(Smith, Gardiner and Bowler, 2007)。然而,Boucher 和他的同事更进一步地提出,受损记忆未来可能解释在自闭症谱系低端的人群身上所观察到的言语和智力障碍。另外,Boucher(2009)指出,自闭症患者对时间流逝的感觉障碍和情景记忆受损可能与把握当前时间的本质困难有关(Boucher, Pons, Lind and Williams, 2007)。Boucher(2009)提出受损神经定时机制能够在联系记忆和时间加工上起作用。该研究还在持续中。

遗传和神经病学的研究

我们之前讨论过自闭症儿童的亲属经常是从事科学和工程的工作人员。那么有遗传成分吗?在英国和斯堪的纳维亚相似的研究已经表明存在一种基因成分(Bailey et al., 1995; Folstein and Rutter, 1977; Steffenburg et al., 1989)。尽管似乎没有单个的染色体为自闭症负责,但是已经有几个研究报告过一种特殊的染色体(79)极有可能是众多染色体中涉及的一个(Bailey, 1998; IMGSAC, 2001)。一个涉及 DNA 分析的大型项目最近在费城儿童医院的应用基因研究中心运行,该项目已经发现基因 CDH9 和基因 CDEH10 之间的基因异常。该基因是神经细胞编码信息的关键(Wang et al., 2009)。在同一个研究中,Glessner 等人(2009)用两种神经通道确定了 DNA 的复制或删除。这看上去是未来研究的重要领域。在神经机制方面,研究者已经在特殊的神经通道如大细胞通道(从视网膜到大脑)、大脑的特殊区域如右后顶叶上检测到异常(Happé and Frith, 2006)。考虑到自闭症谱系的复杂性和表现的不同,他们极有可能寻找多样的方式和一系列的大脑区域来帮助我们明确受损区域。更进一步地说,关于发育障碍的研究要允许儿童在发展过程中大脑可塑,而不能把自闭症看作是一个已经充分长成成人的大脑所错失的功能(Johnson, Halit, Grice and Karmiloff-Smith, 2002)。

干预

那么在教育环境中能做什么有意义的事来帮助自闭症儿童?在本章的最后会介绍一些当前使用在自闭症谱系障碍儿童身上的教学方式以及它们有效性的依据。

TEACCH

TEACCH(自闭症和沟通障碍儿童治疗与教育)是一种普遍的教学方式。该教学方式是教师构建和组织教室,使自闭症谱系障碍儿童更能理解和预测教室物理组织及课程传授和教学方法。Probst 和 Leppert 的研究表明，10 个特殊学校的教师被训练如何对 10 个自闭症学生使用结构教学技能是有效的。然而该项研究的局限性包括小的样本范围和依赖教师的自我报告。Panerai 等也报告过在教室成功使用 TEACCH 方法。34 名 ASD 或者学习困难儿童被施用以下三种措施中的一种，在家 TEACCH、在家 TEACCH 和在普通学校 TEACCH，或者在学校不做任何干预。三年以后，在 TEACCH 小组均发现了明显不同的适应性行为表现，但并不适用于非特殊教育小组。

Lovaas 方法

早期的强化行为干预也被称为应用行为分析，是由加利福尼亚州的 Ole Ivar Lovaas 博士发展而来。这是一项基于家庭行为修正的项目，理想上应该在学龄前就使用。这是一对一的项目，通过受训团队人员传授给儿童，一周五天，每天大约八小时，一共持续两年。父母的参与是确保儿童将所学技能泛化系家庭环境的核心因素。Lovaas 计划通过应用行为矫正原理着眼于社会和娱乐技能、语言、教育和自助。该计划将所有目标打碎成小的、可达到的目标，利用强化如表扬、拥抱、食物来鼓励所期望的行为。

Lovaas(1987)报告了一个研究，该研究对比了 3 组儿童，每组 20 人：实验组接受 Lovaas 计划，对比组接受一些行为干预和特殊教育，控制组没有接受任何行为矫正。Lovaas 声称 47%的实验组儿童达到了应具备的功能，而其他 40%的儿童尽管接受了 Lovaas 计划仍然表现出自闭症型问题。在跟踪研究中更进一步报告说这些收益一直持续到成年(McEachin, Smith and Lovaas, 1993)。

QUISSET 现在到课本之外……自己查查看！

在图书馆电子数据库检索“干预效果”。

阅读上述提到的 Lovaas(1987)和 McEachin 等人(1993)的论文。使用第 2 章所描述的批判性分析，辨别任何对该研究的项目功效下结论的方法论问题。然后阅读 Shea(2004)的论文。

- 自闭症儿童家长向你询问关于接受 Lovaas 计划的建议。你的建议是什么？用论据支持你的回答。

Cohen、Amerine-Dickens 和 Smith(2006)重复了 Lovaas 的早期研究，认识到研究中的局限性，即小组的非随机分配。也就是说该研究是与预先存在的小组进行对比，这是一种在现实环境研究中被普遍使用的称之为“准试验设计”的方法。然而，这意味着很多组之间原本的不同可以被解释为先于干预的不同。Cohen 等报告说实验组的 IQ 和适应性行为都有所改善，尽管 IQ 的收益仅在三年学习中的头一年发现。

Eikeseth、Smith、Jahr 和 Eldecvik(2002)评估了在普通学校中基于 Lovaas 方法的矫正。学校里 4～7 岁的儿童接受一名特殊教育教师和一名助教每周 20 小时一对一的行为矫正。除治疗之外，儿童平时都在课堂上学习。一个对比小组接受同样强度和数量的折中治疗。这种治疗是由最好的教育实践的不同元素组成，包括 TEACCH 成分。作者报告说一年后，治疗小组表现出明显的进步，尽管只有在适应性行为上有明显的不同。由相同的研究者们对相同样本的跟踪研究和其他相似的基于学校干预的研究都报告了干预小组的进步(Eikeseth et al.，2007)，但是并没有提供两组在统计学上或者临床学上明显不同的证据(Eldevik，Eikeseth，Jahr and Smith，2006)。这些研究的样本都偏小，对比组所使用的折中干预计划可能是由高比例的应用行为分析构成的，因此和 Lovaas 计划结果的高度相似性是可预见的。Matson 和 Smith(2008)和 Reichow 和 Wolery(2009)最近检验了 Lovaas 方法的效果并得出了相似的结论，即解释研究结果的困难之处在于部分因素如自闭症的严重程度和控制组的组成无法被充分控制。Lovaas 极有可能是一个有效的干预方法，但是研究者目前没有令人信服的证据来证明它比其他特殊教育干预更好。

社会故事

社会故事是教师在教室里所使用的方法。这些故事最初是由 Gray 和 Garrand(1983)写成并发展而来。他们解释了如何应对特定环境，自闭症儿童可能会在特定环境中感到困惑和难以理解。在故事中典型学校的环境描述非常简单，但是很关注社会细节并期待能从儿童那儿得到回应。故事的目标是通过解释故事中其他人在做什么、想什么和自闭症儿童需要做什么来化解心智理论障碍。故事应该配合老师所教的社会技能，即儿童在休息时间做什么。在这种情况下，故事可能会解释当课堂结束时发生了什么，班级里的其他学生会做什么(吃薯片，去操场)以及他/她应该做什么(离开椅子、吃点心、去外面)。教师们发现这是一种容易实施的干预并且觉得这种方式是有效果的(Reynhout and Carter，2009)。Ruster 和 Smith(2006)对考察该方法有效性的文献进行了回顾，下结论说：有积极的效果，然而还没有充分的控制研究为这项方法的有效性提供充足的证据。

互动软件的方法

剑桥大学 Baron-Cohen 的研究团队已经开发出生动活泼的软件，通过为人熟知的运输汽车系列，用脸来形容交通工具，取得了一些成功。Golan、Baron-Cohen、Chapman 和 Granader(2009)描述了 4～7 岁自闭症儿童每天使用“运输汽车”软件至少 3～5 分钟，经过四个星期，他们的情绪认知水平有明显改善，至少比控制组儿童和患有 ASD 但没有接受干预的小组儿童提高了三个档次。使用互动软件的研究能帮助自闭症儿童在早期阶段学习，但目前还没有像所提到的其他方法一样在学校得到广泛的使用。但是这对未来课堂干预提供了相当大的潜能。

总结与结论

本章介绍了试图解释自闭症谱系障碍的核心理论，也检验了目前基于干预方法功效的证据。本章的目的是为了整合该领域的核心理论问题和争议，试图澄清目前已知及还没有解决的问题。为你更进一步独立阅读研究论文提供基础。

探讨普遍性和特殊性的一节表明，事实上在这一领域还有很多问题未解决。我们目前还没有理论能对所有的自闭症患者作出解释，也不能解释自闭症的独特性和与其他发育障碍成因上的不同。考虑到异源性和干预，自闭症的解释理论在未来可能会变得更加复杂。

拓展阅读

访问 www.pearsoned.co.uk/markswoolfson 获取下列基础文章：

Baron-Cohen, S., O'Riordan, M., Stone, V., Jones, R., and Plaisted, K.(1999). Recognition of faux pas by normally developing children and children with Asperger syndrome or high functioning autism *Journal of Autism and Developmental Disorders*, *29*(5), 407—18.

Happé, F. and Frith, U.(2003). The week coherence account: Detail-focused Cognitive style in autism spectrum disorder. *Journal of Autism and Developmental Disorders*, *36*(1), 5—25.

Rajendran, G.and Mitchell, p.(2007). Cognitive theories of autism. *Developmental Review*, *27*, 224—60.

参考文献

Austin, A., Salehi, M., and Leffler, A. (1987). Gender and developmental differences in children's conversations. *Sex Roles, 16*, 497–510.

Bailey, A., Le Couteur, A., Gottesman, I., Bolton, P., Simonoff, E., Yuzda, E., and Rutter, M. (1995). Autism as a strongly genetic disorder: Evidence from a British twin study. *Psychological Medicine, 25*, 63–77.

Bailey, A. (1998). International Molecular Genetic Study of Autism Consortium. A full genome screen for autism with evidence for linkage to a region on chromosome 7q. *Human Molecular Genetics, 7*(3), 571–78.

Baird, G., Simonoff, E., Pickles, A., Chandler, S., Loucas, T., Meldrum, D., and Charman, T. (2006). Prevalence of disorders of the autism spectrum in a population cohort of children in South Thames: the Special Needs and Autism Project (SNAP). *Lancet, 368*, 210–15.

Barbaresi, W., Katusic, S., Colligan, R., Weaver, A., and Jacobsen, S. (2005). The incidence of autism in Olmsted County, Minnesota, 1976–1997: results from a population-based study. *Archives of Pediatric and Adolescent Medicine, 159*, 37–44.

Baron-Cohen, S. (1989). The autistic child's theory of mind – a case of specific developmental delay. *Journal of Child Psychology and Psychiatry and Allied Disciplines, 30*(2), 285–97.

Baron-Cohen, S. (2002). The extreme male brain theory of autism. *Trends in Cognitive Science*, 6, 248–54.

Baron-Cohen, S. (2006). The hypersystemising, assortative mating theory of autism. Progress in *Neuro-Psychopharmacology and Biological Psychiatry, 30*, 865–72.

Baron-Cohen, S. (2008). Autism, hypersystemizing and truth. *The Quarterly Journal of Experimental Psychology, 61*(1), 64–75.

Baron-Cohen, S. and Hammer, J. (1997). Parents of children with Asperger syndrome: What is the cognitive phenotype? *Journal of Cognitive Neuroscience, 9*, 548–54.

Baron-Cohen, S., Knickmeyer, R., and Belmonte, M. (2005). Sex differences in the brain: Implications for exploring autism. *Science, 310*, 819–23.

Baron-Cohen, S., Leslie, A., and Frith, U. (1985). Does the autistic child have a 'theory of mind'? *Cognition, 21*, 37–46.

Baron-Cohen, S., Jolliffe, T., Mortimore, C., and Robertson, M. (1997). Another advanced test of theory of mind: evidence from very high functioning adults with autism or Asperger syndrome. *Journal of Child Psychology and Psychiatry, 38*(7), 813–22.

Baron-Cohen, S., O'Riordan, M., Stone, V., Jones, R., and Plaisted, K. (1999). Recognition of faux pas by normally developing children and children with Asperger syndrome or high functioning autism *Journal of Autism and Developmental Disorders, 29*(5), 407–18.

Baron-Cohen, S., Scott, F., Allison, C., Williams, J., Bolton, P., Mathews, F. E., and Brayne, C. (2008). *Estimating autism spectrum prevalence in the population: A school based study from the UK.* Poster presented at the 7th Annual International Meeting for Autism Research, (IMFAR), May 2008, London UK.

Baron-Cohen, S. and Sweetenham, J. (1997). Theory of mind in autism: Its relation to executive function and central coherence. In D. Cohen and F. Volkmar (eds) *Handbook for autism and pervasive developmental disorders.* New York: Wiley, (pp. 880–93).

Baron-Cohen, S. and Wheelwright, S. (2004). The empathy quotient: An investigation of adults with Asperger Syndrome or high functioning autism and normal sex differences. *Journal of Autism and Developmental Disorders*, 34, 163–75.

Baron-Cohen, S., Wheelwright, S., Burtenshaw, A., and Hobson, E. (2007). Mathematical talent is genetically linked to autism. *Human Nature*, 18(2), 125–31.

Baron-Cohen, S., Wheelwright, S., Hill, J., Raste, J., and Plumb, I. (2001) The 'Reading the mind in the eyes' test revised version: A study with normal adults and adults with Asperger syndrome or high-functioning autism. *Journal of Child Psychology and Psychiatry, 42*(2), 241–51.

Baron-Cohen, S., Wheelwright, S., Stone, V., and Rutherford, M. (1999). A mathematician, a physicist, and a computer scientist with Asperger syndrome: Performance on folk psychology and folk physics test. *Neurocase, 5*, 475–83.

Baron-Cohen, S., Wheelwright, S., Stott, C., Bolton, P., and Goodyer, I. (1997). Is there a link between engineering and autism? *Autism: An International Journal of Research and Practice*, 1, 153–63.

Bertrand, J., Mars, A., Boyle, C., Bove, F., Yeargin-Allsopp, M., and Decoufle, P. (2001). Prevalence of autism in a United States population: The Brick Township investigations. *Pediatrics, 108*, 1155–61.

Bettelheim, B. (1967). *The empty fortress: Infantile autism and the birth of the self.* London: Collier-Macmillan.

Bloom, P. and German, T.P. (2000), Two reasons to abandon the false belief task as a test of theory of mind, *Cognition*, 77, 25–31.

Boucher, J. (2009). *The autistic spectrum: Characteristics, causes and practical issues.* London: Sage.

Boucher, J., Pons, F., Lind, S., and Williams, D. (2007). Temporal cognition in children with autistic spectrum disorders: Tests of diachronic thinking. *Journal of Autism and Developmental Disorders, 37*, 1413–29.

Boucher, J. and Warrington, E. (1976). Memory deficits in early infantile autism: Some similarities to the amnesic syndrome. *British Journal of Psychology, 67*, 73–87.

Brask, B. (1972). A prevalence investigation of childhood psychoses. In *Nordic Synaposium on the Comprehensive Care of the Psychotic Children*. Oslo: Barnepsykiatrist Forening, (pp. 145–53).

Burd, L., Fisher, W., and Kerbeshian, J. (1987). A prevalance study of pervasive developmental disorders in North Dakota *Journal of the American Academy of Child and Adolescent Psychiatry, 26*, 704–10.

Cialdella, P. and Marmelle, N. (1989). An epidemiological study of infantile autism in a French Department (Rhône): A research note. *Journal of Child Psychology and Psychiatry, 30*, 165–76.

Cohen, H., Amerine-Dickens, M., and Smith, T. (2006). Early intensive behavioral treatment: Replication of the UCLA model in a community setting. *Journal of Developmental and Behavioral Pediatrics, 27*, 145–55.

Connellan, J., Baron-Cohen, S., Wheelwright, S., Ba'tki., A., and Ahluwalia, J. (2001). Sex differences in human neonatal social perception. *Infant Behaviour and Development, 23*, 113–18.

Corbett, B., Constantine, L., Hendren, R., Rocke, D., and Ozonoff, S. (2009). Examining executive functioning in children with autistic spectrum disorder, attention deficit hyperactivity disorder, and typical development. *Psychiatry Research, 166*, 210–22.

Croen, L.A., Grether, J.K., Hoogstrate, J., and Selvin, S. (2002). The changing prevalence of autism in California. *Journal of Autism and Developmental Disorders, 32*, 207–15.

Davis, M. (1983). Measuring individual differences in empathy: Evidence for a multidimensional approach. *Journal of Personality and Social Psychology, 44*(1), 113–26.

Davis, M. (1994). *Empathy: A social psychological approach*. Boulder, CO: Westview Press.

Eikeseth, S., Smith, T., Jahr, E., and Eldevik, S. (2002). Intensive behavioral treatment at school for 4–7-year-old children with autism: A 1-year comparison controlled study. *Behavior Modification, 26*, 49–68.

Eikeseth, S., Smith, T., Jahr, E., and Eldevik, S. (2007). Outcome for children with autism who began intensive behavioral treatment between ages 4 and 7: A comparison study. *Behavior Modification, 31*, 264–78.

Eldevik, S., Eikeseth, S., Jahr, E., and Smith, T. (2006). Effects of low-intensity behavioural treatment for children with autism and mental retardation. *Journal of Autism and Developmental Disorders, 36*(2), 211–24.

Falter, C., Plaisted, K., and Davis, G. (2008). Visuo-spatial processing in autism – testing the predictions of extreme male brain theory. *Journal of Autism and Developmental Disorders*, 38, 507–15.

Folstein, S., and Rutter, M. (1977). Infantile autism: A genetic study of 21 twin pairs. *Journal of Child Psychology and Psychiatry, 18*, 297–321.

Fombonne, E. (1999). The epidemiology of autism: a review. *Psychological Medicine, 29*, 769–86.

Fombonne, E. (2009). Epidemiology of pervasive developmental disorders. *Pediatric Research*, Epub ahead of print.

Frith, U. (1989). *Autism: Explaining the enigma*. London: Blackwell.

Frith, U. (2003). *Autism: Explaining the enigma*, 2nd edn. London: Blackwell.

Gillberg, C. (1984). Infantile autism and other childhood psychoses in a Swedish urban region: Epidemiological aspects. *Journal of Child Psychology and Psychiatry, 25*, 35–43.

Gillberg, C., Cederlund, M., Lamberg, K., and Zeijlon, L. (2006). Brief report: "The Autism Epidemic": The registered prevalence of autism in a Swedish urban area. *Journal of Autism and Developmental Disorders, 36*, 429–35.

Gillberg, C., Steffenburg, S., and Schaumann, H. (1991). Is autism more common now than ten years ago? *The British Journal of Psychiatry, 158*, 403–9.

Glessner J., Wang, K., Cai, G., Korvatska, O., Kim, C., Wood, S., Zhang, H., Estes, A. *et al*. (2009). Autism genome-wide copy number variation reveals ubiquitin and neuronal genes. *Nature*, advance online publication.

Golan, O., Baron-Cohen, S., Chapman, E., and Granader, Y. (2007). *Facilitating emotional understanding and face-processing in young children with autism spectrum conditions, using animations of vehicles with faces*. Poster presented at the 6th Annual International Meeting For Autism Research, Seattle, Washington, May 2007.

Goldberg, M., Mostofsky, S., Cutting, L., Mahone, E., Astor, B, Denckla, M. *et al.*, (2005), Subtle executive impairment in children with autism and children with ADHD. *Journal of Autism and Developmental Disorders, 35,* 279–93.

Gray, C. and Garrand, J. (1993) Social stories: Improving responses of students with accurate social information, *Focus on Autistic Behaviour, 8,* 1–10.

Gurney, J., Fritz, M., Ness, K., Sievers, P., Newschaffer, C., and Shapiro, E. (2003). Analysis of prevalence trends of autism spectrum disorder in Minnesota. Archives of Pediatric and Adolescent Medicine, 157, 622–7.

Happé, F. (1995). The role of age and verbal-ability in the theory of mind task – performance of subjects with autism. *Child Development, 66,* 843–55.

Happé, F. and Frith, U. (2006). The weak coherence account: Detail-focused cognitive style in autism spectrum disorders. *Journal of Autism and Developmental Disorders, 36*(1), 5–25.

Hastings, P. (2000). The development of concern for others in children with behavior problems. *Developmental Psychology, 36,* 531–46.

Hastings, P., Zahn-Waxler, C., Robinson, J., Usher, B., and Bridges, D. (2000). The development of concern for others in children with behaviour problems. *Developmental Psychology, 36*(5), 531–46.

Hermelin, B. and O'Connor, N. (1967). Remembering of words by psychotic and subnormal children. *British Journal of Psychology, 58,* 213–18.

Hermelin, B., and O'Connor, N. (1986). Idiot savants calendrical calculators: rules and regularities. *Psychological Medicine, 16,* 885–93.

Hertz-Piciotto, I., and Delwiche, L. (2009). The rise in autism and the role of age at diagnosis. *Epidemiology, 20,* 84–90.

Hill, E. (2004a). Evaluating the theory of executive dysfunction in autism. *Developmental Review, 24,* 189–233.

Hill, E. (2004b). Executive dysfunction in autism. *Trends in Cognitive Sciences, 8,* 26–32.

Honda, H., Shimizu, Y., Imai, M., and Nitto, Y. (2005). Cumulative incidence of childhood autism: a total population study of better accuracy and precision. *Developmental Medicine and Child Neurology, 47,* 10–18.

Hoshino, Y., Yashima, Y., Ishige, K., Tachibana,R., Watanabe, M., Kancko, M., Kumashiro, H., Ueno, B., Takahashi, E., and Furukawa, H. (1982). The epidemiological study of autism in FukushimaKen. *Folia Psychiatrica et Neurologica Japonica, 36,* 115–24.

Hughes, C. (1996). Brief report: Planning problems in autism at the level of motor control. *Journal of Autism and Developmental Disorders, 26*(1), 99–107.

Hughes, C., Russell, J., and Robbins, T. (1994). Specific planning deficit in autism: evidence of a central executive dysfunction. *Neuropsychologia, 3,* 477–92.

Icasiano, F., Hewson, P., Machet, P., Cooper, C., and Marshall, A. (2004). Childhood autism spectrum disorder in the Barwon region: a community based study. *Journal of Paediatrics and Child Health, 40,* 696–701.

International Molecular Genetic Study Group of Autism Consortium (IMGSAC). (2001). A genomewide screen for autism: Strong evidence for linkage to chromosomes 2q, 7q, and 16p. *American Journal of Human Genetics, 69,* 570–81.

Ishi, T. and Takahashi, O. (1983). The epidemiology of autistic children in Toyota, Japan: Prevalence. *Japanese Journal of Child and Adolescent Psychiatry, 24,* 311–21.

Jarrold, C., Butler, D., Cottington, E., and Jiminez, F. (2000). Linking theory of mind and centreal coherence bias in autism and the general population. *Developmental Psychology, 36,* 126–38.

Johnson, M., Halit, H., Grice, S., and Karmiloff-Smith, A. (2002).Neuroimaging of typical and atypical development: a perspective from multiple levels of analysis. *Development and Psychopathology, 14*(3), 521–36.

Joliffe, T. and Baron-Cohen, S. (1997). Are people with autism and Asperger syndrome faster than normal on the Embedded Figures Test? *Journal of Child Psychology and Psychiatry, 38,* 527–34.

Jones, W., Carr, K., Klin, A. (2008). Absence of preferential looking to the eyes of approaching adults predicts level of social disability in 2-year-olds with autism. *Archives of General Psychiatry, 65*, 946–54.

Karniol, R., Gabay, R., Ochion, Y., and Harari, Y. (1998). Is gender or gender-role orientation a better predictor of empathy in adolescence? *Behavioural Science, 39*, 45–59.

Kielinen, M., Linna, S., and Moilanen, I. (2000). Autism in Finland. *European Child and Adolescent Psychiatry, 9*, 162–7.

Klin, A. (2000). Attributing social meaning to ambiguous visual stimuli in higher functioning autism and Asperger syndrome: The social attribution task. *Journal of Child Psychology and Psychiatry, 41*(7), 831–46.

Klin, A., Jones, W., Schultz, R., and Volkmar, F. (2003). The enactive mind, or from actions to cognition: lessons from autism. *Philosophical Transactions of the Royal Society of London, B, 358*, 345–60.

Klin, A., Jones, W., Schultz, R., Volkmar, F., and Cohen, D. (2002). Defining and quantifying the social phenotype in autism. *American Journal of Psychiatry, 159*, 895–908.

Klin, A., Lin, D., Gorrindo, P., Ramsay, G., and Jones, W. (2009). Two-year-olds with autism orient to non-social contingencies rather than biological motion. *Nature, advance online publication.*

Knickmeyer, R., Baron-Cohen, S., Auyeung, B., and Ashwin, E. (2008). How to test the extreme male brain theory in terms of foetal androgens. *Journal of Autism and Developmental Disorders, 38*(5), 995–6.

Lawson, J., Baron-Cohen, S., and Wheelwright, S. (2004). Empathising and systematising in adults with and without Asperger syndrome. *Journal of Autism and Developmental Disorders, 34*, 301–10.

Leslie, A. and Frith, V, (1988). Autistic children's understanding of seeing, knowing and believing. *British Journal of Developmental Psychology, 6*, 315–24.

Lin, J., Lin, L., and Wu, J. (2009). Administrative Prevalence of autism spectrum disorders based on national disability registers in Taiwan. *Research in Autism Spectrum Disorders, 3*, 269–74.

Lingam, R., Simmons, A., Andrews, N., Miller, E., Stowe, J., and Taylor, B. (2003). Prevalence of autism and parentally reported triggers in a north east London population. *Archives of Disease in Childhood, 88*, 666–70.

Lombardo, M., Barnes, J., Wheelwright, S., and Baron-Cohen, S. (2007). Self-referential cognition and empathy in autism. *PLoSONE 2(9)*: e883.

Lovaas, O. (1987). Behavioral treatment and normal educational and intellectual functioning in young autistic children. *Journal of Consulting and Clinical Psychology, 55*, 3–9.

Lotter, V. (1966). Epidemiology of autistic conditions in young children: I. Prevalence. *Social Psychiatry, 1*, 124–37.

Matson, J. and Smith, K. (2008). Current status of intensive behavioral intervention for young children with autism and PDD-NOS. *Research in Autism Spectrum Disorders, 2*, 60–74.

Matsuishi, T., Shiotsuki, Y., Yoshimura, K., Shoji, H., Imuta, F. and Yamashita, F. (1987). High prevalence of infantile autism in Kurume City, Japan. *Journal of Child Neurology, 2*, 268–71.

McCarthy, P., Fitzgerald, M., and Smith, M. (1984). Prevalence of childhood autism in Ireland. *Irish Medical Journal, 77*, 129–30.

McEachin, J., Smith, T., and Lovaas, O. (1993) Long-term outcome for children with autism who received early intensive behavioral treatment, *American Journal on Mental Retardation, 97*, 359–72.

McMullen, L., Vernon, A., and Murton, T. (1995). Division of labor in conversations: Are Fishman's results replicable and generalizable? *Journal of Psycholinguistic Research, 24*(4), 255–68.

Mestre, M., Samper, P., Frias, M., and Tur, A. (2009). Are women more empathetic than men? A longitudinal study in adolescence. *The Spanish Journal of Psychology, 12*(1), 76–83.

Minio-Paluello, L., Baron-Cohen, S., Avenanti, A., Walsh, V., and Aglioti, S. (2009). Absence of embodied empathy during pain observation in Asperger syndrome. *Biological Psychiatry, 65*, 55–62.

Morgan, B., Maybery, M., and Durkin, K. (2003). Weak central coherence, poor joint attention, and low verbal ability: Independent deficits in early autism. *Developmental Psychology, 39*(4), 646–56.

Mottron, L. and Belleville, S. (1993). A study of perceptual analysis in a high-level autistic subject with exceptional graphic abilities. *Brain and Cognition, 23*, 279–309.

Neumann, D., Spezio, M., Piven, J., and Adolphs, R. (2006). Looking you in the mouth: Abnormal gazed in autism resulting from impaired top-down modulation of visual attention. *Social Cognitive and Affective Neuroscience, 1*(3), 194–202.

Ozonoff, S. and Jensen, J. (1999). Brief report: Specific executive function profiles in three neurodevelopmental disorders. *Journal of Autism and Developmental Disorders, 29*(2), 171–7.

Ozonoff, S., Pennington, B., and Rogers, S. (1991). Executive function deficits in high functioning autistic individuals – relationship to theory of mind. *Journal of Child Psychology and Psychiatry and Allied Disciplines*, 32, 1081–105.

Ozonoff, S., Strayer, D., McMahon, W., and Filloux, F. (1994). Executive function abilities in autism and Tourette syndrome: An information processing approach. *Journal of Child Psychology and Psychiatry*, 35, 1015–32.

Panerai, S., Zingale, M., Trubia, G., Finocchiaro, M., Zuccarello, R., Ferri, R., and Elia M. (2009). Special education versus inclusive education: the role of the TEACCH program. *Journal of Autism and Developmental Disorders, 39*, 874–82.

Pennington, B. and Ozonoff, S. (1996). Executive functions and development psychopathologies. *Journal of Child Psychology and Psychiatry Annual Research Review, 37*, 51–87.

Perner, J. and Wimmer, H. (1985). "John thinks that Mary thinks that" . . . : attribution of second-order beliefs by 5-year-old to 10-year-old children. *Journal of Experimental Child Psychology, 39*(3), 437–71.

Plaisted, K., O'Riordan, M., and Baron-Cohen, S. (1998a). Enhanced discrimination of novel, highly similar stimuli by adults with autism during a perceptual learning task. *Journal of Child Psychology and Psychiatry, 39(5)*, 765–75.

Plaisted, K., O'Riordan, M., and Baron-Cohen, S. (1998b). Enhanced visual search for a conjunctive target in autism: a research note, *Journal of Child Psychology and Psychiatry, 39*(5), 777–83.

Posserud, M., Lundervold, A., and Gillberg, C. (2006). Autistic features in a total population of 7–9-year-old children assessed by the ASSQ (Autism Spectrum Screening Questionnaire). *Journal of Child Psychology and Psychiatry, 47*, 167–75.

Powell, J., Edwards, A., Edwards, M., Pandit, B., Sungum-Paliwal, S., and Whitehouse, W. (2000). Changes in the incidence of childhood autism and other autistic spectrum disorders in pre-school children from two areas of the West Midlands, UK, *Developmental Medicine and Child Neurology, 42*, 624–8.

Preece, J. (1999). Empathy online. *Virtual Reality, 4*, 74–84.

Probst, P. and Leppert, T. (2008). Brief report: Outcomes of a teacher training program for autism spectrum disorders. *Journal of Autism and Developmental Disorders, 38*, 1791–6.

Rajendran, G. and Mitchell, P. (2007). Cognitive theories of autism. *Developmental Review, 27*, 224–60.

Reichow, B. and Wolery, M. (2009). Comprehensive synthesis of early intensive behavioral interventions for young children with autism based on the UCLA young autism project model. *Journal of Autism and Developmental Disorders, 39*, 23–41.

Reynhout, G. and Carter, M. (2009). The use of social stories by teachers and their perceived efficacy. *Research in Autism Spectrum Disorders, 3*, 232–51.

Rimland, B. and Fein, D. (1988) Special talents of autistic savants. In L. Obler and D. Fein (eds) *The exceptional brain: neuropsychology of talent and special abilities* (pp. 472–92). New York: The Guilford Press.

Rogers, K., Dziobek, I., Hassenstab, J., Wolf, O., and Convit, A. (2007). Who cares? Revisiting empathy in Asperger syndrome. *Journal of Autism and Developmental Disorders, 37*, 709–15.

Ropar, D. and Mitchell, P. (2001). Susceptibility to illusions and performance on visuospatial tasks in individuals with autism. *Journal of Child Psychology and Psychiatry, 42*, 539–49.

Rust, J. and Smith, A. (2006). How should the effectiveness of social stories to modify the behaviour of children on the autism spectrum be tested? *Autism, 10*, 125–38.

Rutter, M. (1978). Diagnosis and definition of childhood autism. *Journal of Autism and Developmental Disorders, 8(2)*, 139–61.

Rutter, M. (2005). Incidence of autism spectrum disorders: Changes over time and their meaning. *Acta Paediatrica, 94*, 2–15.

Scott, F., Baron-Cohen, S., Bolton, P., and Brayne, C. (2002). Brief report: Prevalence of autism spectrum conditions in children aged 5–11 years in Cambridgeshire, UK. *Autism, 6*, 231–7.

Shah, A. and Frith, U. (1983). An islet of ability in autistic children: A research note. *Journal of Child Psychology and Psychiatry, 24*(4), 613–20.

Sharma, S., Woolfson, L., and Hunter, S. (submitted manuscript). *Asperger Syndrome and high functioning autism: 30 years of research on diagnostic confusion.*

Shea, V. (2004). A perspective on the research literature related to early intensive behavioral intervention (Lovaas) for young children with autism, *Autism, 8*(4), 349–67.

Smith, B., Gardiner, J., and Bowler, D. (2007). Deficits in free recall persist in Asperger's syndrome despite training in the use of list-appropriate strategies. *Journal of Autism and Developmental Disorders, 37*, 445–54.

Snyder, A. and Mitchell, J. (1999). Is integer arithmetic fundamental to mental processing? The mind's secret arithmetic. *Proceedings of the Royal Society of London B, 266*, 587–92.

Spezio, M., Adolphs, R., Hurley, R., and Piven, J. (2007). Abnormal use of facial information in high-functioning autism. *Journal of Autism and Developmental Disorders, 37*(5), 929–39.

Steffenburg, S., Gillberg, C., Hellgren, L., Andersson, L., Gillberg, I., Jakobsson, G., and Bohman, M. (1989). A twin study of autism in Denmark, Finland, Iceland, Norway, and Sweden. *Journal of Child Psychology and Psychiatry, 30*, 405–16.

Steinhausen, H., Göbel, D., Breinlinger, M. and Wohllebhen, B. (1986). A community survey of infantile autism. *Journal of the American Academy of Child Psychiatry, 25*, 186–9.

Treffert, D. (2006). *Extraordinary people: Understanding savant syndrome*. New York: Ballantine Books.

Turner, H. (1994). Gender and social support: taking the bad with the good? *Gender Roles, 30*, 521–41.

UNESCO (2007). *Science, Technology and Gender: An international report*. Paris: UNESCO.

Wang, K., Zhang, H., Ma, D., Bucan, M., Glessner, J., Abrahams, B., Salyakina, D., Imilelinski, M. *et al.* (2009). Common genetic variants on 5p14.1 associate with autism spectrum disorders. *Nature*, advance online publication.

Williams, K., Glasson, E., Wray, J., Tuck, M., Helmer, M., Bower, C., and Mellis, C. (2005). Incidence of autism spectrum disorders in children in two Australian states. *Medical Journal of Australia, 182*, 108–11.

Wimmer, H. and Perner, J. (1983) Beliefs about beliefs representation and constraining function of wrong beliefs in young children's understanding of deception *Cognition, 13*, 103–28.

Wing, L. (1981). Asperger's Syndrome.: A clinical account. *Psychological Medicine, 11*, 115–29.

Wing, L. and Gould, J. (1979). Severe impairments of social interaction and associated abnormalities in children: Epidemiology and classification. *Journal of Autism and Childhood Schizophrenia, 9*, 11–29.

Witkin, H., Oltman, P., Raskin, E., and Karp, S. (1971). *A manual for the Embedded Figures test*. Palo Alto, Ca: Consulting Psychologists Press, Inc.

Wolff, S. and McGuire, R. (1995). Schizoid personality in girls: A follow-up study – what are the links with Asperger's syndrome? *Journal of Child Psychology and Psychiatry, 36*, 793–817.

Wong, V. and Hui, S. (2008). Epidemiological study of autism spectrum disorder in China. *Journal of Child Neurology, 23*, 67–72.

Yirmiya, N., Sigman, M., Kasari, C., and Mundy, P. (1992). Empathy and cognition in high-functioning children with autism. *Child Development, 63*(1), 150–60.

第 6 章

拒学行为

旷课是一个严重问题，与不良行为、糟糕的学业成绩和糟糕的成年后生活有关。这意味着逃学问题不仅影响缺课学生个人和他们的家庭，也对社会产生广泛的影响。本章将试图阐释不同模式的旷课行为的概念，并建议以何种方式进行评估，用随后的干预策略来清晰地表达。然后考虑用于解决拒绝上学问题的干预方法的有效性的依据。

学习目标

本章结束时，你应该能：

- 区分问题性与非问题性旷课
- 理解拒学、逃课、分离焦虑和学校恐惧症之间的差别与重叠
- 关注评价形式和拒学行为实施之间的密切联系
- 理解核心评价方法的使用和功效的依据
- 关注不同干预方法的不同功效

在开始我们的思考主题前，请先考虑一个案例。

小组活动（2～6 人） 和朋友讨论

Tom 已经 12 岁了，最近刚上初中。他在小学时出席情况良好，看上去是个好学生。然而最近他开始逃学。请列出他逃学的可能原因。

什么是拒学行为？

把逃学归因于过度焦虑最初由 Broadwin（1932）提出，随后被称为“学校恐惧症”（Johnson，Falstein，Szurek and Svendsen，1941）。Hersov（1977）提供了一些该问题的典

型说明：

逃学一般始于对学校模糊的抱怨或者勉强上学，发展到完全拒绝上学，或者在父母劝说、恳求、指责、惩罚和老师、家庭医生和教育福利官员施压下才上学。拒学行为可能伴随着明显的焦虑症状或者一上学就感到恐惧，大部分的儿童甚至不能离开家去上学。

尽管早期心理动力学理论家对亲子关系有特别的兴趣，对他们而言这并不是对学校本身的恐惧，而是被术语“学校恐惧症”暗示了，因此这个问题解释为“分离焦虑症”可能更好。他们认为儿童不愿意离开家去学校是因为过于强烈的“亲子依恋”（Blagg，1987）。然而，如今母子关系看上去成为唯一可能的归因因素，伴随着其他儿童和家庭因素，重要的学校因素等，每一个因素都会在本章讨论。

但这有可能在接下来帮助我们阐明研究文献中对逃学的不同理解，以及对我们今日定义旷课行为也能起到帮助。

学校恐惧症

目前，学校恐惧症通常是指对学校非理性的特殊恐惧（Kearney，2008a；Paccione-Dyszlewski and Contessa-Kislus，1987）。然而，“学校”本身并不是特殊的刺激物，也不可能是恐惧回应的真正来源（Kearney，Eisen and Silverman，1995）。“学校恐惧症”的来源更有可能是学校的一些特殊方面，如体育馆、火灾警报或者校车（Chitiyo and Wheeler，2006）。如今，学校恐惧症被视为一种罕见的现象（Hanna，Fischer and Fluent，2006）。

分离焦虑障碍

分离焦虑障碍（ASD）是拒绝上学行为最普遍的诊断，23%有逃学问题的青少年都有分离焦虑障碍（Kearney and Bensaheb，2006）。不愿意上学是因为对与父母分离或者离家的高度焦虑（Hanna et al.，2006）。这种焦虑可能是对事实分离的焦虑或者是对预想分离的焦虑（APA，2000）。有这种拒绝上学行为的儿童被诊断为 ASD，这是根据《精神障碍诊断和统计手册》来确诊的（DSM-IV，APA，1994）。然而，你应该注意到，学校恐惧症并不是 DSM-IV 的一个诊断项。尽管单纯恐惧症和社交恐惧症都是 DSM-IV 的诊断项，因此经常作为拒学者的方便诊断（Elliot，1999）。焦虑能对儿童的学习成绩产生影响；患有 ASD 的儿童被发现在学习和记忆任务上有困难（Toren，Sadeh，Wolmer，Eldar，Koren，Weizman et al.，2000）。ASD 可能还和成人精神障碍有关（Eisen and Schaefer，2005）。

旷课

英国法律要求每个儿童都要接受教育，他们通常都在学校接受教育。任何原因不明的、未经允许的、没有文件证明或者没有正当理由的离校都可以被认为是旷课（Kearney，

2008a；Reid，1999；Stoll，1990）。据报道，旷课、酗酒和吸毒之间是相互关联的，这些反从众的变量之间是相互作用相互加强的（Best，Manning，Gossop，Gross and Strang，2006；Duarte and Escario，2006）。此外，有证据表明旷课和犯罪行为与成人生活中的婚姻和工作的不稳定有关（Dryfoos，1990）。旷课与外在行为失调有关，如反社会、打破规则，而不是内在的障碍如焦虑和绝望（Henry，2007）。相比起其他原因逃学的儿童，旷课儿童经历生命中的极端事件，如丧亲、压力、家庭冲突更为普遍（Huffington and Sevitt，1989）。最近几年，政府实施严格的措施试图解决旷课问题：父母没有有效地预防和阻止子女旷课将会受到惩罚（Claes，Hooghe and Reeskens，2009）。

QUISSET 现在到课本之外……自己查查看！

在图书馆电子数据库检索“旷课”（truancy）。

- 文献中提到英国和美国最近流行的对旷课的定义是什么？
- 在这些研究中旷课是如何被定义的？
- 不同研究中定义旷课者的标准是变化的吗？

可原谅和不可原谅的缺勤

学校缺勤问题已经吸引了来自不同领域和不同理论背景的研究者和专家，不仅包括教育学和心理学，还包括社会工作、法律、精神病学、家庭医疗和护理（Kearney，2008b）。这导致了相当不同的文献和术语。阅读论文时要清楚作者使用的缺勤定义以及研究的主题是哪一部分，因为不精确地使用术语会使不同研究成果之间的比较变得困难（Kearney，2008b）。Kearney（2008a）提供了一种非常实用的核心概念解释，并阐明了它们之间的关系。图 6.1 提供了关于可原谅和不可原谅缺勤的图解说明。灰底部分就是本章要讨论的内容。

根据 Kearney（2008a，2008b）所言，术语“缺勤”可能是指“**可原谅的**”离校，如生病或宗教日，也可能是指“**不可原谅的**”缺勤。Kearney（2008a）认为不可原谅的缺勤可能的原因是：

- **拒学行为**　儿童上学的积极性没有被激发。范围可以从长期完全缺勤到只是错过某些特殊的课堂，或者祈求父母在特殊的日子里允许他们不上学。
- **儿童精神健康问题**　最新研究一致发现，抑郁症、焦虑和破坏性行为普遍与问题性旷课有关。
- **退学**　父母出于某种目的让儿童不去学校而待在家，也许是因为父母为了外出工作，请孩子帮忙照顾幼儿；也许是向老师和同学隐藏儿童受虐的证据，如身体上可见的青肿；也许是因为保护儿童免受欺负；也许是父母生病了，希望儿童能够回家帮忙照顾病重的父母或者分担家务。

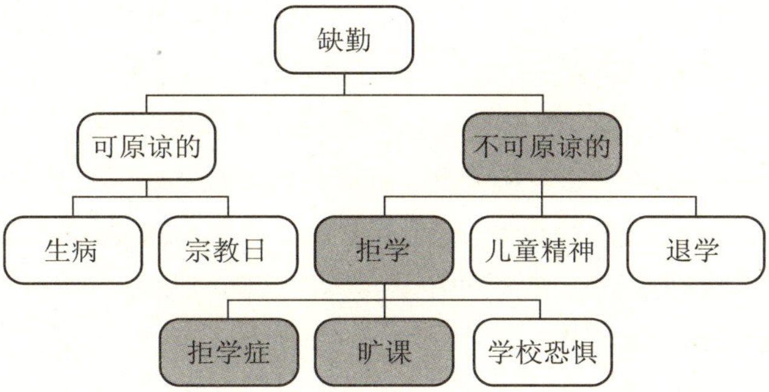

图 6.1 缺勤

“不可原谅的”缺勤而不是“可原谅”的缺勤引起了心理学家研究学校缺勤的兴趣，尤其是拒学行为经常作为首要术语把拒学和学校恐惧症归入旷课。就这一点而言，**拒学**比**拒学行为**的含义更狭窄，是指基于焦虑的缺勤(Kearney, 2008a)。然而，当你阅读文献时，你会发现拒学、旷课和学校恐惧症这三个术语常被混淆使用，或者在不同的研究中定义不同(Elliott, 1999; Lauchlan, 2003; Pellegrini, 2007)。

> **谨记：**当你阅读围绕这一主题的文献时，请检查作者本人对拒学行为的定义以便清楚地知道研究参与者是谁，因此能够更好地评价该研究发现与其他研究成果之间的关系。

本章主要关注的是拒学和旷课，而不是更为罕见的条件性学校恐惧症。接下来，让我们看一看如何区别旷课和拒学，以及它们之间是如何重叠的。

有些研究者(Berg, Nichols and Pritchard, 1969; Elliott, 1999; Kearney, 2008a)注意到拒学者的通常表现是：

- 上学时经历过严重的焦虑，通常是分离焦虑
- 当被要求上学时，他们会抱怨不舒服
- 缺课与他们父母的文化程度有关
- 没有任何反社会障碍，如违法犯罪或者行为不当

另一方面，旷课者的表现通常是：

- 上学时没有体验到焦虑
- 不上学是因为他们对功课不感兴趣，而且通常都有学业困扰
- 不愿遵守学校规则，比起上学更爱做其他事
- 向父母隐瞒缺学
- 倾向于伙同反社会人员参与破坏性的流氓行为

拒学者和旷课者之间的不同并不总是如上所述那般清晰，有可能是模糊的。只有很小比例的缺学者表现出旷课者和拒学者都有的特征(Berg, Butler and Franklin, 1993)。例如，拒学者一开始可能是在父母不知情的情况下缺课，这种行为更像是典型的逃课(Werry, 1996)。另一方面，在法国的一个研究中，Brandibas、Jeunier、Clanet 和Fourastcé

(2004)研究了一所技术学校的学生样本，该学校以高旷课和离经叛道闻名。他们发现，通常被认为是拒绝上学者的关键特征焦虑在他们的样本中也与旷课有关。该研究表明拒绝上学和旷课之间是有重叠的，表现在这些行为的症状或形式上。

把旷课者看作是在学业上有困难的群体的想法被 Southwell 更进一步地发展了(2006)。Southwell 认为旷课可能既不是儿童也不是家庭的问题，更可能标志着学校没有充分满足他们特殊的教育需求。这表明干预应将目标对准学校。稍后我们会回到学校在学生拒学行为中所起作用这点上。

讨论　和朋友讨论

不同拒学行为的潜在特征有何不同，即拒学行为可以被认为是一个统一概念吗?

功能大于形式?

正如学校恐惧症一样，事实上儿童并不能被诊断为“拒学症”，因为它并不是 DSM-IV(APA，1994)中所列出的精神障碍，它的病症也没有落入 DSM 有效分类中。拒学症也没有在 ICD-10(即世界卫生组织 1992 年的诊断分类系统)中提到。拒学症长期以来被认为是一种多异性的失调而不是单一的障碍(Elliot，1999)，它的病因也是复杂的(例如 Berg and Nursten，1996)。然而，出于诊断目的而试图区别不同拒学行为之间的临床症状并不能直接确定这种多异性的特质(Kearney，2007)。正如我们在上一节所看到的，试图区别缺勤行为亚型的基础是，如父母对缺勤的了解、焦虑的存在或者其他被发现是缺乏经验支持的症状，更重要的是这种区分不能直接影响干预策略，所以很少有心理执业者使用该方法(Elliott，1999；Kearney and Silverman，1990)。

基于这些原因，在“最综合的拒学行为的概念定义是什么”这一问题上(Pina，Zerr，Gonzales and Ortiz，2009，p.11)，Kearney 和 Albano(2004)认为和聚焦在形式(症状)上一样，评价在调查缺勤行为的作用上很有用。也就是说，明确这个问题的性质不仅应该评价行为的表现(形式)，更重要的是评价儿童为什么会产生这些行为(功能)。这可以帮助区别维持拒学行为的不同因素，也有助于补充对临床症状的聚焦。Kearney 和 Albano 提出了四种功能分类：

1　避免学校环境的特殊刺激。学校环境的刺激引起恐惧和焦虑的例子可能是特定的老师、厕所、走廊、校车等。

2　逃避厌恶的社会环境。这是指用缺勤来躲避学校的老师或同学，在那儿缺勤学生感受到社会性和学业表现的评价是一种威胁，如老师对课业或口头作业的批评，考试情况的评价，在食堂吃午餐。

3　做一些引起父母和老师注意的行为。为了留在家里引起父母的注意，抱怨疼痛或者发脾气。在这里，学校本身对儿童而言并不是个问题，儿童只是更愿意留在家里引起父母的注意。

4 **参与更多有好处的校外活动**。儿童可能会在家看电视，和朋友们在商场里闲逛或者参与一些流氓活动。

应该注意的是，第一、第二点是消极的，儿童被迫待在令他们不开心的学校环境，而后两点是由于一些积极的外力，儿童离校能够得到好处（Pellingrini，2007）。

聚焦缺勤行为的功能有一系列的好处。首先，这四个功能涵盖了所有的缺勤，所以能够应用于逃学以及逃学引起的拒学症和不太常见的条件性学校恐惧症。它们已经被证明对预测缺勤有用（Kearney，2007）。进一步而言，当诊断症状（形式）并没有清晰到足以进行治疗时，功能的评价能很好地引导以下干预计划。拒学者改变他们的行为模式可能是从一次偶然的缺课到旷一整天的课，但是行为功能是倾向于保持稳定的，而不管拒学者为他们的行为寻找消极的或积极的外力因素（Kearney，2007）。维持拒学行为的功能评价因素似乎有助于诊断拒学行为的形式，帮助干预者决定干预的方法（Kearney，2007；King and Bernstein，2001）。

实例 案例研究

Katie在小学的最初几年里一直是班级里的前百分之五十，并且几乎是全勤。在五年级到六年级之间的暑假，因为她父亲升职的需要，她们一家从约克郡的乡村学校转到利兹的城市小学。Katie是一个适应性很强的女孩，似乎很好地融入了学校，很快就交上了新朋友。

然而父亲在这几个月内却担心这样两点：首先，Katie似乎在完成家庭作业上有困难；其次，Katie新交的朋友与他可能为她选择的朋友非常不同。她们的穿着相对于年龄而言过于成熟，与Katie相比她们似乎更自由地到校外。父亲还有很多事需要关心，比如说新工作和Katie母亲的病情。Katie的母亲患肌肉硬化症至今已有四年，自从搬到利兹以来病情明显恶化了。Katie是做家务、照顾弟弟妹妹的好帮手。

家长会上，父亲对与Katie班主任的交谈不太满意，后者似乎对父亲所提出的问题表现出缺乏经验与漠不关心。之后，父亲抓住了一个机会与校长交谈。班主任认为作为一名儿童，Katie在课业上有困难，但是她已经尽了她最大的努力。校长指出，Katie的朋友是班级里“最小公倍数”的一部分，但是去年五年级的老师对班级抓得很紧，这些女孩都很配合她。遗憾的是，今年在新老师的带领下她们的表现并不好，但是她们愿意与Katie成为好朋友，而她们的友谊意味着Katie没有受欺负。

两个月之后，Katie的朋友们因不当行为导致被学校停课。一个星期以后，Katie的母亲打电话到学校称Katie不太舒服，不去上学了。在缺勤了一个星期之后，Katie回到了学校，但是她的课业明显更落后了。她开始回家吃午饭代替在学校食堂吃午饭或去商店买点心吃，并且常常下午就不回校。出勤记录表表明她的朋友们在相同的时间里也没有在学校。

Katie 的母亲不得不住院一段时间，学校注意到 Katie 现在也经常迟到。校长观察到班主任的惩罚练习系统对 Katie 似乎并不起效，甚至在她受到几次惩罚之后还是经常迟到。

一学年结束后，学校的出勤记录表上记录了 Katie 整整有四个星期没有上学。

- 列出不太可能使 Katie 上学的不同因素。
- 这些对干预的影响是什么？

上一节，为了了解拒学行为我们已经考察了应该评价什么，同时也讨论了评价的形式与功能。现在让我们来考虑有什么工具能够使用，然后继续讨论上述因素如何预示了干预所能带来的结果。

评价

传统的评价形式涉及关注儿童缺学的时间长度，采用学校出勤记录模式、儿童报告、父母报告、教师报告等确定旷课模式。可能是有病态的精神障碍，也有可能是诊断访谈和外化的问题，如攻击、破坏规则，和内化问题如恐惧、焦虑和抑郁（Kearney，2008a；King and Bernstein，2000）。诸如 DSM-IV 的焦虑障碍面谈方案，学校情境或儿童版本自我效能调查问卷（Heyne et al.，1998）等工具可用于评价（King and Bernstein，2000；King，Tonge，Heyne and Ollendick，2000）；也可进行家庭功能的评价（Kearney and Silverman，1995；King and Bernstein，2001）。

为了完成这些测试，儿童拒学评价量表（SRAS-R-C；Kearney，2002；Kearney and Silverman，1993）是用于评价这些行为功能的尤其重要的工具。

聚焦　儿童拒学评价量表（SRAS-R-C；Kearney，2002；Kearney and Silverman，1993）

SRAS 由 Kearney 和 Silverman（1993）共同创建，用以评价拒学行为的四种功能（见本章前面）。原始的量表包含了 16 个项目，包括避免学校的刺激引起恐惧，逃避社会环境的评价，注意力的要求，参与更多可选择的有利活动这四个功能，每个都有四项。随后该量表得到修改，进一步强化了心理测量的内容。增加的项目达到了 24 个，每个功能含有 6 个项目，并且完善了儿童版（SARS-R-C）和家长版（SARS-R-P）。前两个功能反映了拒绝上学行为的消极外因，关系到内在的行为问题。后两个是积极外因的功能，更多关系到外在行为。良好的信效度和经被证实的因子分析结果支持四因素量表（Brandibas et al.，2004；Kearney，2002；Kearney，2006）。

要求被试回答他们离开学校的原因，回答李克特七点量表，从 0“从不”到 6“总是”，比如说，比起上学更愿意和父母待在一起，在他人面前感到尴尬，或者在学校有害怕的东西。拒绝上学功能的情况可以从个体儿童的回答中获得。

干预

SARS-R-C的一个重要特征是试图帮助直接制定儿童治疗计划的概念评估图，尽管有待更多研究以揭示SARS-R-C确实能带来有效的干预结果。例如，针对校外的奖励性行为(表6.1)，心理学家可能会讨论增加上学的动机和对缺勤的惩罚，目的是使上学有更大回报。

表6.1 SARS-R-C的功能和干预

功能	基础诊断	治　疗
1	特定恐惧	放松训练和系统脱敏，鼓励学生逐渐回归引起焦虑的学校环境
2	逃避反感的社会环境	模仿、角色表演和认知干预，以增加应对的技能和减少认知歪曲
3	引起别人注意，分离焦虑行为	父母/老师的问题行为管理来增加出席而不是缺席或者发脾气的行为
4	其他回报性的活动的外因	增加上学的动机使上学变得更有回报

资料来源：Kearney and Sliverman, 1993; King et al., 2000.

讨论　和朋友讨论

在阐述旷课问题时如何有效地区别拒学和逃学？

让我们来看一些主要的治疗方法，看看它们是如何操作的，它们的效果如何？

行为方法

针对拒学者的行为计划的基础通常是将拒绝上学者暴露在学校环境中。尽管行为计划可能因为时效性(Kearney and Beasley, 1994)被心理咨询老师广泛应用于缺学治疗中，但是对行为计划的功效缺乏严格控制的经验研究(Elliott, 1999; Tranah and Yule, 1997)。部分原因是旷课的理由不止一个，所以需要多种策略。通常，一个多元干预技术会调整至适合儿童个体以应对不同元素的互动(King and Bernstein, 2001)。评价一个如此复杂的个体化治疗计划是有困难的(King and Ollendick, 1997)。那么研究者是如何整理哪些元素是进行这项工作必须的？

让我们来看一些行为方法的例子。

系统脱敏

逐渐回归

使用逐渐回归使缺勤者暴露在学校环境下是采用少量增加的、易控制的且学生同意的循序渐进的方法，让学生觉得能够应对。这种方法也被称为反调节，是一种基于传统调节的方法(Farris and Jouriles, 1993)。忽视问题的严重性和复杂性被认为是合适的,该方法甚至能够用于矫正长期缺勤行为(King and Ollendick, 1989)。第一步,学生就像上学一样穿着校服带着课本坐进车子,到此为止,没有更进一步。第二步,本载着学生进学校,但不期待她能去上课。第三步,让学生独自一人在资源充足安静的环境下待一小段时间,然后回家。这些小步骤一直持续到儿童能够返回学校参加一些最不易引起紧张的班级活动,小步前进,直到她能够完全返回课堂不需要特殊的准备工作。如果体育课是引起儿童恐惧和焦虑的关键刺激物,那么循序渐进的最后一步就是参加体育课。这里的原理就是儿童逐渐地放松,渐渐减弱,最终消除她紧张的回应,接近她曾经认为是有威胁的学校方面。例如,Houlihan 和 Jones(1989)报告了一个单独的案例研究,对一名 13 岁的男孩使用逐渐暴露法,最初是在"家庭教室",然后是食堂,最后是常规课堂。然而,当与测量基线相关的进步被报告的同时,问题也被报告。更为普遍的是在任何案例中都使用不止一种干预方法。又例如,Pina 等报告了 15 种不同拒学症干预方法的依据研究,最主要的干预方法是组合方法。在这里我们看到,这一领域问题的特性是对干预效果的结论有信心。Ollendick 和 King(1998)认为系统脱敏使用逐渐暴露法可能是成功矫正拒学症问题的一种方法,但是还需要建立更严格的研究。这依然需要十多年的努力。

QUISSET 现在到课本之外……自己查查看!

在图书馆电子数据库检索"系统脱敏"。

● 进行文献检索,找出拒学干预中单独或和其他方法一起使用系统脱敏的研究。从这些研究中你能得出什么结论?

放松

放松训练法是目标体系的特殊形式,被认为是非常适合减轻拒学焦虑的方法,对干预者而言也是一种流行的方法(Kearney and Bensaheb, 2006)。儿童学习如何通过放松身体来处理焦虑,伴随着合理的想象来帮助放松。然而,因为对放松训练缺乏精心控制的研究,放松训练的依据依然薄弱(Elliott, 1999; Lauchlan, 2003)。Barnes、Bauza 和 Treiber(2003)使用先验思维主持了一个放松法研究。两所学校的儿童参加了研究,其中一所学校分配使用放松训练计划,而另一所学校接受健康教育计划。与控制组相比,放松训练小组在出勤率上有进步,但是这些不同可以归因为样本偏差,也就是说因为小组是预先存在的,所以两所学校的小组事实上是不可能相等的。

在最近的研究中,Hughes、Gullone、Dudley 和 Tonge(2009)引入了"情绪调节"这一维度至拒学者焦虑研究领域。他们的研究兴趣是拒学行为与儿童糟糕的自我管理和情绪调节之间的关联。他们提出拒学者可能在情绪管理上比控制组要糟糕。情绪调节和注意力、理解、监控、评价和自我情绪管理相关,所以你对何种情绪在何时如何表达上要有一些程度上的把握(Gross, 1998)。如果你因为某事在班级里犯了个错误,在这种情况下你会感到羞愧或者内疚,因为你看你自己就像看别人做了一件蠢事,所以你觉得所有人都会笑话你。更好更合适的情绪调节是通过重新评价你关于这件事的看法来管理情绪，取而代之的是你对自己说“每个人都会犯错。如果你不犯错你就不会进步。”这样管理自己的情绪你既不会感到羞愧也不会内疚。Hughes等在最近的研究中对认知重评尤其感兴趣，已经证明焦虑的儿童有使用上面提到的消极认知的倾向，并且坚持这些消极认知。考虑到目前研究的兴趣是情绪调节和焦虑之间的关系，而拒学者普遍存在高度焦虑已被广泛的接受，Hughes等认为这对在拒学的特殊领域里应用这些新的研究理念很有意义。他们发现，事实上拒学者被报告与相应的非临床样本相比不能适应情绪调节，较少使用认知再评价策略。他们更广泛使用压抑情绪表达策略。聚焦拒学者的情绪调节是研究工作的新领域，极有可能其他的情绪调节策略也有可能被检验。该工作对提高其他矫正策略的效果有重要影响，如下文将会讨论到的认知行为疗法。更好地发展情绪调节策略可能需要建立在这些治疗方案的最佳效果上。

QUISSET 现在到课本之外……自己查查看！

在图书馆电子数据库检索“情绪调节”。

- 检索查阅拒学行为相关研究中被充分使用的其他情绪调节策略。

快速回归法

相对于系统脱敏的逐渐暴露，暴露利用行为消退原理，使用快速回归学校方法将拒学者即刻暴露于所有引起恐惧的刺激物。快速回归法也是基于传统调节法之上的，是消退的一种变体技术，也被称为“满灌”。该方法的原理是将儿童完全沉浸在引起焦虑的学校威胁环境中，达到驱散焦虑的目的(Doobay, 2008; Farris and Jouriles, 1993)。快速回归法存在着某些争议并不令人惊奇，因为它会带给儿童和父母相当大的压力(Elliott, 1999)。快速回归干预能使长期缺学的次要问题降到最低，如学业落后、学校社会文化的缺失或者是缺少朋友。这些次级问题本身也需要干预和支持，因为它们能够维持缺勤行为，此外也会增强最初引起儿童离开学校的主要问题。快速回归也能确保儿童不会因为在家而非在校得到强化。它最适合急性拒学症而不是慢性拒学症，最适合简单的问题，如考试焦虑，而不是复杂多样的功能性原因造成的旷课和共存性症状如抑郁(Kearney and Beasley, 1994; Kearney and Tillotson, 1998)。当儿童更愿意待在家里时，假设学校能够做好伦理方面的准备保证儿童能够待在学校，这种干预可以快速成功地实施(研究者称在两个半星期之内就有改善)，八年的追踪报道仍称有良好的效果(Blagg and Yule, 1984)。可能是因为快速回归法的困难和压力，Kearney和Beasley(1994)调查发现美国干预师中仅有11.6%的案例使用快速回归学校法。然而在使用快速回归法的案例中，令人印象深刻的是百分之百的成功率，也没有后续的问题被报道。

问题行为管理

问题行为管理是指心理学家列出父母和老师的支持对拒学行为后果的影响，以正强化儿童上学行为。该疗法训练父母如何为他们所期待的行为建立“家庭规则”，训练他们如何建立儿童早上离家上学的惯例，明确一套合适的围绕学校出勤的奖励体系(Kearney, Lemos and Silverman, 2006)。当儿童变得非常烦躁和恐惧时，父母仍要坚持引导子女上学是很不容易的。父母训练也能使他们学习如何给出清楚而明确的上学指令而不表现出任何的焦虑，学习如何认识儿童更恰当的行为，以及当儿童抱怨头疼或肚子痛，或者任何其他不合理的行为时，忽视这些情况仅对儿童的积极行为进行奖励。奖励可以从表扬到实物奖励、代币奖励，尤其适用于年幼的儿童。事实上善用奖励能够自然而然产生强化，如当儿童成功地出席下午的课后可回家，同龄人认可带来的社会强化，在学业上取得好成绩(Elliott, 1999)。

评价研究发现，相关研究更倾向于案例研究。如 Brown、Copeland 和 Hall(1974)描述了一个使用问题行为管理研究，一个 11 岁的儿童被迫待在学校大厅一段时间，然后是图书馆，接着是上课。值得注意的是，“塑造”行为原理在这里被使用，即接近所期望目标时得到强化。该研究称男孩的行为改善超过了基线。案例研究的一个重要例外是 Blagg 和 Yule(1984)的研究，他们曾研究了一个由年龄 10 到 16 岁的儿童组成的治疗小组，他们接受组合行为治疗计划，包括快速归校法、家庭和学校的问题行为管理，以及使用趣味和图像的多样系统脱敏法。系统脱敏法中使用幽默和图像化是 Ventis(1973)发展提出的。该技术可能要求参与者在恐惧的情境下创造幽默陈述和图像。这一技术在行为治疗中得到使用，要求志愿者将对恐惧情境的想象与幽默图像配对。在 Blagg 和 Yule 的研究中，将行为治疗小组与在青少年精神病院的 16 名住院儿童和 20 名在家接受心理治疗的儿童进行对比。一年以后，行为治疗小组有 93.3%的儿童成功地完全回归学校。其他两组进步较小，37.5%的住院病人小组和 10%的家庭治疗小组成员成功回归学校。尽管小组成员不是随机分配的，但他们发现在各变量上并没有不同，比如说性别、社会阶层和智力。研究结果表明行为治疗是有效的，但不能剔除组间差异对所报告结果的贡献，因为样本并不是随机分配的。

QUISSET 现在到课本之外……自己查查看！

在图书馆电子数据库检索“拒学症”。

- 与上学出勤一样，在拒学症评价研究中其他结果测量指标是什么？
- 其他措施中的收益也被发现了吗？
- 这些是最合适的测量标准吗？

认知行为疗法

上述行为管理方法聚焦旷课的核心症状而不是不上学，目标是直接改变这种行为。其他的心理干预方法更关注儿童的症状，如焦虑和抑郁，使用教育心理方法如认知重构，应对和放松训练来帮助儿童更好地控制自己的焦虑(Kearney, 2008b)。就这一点而言，认知行为疗法（CBT）已经被投入使用。该方法是建立在这一理念之上的，即儿童对学校环境的恐惧有扭曲和消极的看法，这种看法又促成和维持焦虑。CBT的前提是这些不良的想法和想象是可以矫正的，改变对学校的认知会导致学校出勤行为的改变。一个不愿上学的小孩的想法可能是："如果我今天去上学，就不得不参加数学考试，我可能考得很差，每个人都认为我真是个笨蛋。"这种想法也可以变得更现实一些，如："如果我今天去上学参加数学考试，我可能考得并不好，但我不会是仅有的一人，因为真的很难，没有人会特别关注我考得如何。"这也能适用于家长，他们可以认识到他们对儿童上学的认知歪曲，以及取代这些认识以更合适的看法。例如，用更恰当的"他有点头疼但是他很好，可以像在家一样正常上学"来代替"他头疼很严重不能上学"的想法。

与认知构建相比，行为干预通常被用于拒学的治疗上。这意味着除了致力于转变无用的信念，教导儿童注意和监督诱发她焦虑的自我对话（关于上学的威胁的自我陈述），还要设计一种行动计划来增加儿童暴露在学校的时间。与其他拒学研究相比，CBT评估设计上的不足限制了所下的结论。例如，在King、Tonge、Heyne和Ollendick（2000）看来，目前CBT在拒学症上的应用仅两例（King et al.，1998；Last，Hansen and Franco，1998）适合美国精神协会小组的指导精神，研究标准证明特殊的治疗方法是由经验主义支持的。在指出这些指导精神的不足之处和CBT对拒学者的干预功效的可能性的同时，King等建议要谨慎提倡CBT，直到有更进一步的研究能够确定其功效。

实例　使用CBT的干预评价

● 最近，Hansen和Franco（1998）随机分配年龄在6～17岁的56名拒学者为12个小组，有的是CBT治疗小组，有的是教育支持治疗小组。CBT小组接受的是逐渐暴露法、认知重构和应对训练。教育支持小组的功能是作为控制组，他们得到了作为安慰剂的类似关注。他们坚持用日记记下他们的恐惧和所接受的教育以及情绪支持，但是没有获得帮助来应对他们所害怕的学校环境或者被教育如何像CBT一样修正他们的认知。在实验结束时两组都在学校的出勤上有进步，没有太大的区别。这种情况在四个星期的跟踪调查后依然保持。所以这里的CBT研究被证明是有效的，但是并不比安慰剂起到更好的效果。支持团体本身似乎已经充分地给焦虑基础的拒学症问题样本带来所需的改变。

● King等人（1998）随机分配了年龄在5～15岁的34名拒学者到CBT小组或者候补控制组，志愿者均已明确得知可能存在的伦理关切，即部分对干预有迫切需要且可能从中受益的孩子会被分配到控制组。CBT小组的儿童与父母和老师一起接受超过四周的CBT训练。在四周的时间里疗程包括儿童六期、父母五期、老师一期，父母和老师共同参与包括暴露法、应对技巧训练在内的多元干预指导。King等报告称88.2%（17人中有15人）的治疗小组成员在出勤率上提高了90%，而候补控制组仅有29.4%（17人中有5人)达到相同水平的进步。三个月的跟踪调查中,效果一直保持着。然而,因为这是多模式的治疗,并不能自信地下结论说是CBT起到了作用。也许父母的参与才是治疗成功的重要因素。

● King等人(2001)在1998年的研究之后追踪被试儿童3~5年,成功地与原先小组成员的17人中的16人的父母和老师取得了联系。这种跟进没有对比组,因为最初的候补对比组已经在第一次研究之后接受了干预。报告称这16人当中有13人已经能够正常上学(至少有90%的人确定做到了)而没有新的心理问题。这些结果似乎表明最初的CBT计划是有长期效果的,尽管必须注意到儿童自身没有会谈过,也没有承担临床任务。

● Henye等人(2002)随机分配了61名7~14岁的儿童至CBT小组,父母和老师训练组,或者是两者都有的小组。他们所关心的其中一项就是儿童单独参与或护理者单独参与可能是干预的关键,在以前的研究中这种设计的不足没有充分表现出来。Heyne等的设计考虑到这一点,让每一个小组都有关键因素,还有一个小组联合了所有的关键因素。Heyne等预测联合小组会表现出最佳的成绩,因为适应拒学症问题被普遍认为是复杂的、需要多重标准的方法。所有的治疗都在指导下进行,但是允许一些灵活的变化。儿童的治疗包括八期的系统退敏、放松、认知治疗和社会技能训练。父母/老师的训练也包括八期,针对父母的问题行为管理和认知治疗,处理他们的角色信念问题,帮助他们管理自己的焦虑。联合小组使用所有的这些方法,使父母和老师意识到CBT小组的儿童试图做什么,以便他们能够对儿童实施强化策略以达到CBT计划的预期效果。干预对所有的儿童都是有效的,但是没有发现治疗小组在不同治疗措施下表现有什么不同。

从上述的研究讨论中可以看出CBT可能是拒学的有效疗法,但是并不一定比对父母和老师的训练更有效。Heyne等人(2002)研究认为有大量行之有效的选择提供给干预者,也许耗时的联合法并不是必需的。尽管儿童暴露在引起恐惧的校园环境之下是所有成功结果的普遍共性。

讨论　和朋友讨论

检索图书馆的数据库,找出其他评价CBT在旷课干预上的效果的研究。

在这些研究以及本章所描述的研究基础上,评价目前已有的效力证据来讨论改善学校出勤率,CBT推行需要做到何种程度,独立或者联合其他方法的程度又是如何。

家庭的角色

父母参与认知管理训练在上文已经讨论过了。从对CBT的讨论中我们可以看出,给予父母单独训练是否会给儿童的拒学行为带来改变还不明确。事实上，Berg 认为只有当儿童意识到父母将不再忍受和支持他们的缺学行为，治疗计划才能成功地使儿童重回学校。

因此，家庭因素普遍被认为是要着重考虑的。家庭动力经常被评价为影响干预计划成功与否的要素(Elliott，1999)。所干预对象的家庭关系是孤立的、冲突的、依赖的，或者各自分离的？有证据表明这类家庭问题和拒学症有关(Kearney and Silverman，1995；Lagana，2004)。McShane、Walter 和 Rey(2001)发现，在澳大利亚的研究报告中，43%的拒学者体验过家庭冲突，39%生活在单亲家庭；Corville-Smith、Ryan、Adams 和 Dalicandro(1998)的早期发现支持了这一点。Lyon 和 Cotler(2007)进一步指出，拒学症文献中讨论的家庭角色没有预先考虑到家庭文化差异。他们还特别提到文献关注的传统是儿童抑郁和焦虑的临床水平，并没有特别包括消除低收入群体的缺学问题，他们的家庭关系可能与临床样本有很大的不同。

QUISSET 现在到课本之外……自己查查看！

在图书馆电子数据库检索“拒学症干预中的家庭参与”。

● 除了问题行为管理的支持，家庭是如何参与拒学症干预的？这些方法的效力证据是什么？

学校的角色

缺学领域的研究者倾向于来自非教育领域，如临床心理学和精神病学，所以他们的关注点在分析儿童和家庭，而不是学校方面。然而，一个更为系统的关于旷课问题的观点认为，儿童在上学方面的困难与学校系统提供的环境有关。旷课行为与儿童如何体验学校环境，因此选择回避或逃避他认为威胁自身的环境有关。一种观点认为这是儿童极端和特别的回应。另一种观点着眼于学校环境是如何被拒学者看作是威胁和不值得的。事实上，更大群体的儿童对学校环境可能并不敏感，他们并不用拒学来回应，但是尽管如此，他们还是认为学校是敌对的和不令人满意的场所。事实上，Blagg(1987)认为学校没有人情味的师生关系和糟糕的公共管理会在学生中导致较高的拒学。这意味着注意力应该集中在学校和课堂环境中以努力确定这些是如何维持旷课行为的。

学校风气是在大量研究学校作用文献中使用到的测量变量，大量的研究目标是为了确认影响学习和行为成果的因素是什么。学校之间的气氛相差很大，甚至相邻的学校、相邻经济区域的学校也不相同。学校风气的概念合并了教师对学生学习的标准、价值理解和信念；办学程序和政策；学校的精神如师生关系；关注良好的行为与公平的纪律(Dronkers and Robert，2008；Heck and Marcoulides，1996；Lee and Smith，1999；Papanastasiou，2008a；Rutter and Maughan，2002）。Kearney(2008a)更进一步把学校风气的概念扩大到学生觉得学校与什么相关联，尊敬什么，支持什么。学生表现出对什么敏感，关注什么。在糟糕的学校氛围下的学生与那些在当地被看作是典范校风的学校相比，感受到更多的冲突与困难(Waxman，Garcia and Read，2008)。学校风气，通常被认为是有序的学习气氛和师生之间关系的品质，已经被发现对学生的努力和学业成果产生影响(Opdenakker and Van Damme，2007)，并且始终如一地贯穿于不同的国家(Dronkers and Robert，2008)。

然而，更为重要的是，本章关注的是学校风气已经表现出与旷课有一定的关联(例如 Brookmeyer，Fanti and Henrich，2006；Mortimore，Lewis，Stoll，Sammons and Ecob，1998；Smyth，1999)。这进一步证明了学校风气会影响每个班级的水准(Papanastasious，2008a，2008b；Rutter and Maughan，2002)。也就是说，一所"有效"的学校并不对所有学部和班级起作用。儿童日复一日感受学校最重要的部分是他们所上的具体课程的水准，在这些课堂上共同相处的老师和同学。班级风气也对旷课有影响(例如 Claes et al.，2009)。正如第 2 章的介绍中所描述的，教育心理学家经常以系统的方式工作。因此在干预儿童行为改变的过程中，教育心理学家会要求学校教职工参与到上文所讨论的认知管理中，他们会与学校的教职工一起工作，改变致使学校拒学行为的发生和维持的问题班级风气。这表明班级风气的影响程度也许更大(Elliott，1999；Lauchlan，2003)。

总结与结论

拒学行为是复杂的、多因的，能够长期影响个体和广泛社会的行为。评估和干预方法需要充分反映引起旷课行为的复杂因素。形式评价与功能评价的结合可以指出一条建设性的道路。当前评估和干预方法的效果还需要进一步的研究证明。

拓展阅读

访问 www.pearsoned.co.uk/markswoolfson 获取下列基础文章：

Elliott，J.(1999). Practitioner review：school refusal：issues of conceptualization，assessment and treatment. *Journal of Child Psychology and Psychiatry*，*40*(7)，1001—12.

Kearney，C.(2008a). School absenteeism and school refusal behavior in youth：a contemporary review. *Clinical Psychology Review*，*28*，457—71.

参考文献

American Psychiatric Association (1994). *Diagnostic and statistical manual of mental disorders* 4th edition. Washington, DC: APA.

American Psychiatric Association (2000). *Diagnostic and statistical manual of mental disorders* 4th edition – text revision. Washington, DC: APA.

Barnes, V., Bauza, L., and Treiber, F. (2003). Impact of stress reduction on negative school behaviour in adolescents. *Health and Quality of Life Outcomes, 1*, 10.

Berg, I. (1992). Absence from school and mental health. *British Journal of Psychiatry, 161*, 154–66.

Berg, I., Nichols, K., and Pritchard, C. (1969). School phobia – its classification and relationship to dependency. *Journal of Child Psychology and Psychiatry, 10*, 123–41.

Berg, I., Butler, A., and Franklin, J. (1993). DSM-III disorders, social factors and management of school attendance problems in the normal population. *Journal of Child Psychology and Psychiatry, 34*(7), 1187–203.

Berg, I. and Nursten, J. (eds). (1996). *Unwillingly to school.* London: Gaskell.

Best, D., Manning, V., Gossop, M., Gross, S., and Strang, J. (2006). Excessive drinking and other problem behaviours among 14–16 year old schoolchildren. *Addictive Behaviour, 31*, 1424–35.

Blagg, N. (1987). *School phobia and its treatment.* London: Croom Helm.

Blagg, N. and Yule, W. (1984). The behavioural treatment of school refusal: a comparative study. *Behaviour, Research and Therapy, 22*, 119–27.

Brandibas, G., Jeunier, B., Clanet, C., and Fourasté, R. (2004). Truancy, school refusal and anxiety. *School Psychology International, 25*, 117–26.

Broadwin, I. (1932). A contribution to the study of truancy. *American Journal of Orthopsychiatry, 2*, 253–9.

Brookmeyer, K., Fanti, K., and Henrich, G. (2006). Schools, parents, and youth violence: A multilevel, ecological analysis. *Journal of Clinical child and Adolescent Psychology, 35*, 504–14.

Brown, R., Copeland, R., and Hall, R. (1974). School phobia: Effects of behaviour modification treatment applied by an elementary school principal. *Child Study Journal, 4*, 125–33.

Chitiyo, M. and Wheeler, J.(2006). School phobia: Understanding a complex behavioural response. *Journal of Research in Special Educational Needs, 6*(2), 87–91.

Claes, E., Hooghe, M., and Reeskens, T. (2009). Truancy as a contextual and school-related problem. *Educational Studies, 35*(2), 123–42.

Corville-Smith, J., Ryan, B., Adams, G., and Dalicandro, T. (1998). Distinguishing absentee students from regular attenders: The combined influence of personal, family, and school factors. *Journal of Youth and Adolescence, 27*, 629–40.

Doobay, A. (2008). School refusal behaviour associated with separation anxiety disorder: A cognitive-behaviour approach to treatment. *Psychology in the Schools, 45*, 261–72.

Dronkers, J. and Robert, P. (2008). Differences in scholastic achievement of public, private, government-dependent, and private independent schools: A cross-national analysis. *Educational Policy, 22*, 541–77.

Dryfoos, J. (1990). *Adolescents at risk: Prevalence and prevention.* Oxford: Oxford University Press.

Duarte, R. and Escario, J. (2006). Alcohol abuse and truancy among Spanish adolescents: A count-data approach. *Economics of Education Review, 25*, 179–87.

Eisen, A. and Schaefer, C. (2005). *Separation anxiety in children and adolescents: An individualized approach to assessment and treatment.* New York: Guilford Press.

Elliott, J. (1999). Practitioner review: school refusal: issues of conceptualisation, assessment and treatment. *Journal of Child Psychology and Psychiatry, 40*(7), 1001–12.

Farris, A. and Jouriles, E. (1993). Separation anxiety disorder. In A Bellack and M. Hersen (eds), *Handbook of behaviour therapy in the psychiatric setting* (pp. 407–26). New York: Plenum Press.

Gross, J. (1998). The emerging field of emotion regulation: An integrative review. *Review of General Psychology, 2*, 271–99.

Hanna, G., Fischer, D., and Fluent, T. (2006). Separation anxiety disorder and school refusal in children and adolescents. *Pediatrics in Review, 27*, 56–63.

Heck, R. and Marcoulides, G. (1996). School culture and performance: Testing the invariance of an organizational model. *School Effectiveness and School Improvement, 79*(1), 76–95.

Henry, K. (2007). School-related risk and protective factors associated with truancy among urban youth placed at risk. *Journal of Primary Prevention, 28*, 505–19.

Hersov, L. (1977). School refusal. In M. Rutter and L. Hersov (eds), *Child and adolescent psychiatry: Modern approaches*, 2nd edn. Oxford: Blackwell (pp. 382–399).

Heyne, D., King, N., Tonge, B., Rollings, S., Young, D., Pritchard, M., and Ollendick, T. (2002). Evaluation of child therapy and caregiver training in the treatment of school refusal. *Journal of American Academy of Child and Adolescent Psychiatry, 41*, 687–95.

Houlihan, D. and Jones, R. (1989). Treatment of a boy's school phobia with in vivo systematic desensitization. *Professional School Psychology, 4*, 285–93.

Huffington, C. and Sevitt, M. (1989). Family interaction in adolescent school phobia. *Journal of Family Therapy, 11*, 353–75.

Hughes, E., Gullone, E., Dudley, A., Tonge, B. (2009). A case-control study of emotion regulation and school refusal in children and adolescents. *The Journal of Early Adolescence* OnlineFirst.

Johnson, A., Falstein, E., Szurek, S., and Svendsen, M. (1941). School phobia. *American Journal of Orthopsychiatry, 11*, 702–12.

Kearney, C. (2002). Identifying the function of school refusal behaviour: A revision of the School Refusal Assessment Scale. *Journal of Psychopathology and Behavioural Assessment, 24*, 235–45.

Kearney, C. (2006). Confirmatory factor analysis of the School Refusal Assessment Scale-Revised: Child and Parent Versions. *Journal of Psychopathology and Behavioural Assessment, 28*(3), 139–44.

Kearney, C. (2007). Forms and functions of school refusal behaviour in youth: an empirical analysis of absenteeism severity. *Journal of Child Psychology and Psychiatry, 48*(1), 53–61.

Kearney, C. (2008a). School absenteeism and school refusal behaviour in youth: a contemporary review. *Clinical Psychology Review, 28*, 451–71.

Kearney, C. (2008b). An interdisciplinary model of school absenteeism in youth to inform professional practice and public policy. *Educational Psychology Review, 20*, 257–82.

Kearney, C., and Albano, A. (2004). The functional profiles of school refusal behaviour: Diagnostic aspects. *Behaviour Modification, 28*, 147–61.

Kearney, C. and Beasley, J. (1994). The clinical treatment of school refusal behaviour: a survey of referral and practice characteristics. *Psychology in the Schools, 31*, 128–32.

Kearney, C. and Bensaheb, A. (2006). School absenteeism and school refusal behaviour: A review and suggestions for school-based health professionals. *Journal of School Health, 76*(1), 3–7.

Kearney, C., Eisen, A., and Silverman, W. (1995). The legend and myth of school phobia. *School Psychology Quarterly, 10*(1), 65–85.

Kearney, C., Lemos, A., and Silverman, J. (2006). School refusal behaviour. In R. Mennuti, A. Freeman, and R. Christner (eds) *Cognitive-behavioural interventions in educational settings: A handbook for practice.* New York: Routledge (pp. 89–106).

Kearney, C. and Silverman, W. (1990). A preliminary analysis of a functional model of assessment and treatment of school refusal behaviour. *Behaviour Modification, 14*, 340–66.

Kearney, C. and Silverman, W. (1993). Measuring the function of school refusal behaviour: The School Refusal Assessment Scale. *Journal of Clinical Child Psychology, 22*, 85–96.

Kearney, C. and Silverman, W. (1995). Family environment of youngsters with school refusal behaviour: A synopsis with implications for assessment and treatment. *American Journal of Family Therapy, 23*, 59–72.

Kearney, A. and Tillotson, C. (1998). School attendance. In D. Watson and M. Gresham (eds) *Handbook of child behaviour therapy.* New York: Plenum Press (pp. 143–61).

King, N. and Bernstein, G. (2001). School refusal in children and adolescents: A review of the past ten years. *Journal of the American Academy of Child and Adolescent Psychiatry, 40*(2), 197–205.

King, N. and Ollendick, T. (1989). School refusal: Graduated and rapid behavioural treatment strategies. *Australian and New Zealand Journal of Psychiatry, 23*(2), 213–23.

King, N. and Ollendick, T. (1997). Annotation: treatment of childhood phobias. *Journal of Child Psychology and Psychiatry, 38*(4), 389–400.

King, N., Tonge, B., Heyne, D., and Ollendick, T. (2000). Research on the cognitive-behavioural treatment of school refusal: A review and recommendations. *Clinical Psychology Review, 20*(4), 495–507.

King, N., Tonge, B., Heyne, D., Young, D., Myerson, N., Rollings, S., Pritchard, M., and Ollendick, T. (1998). Cognitive-behavioural treatment of school refusing children: A controlled evaluation. *Journal of the American Academy of Child and Adolescent Psychiatry, 37*, 375–403.

King, N., Tonge, B., Heyne, D., Turner, S., D., Pritchard, M., and Young, D., Rollings, S., Myerson, N., and Ollendick, T, (2001). Cognitive-behavioural treatment of school refusing children: Maintenance of improvement at 3- to 5-year follow-up. *Scandinavian Journal of Behaviour Therapy, 30*, 85–9.

Lagana, M. (2004). Protective factors for inner-city adolescents at risk of school dropout: Family factors and social support. *Children and Schools, 26*, 211–20.

Last, C., Hansen, M., and Franco, N. (1998). Cognitive-behavioural treatment of school phobia. *Journal of the American Academy of Child and Adolescent Psychiatry, 37*, 404–11.

Lauchlan, F. (2003). Responding to chronic non-attendance: A review of intervention approaches. *Educational Psychology in Practice, 19*(2), 133–46.

Lee, V. and Smith, J. (1999). Social support and achievement for young adolescents in Chicago: The role of school academic press. *American Educational Research Journal, 36*(4), 907–45.

Lyon, A. and Cotler, S. (2007). Toward reduced bias and increased utility in the assessment of school refusal behavior: The case for diverse samples and evaluations of context. *Psychology in the Schools, 44*, 551–65.

McShane, G., Walter, G., and Rey, J. (2001). Characteristics of adolescents with school refusal. *Australian and New Zealand Journal of Psychiatry, 35*, 822–6.

Mortimore, P., Lewis, D., Stoll, L., Sammons, P., and Ecob, R. (1988). *School matters: The junior years*. London: Paul Chapman.

Ollendick, T. and King, N. (1998). Empirically supported treatments for children with phobic and anxiety disorders: Current status. *Journal of Clinical Child Psychology, 27*, 156–67.

Opdenakker, M. and Van Damme, J. (2007). Do school context, student composition and school leadership affect school practice and outcomes in secondary education? *British Educational Research Journal, 33*(2), 179–206.

Paccione-Dyszlewski, M., and Contessa-Kislus, M. (1987). School phobia: Identification of subtypes as a prerequisite to treatment intervention. *Adolescence, 22*, 377–84.

Papanastasiou, C. (2008a). Factors distinguishing most and least effective school in terms of reading achievement: a residual approach. *Educational Research and Evaluation, 14*(6), 539–49.

Papanastasiou, C. (2008b). A residual analysis of effective school and effective teaching in mathematics. *Studies in Educational Evaluation, 34*, 24–30.

Pellegrini, D. (2007). School non-attendance: Definitions, meanings, responses interventions. *Educational Psychology in Practice, 23*(1), 63–77.

Pina, A., Zerr, A., Gonzales, N., and Ortiz, C. D. (2009). Psychosocial interventions for school refusal behaviour in children and adolescents. *Child Development Perspectives, 3*, 11–20.

Reid, K. (1999). *Truancy and schools*. New York: Routledge.

Reynolds, D. (1996). School factors. In I. Berg and J. Nursten (eds) *Unwillingly to school*, 4th edn. London: Gaskell (pp. 38–56).

Rutter, M. and Maughan, B. (2002). School effectiveness findings 1979–2002. *Journal of School Psychology, 40*(6), 451–75.

Smyth, E. (1999). Pupil performance, absenteeism, and school drop-out: A multi-dimensional analysis. *School Effectiveness and School Improvement, 10*, 480–502.

Southwell, N. (2006). Truants on truancy – a badness or a valuable indicator of unmet special educational needs. British Journal of Special Education, *33*(2), 91–7.

Stoll, P. (1990). Absent pupils who are officially present. *Education Today, 4*(3), 22–5.

Toren, P., Sadeh, M., Wolmer, L., Eldar, S., Koren, S., Weizman, R., *et al.* (2000). Neurocognitive correlates of anxiety disorders in children: A preliminary report. *Journal of Anxiety Disorders, 14*, 239.

Tranah, T. and Yule, W. (1997). Treatment strategies in children with anxiety disorders. In J. den Boer (ed.) *Clinical management of anxiety* New York: Marcel Dekker, (pp. 399–420).

Ventis, W. (1973). Case history: The use of laughter as an alternative response in systematic desensitization. *Behavior Therapy, 4*, 120–2.

Waxman, H., Garcia, A., and Read, L. (2008). Classroom learning environment and student motivational differences between exemplary, recognized and acceptable urban middle level schools. *Middle Grades Research Journal, 3*(2), 1–21.

Werry, J. (1996). Psychiatric diagnosis. In I Berg and J. Nursten (eds) *Unwillingly to school*, 4th edn. (pp. 211–27). London: Gaskell.

Woolfson, L., Whaling, R., Stewart, A., and Monsen, J. (2003). An integrated framework to guide educational psychologist practice. *Educational Psychology in Practice, 19*(4), 283–302.

第三部分　学校心理学研究

在组织编写本书的这一部分时，为了使它能与不同观点的生态水平的分析保持一致，笔者使用了 Brofenbrenner(1979)的社会生态学模型作为总的概念框架。在第二部分，我们集中探讨了教室这一层面的微系统的相关问题。

第三部分我们将视线从教室扩展出去，探讨一些关键的主题。这些主题有可能超越整个学校的层次，它们是：

- 第 7 章　提高识字水平
- 第 8 章　欺凌
- 第 9 章　特殊需求儿童的全纳教育

第 7 章

提高识字水平

2009 年 2 月,BBC 新闻以“太多文盲”为题制作了一期节目,报道了成年人令人难以置信的高比例文盲现象。识字问题无疑长期处于特殊重要的地位,不仅是在一个人的在校期间,即使是他随后 30 年的人生里,识字教育都不容忽视。

阅读是一项多层面的技能,由众多基础性的次级技能和知识构成。不同于说话、走路这些技能的自然形成,阅读技能的形成首先需要指导、重复和充分的阅读经验。不仅如此,儿童还需要定期进行阅读活动以提高这项技能。阅读技能是我们日益复杂的社会生活所必须的,也是参与其他社会活动的前提。然而,这个训练过程却存在一个难题,因为一个活动越困难,儿童就越不愿意参加。Stanovich(1986)将这种效应称为“马太效应”:阅读能力强的人因为阅读更多而愈强,阅读能力差的人因为阅读更少而愈差。这一效应得名于《圣经・马太福音》,原意为“凡是少的,就连他所有的,也要夺过来。凡是多的,还要给他,叫他多多益善”。

经常进行阅读活动会促进词汇量的增长,词汇量增长又将提高读者对阅读材料的理解能力。如此一来,阅读就成了一种既轻松、高效,又愉快的体验。这意味着我们与阅读建立了一种互惠的关系:儿童花在阅读上的时间越多,他们就越擅长阅读;越擅长,就读得越多。

拥有丰富早期教育经验的儿童往往可以更好地利用后续的教育经验。反之,那些没有或缺乏早期教育经验的儿童,就不善于从后续教育经验中获益。马斯洛效应论证了避免和弥补阅读技能形成过程中先期不足的重要性,我们当然应该尽力避免这种效应的发生。但是这些不足与基础技能到底指的是什么呢?

学习目标

学习完本章,你应该能:

- 领会拼读技巧在阅读中的作用
- 理解韵律,首尾音,类比和音位意识在阅读学习中的作用

- 理解类比和合成的相对优势
- 理解用于解释一般阅读困难和特殊阅读障碍的理论和模型的范围
- 评价班级效应对识字干预措施的作用
- 理解家长在提高儿童识字能力方面的贡献

儿童怎样才能学会流畅阅读?

1　印刷文字意识　孩子们需要具有“印刷文字意识”,即一种关于文字用途的知识。从日常生活的经验中,他们了解到文字的意义不仅在书本中,更无时不在向人们传递着每天所需的信息。当他们外出时,他们会发现:路标会告诉人们是否达到了目的地,商店会标示出人们可能会买的某些特供商品的信息;海报和广告告诉人们相关的活动内容;火车站点信息告诉人们应在哪一个站台等车,坐哪一辆巴士或正确的乘车方向;菜单呈现各种食物以供选择;人们可以根据包装上的信息选择喜欢的饼干;报纸、杂志、电视节目等都在通过文字信息告诉人们身边和世界正在发生的事情。因此,可以通过让儿童识读他们生活环境中的商标和标志来判断其对日常生活环境的文字意识水平(Molfese et al., 2006)。

2　单词意识　为了学会阅读,儿童需要理解单词是语言的基本单位。因为初期的阅读训练是按照“让儿童逐个学习识读熟悉的单词”这样的设想开始的,教师在教授这些单词时也无法不提到“单词”这个词(Adam, 1990)。如果一个儿童搞不清楚什么是“单词”,那么他们在开始尝试学习阅读之前就已经陷入困难之中。印刷单词的间隔清楚地表明了单词的“意群”。接触文学作品似乎是孩子们了解单词是“语言和阅读的基本单位”的主要途径(Ehri, 1976; Lomax and McGee, 1987)。理解单词的意义以及通过视觉学习由一些普通单词组成的词汇表是学习如何阅读任务的组成部分。

3　对单词各部分的意识　仅仅停留在单词层面上是不够的,儿童还必须理解我们所说的语句还可以按照其发音特点进一步划分为更小的部分。这些更小的部分,在所有代表性的语言中,被称为音素(见章末“术语表”)。1970 年代纵向研究取得进展,有力地证实了学生入学时对声音的敏感程度会影响他们日后的文学造诣(例如 Bradley and Bryant, 1983; Bryant and Bradley, 1985; Fox and Routh, 1976; Lundberg, Olofsson and Wall, 1980)。

4　字母—音节配对　阅读的学习要求我们能够将一个字母(一个特定的字形)与它所表示的音节对应起来。因此,孩子们必须学习字母系统,这样他们才能对从未见过的新单词进行解码。

QUISSET 现在到课本之外……自己查查看!

在图书馆电子数据库检索“识字模型”。

除了一些在必要基础上勾画的简略大纲外,没有任何顺序建议。然而,描述的很多活动都与 Lomax 和 McGee(1987)的模型里提到的相似,它们确实有一定的阶段顺序。

- Lomax 和 McGee(1987)的模型设计达到了什么样的阶段?
- 将这些阶段性的模型应用于现实生活情境可能会存在什么问题?

因果联系理论

Goswami 和 Bryant(1990)的因果联系理论提出了相互独立但又有内在联系的三方面内容,它们应当在儿童的识字课程学习中扮演好自己的角色。这三种联系是:

- 幼儿时期对韵律、头韵的意识和之后阅读的关系
- 指导韵律和韵律意识的关系
- 阅读和拼写能力发展(相互作用)的关系

现在我们来研究图 7.1 中呈现的第一个关联理论:幼儿时期韵律和阅读的关系。它是一些争论的焦点所在,对我们如何教新的阅读学习者有重大的启示意义。

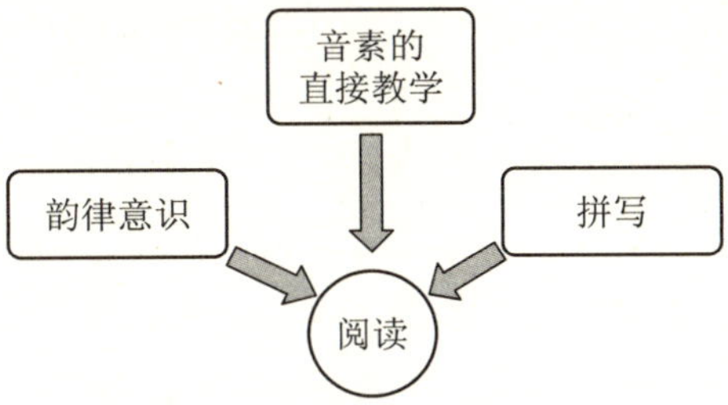

图 7.1 因果关系理论(Goswami and Bryant, 1990)

资料来源:Goswami and Bryant, 1990.
复制许可:Taylor & Frances.

韵律的重要性

Bradley 和 Bryant(1978, 1983)首先阐明了幼儿时期对韵律的意识会影响其日后的阅读和拼写能力。他们发现,相比处在同一水平的低龄适龄阅读者,阅读能力较差者对韵律缺乏意识。韵律对于阅读的重要意义在那之后被多项研究证明(见**实例**)。

实例 研究证明韵律对阅读的影响

1. Maclean、Bryant 和 Bradley(1987)在 66 名 3 岁的儿童中进行了"Humpty Dumpty"和"Baa, Baa, Black Sheep"这种普通韵律知识测试。然后他们每隔四个月对孩子们在阅读准备工作及完成阅读任务方面的进步进行测试。他们发现,儿童在一开始对幼儿音节的掌握情况与他们的韵律技能和稍后的阅读能力的进步有关,但与算术能力的进步无关。

2. 通过对同一样本的追踪研究,Bryant、Maclean、Bradley 和 Crossland(1999)发表观点认为,3 岁学前儿童的韵律知识与他们在 5 岁或 6 岁时在学校的读写能力相关。在这项研究中,智商和社会背景控制因素。

3. Cronin 和 Caryer(1998)通过对 95 名儿童所做的研究,发现相同词汇量和年龄前提下,5 岁儿童对韵律的认识与其 6 岁时的阅读能力存在某种关联。

音节首—韵

Goswami(1999)提出：作为一项早期语音技巧，韵律的价值在于它可以较早地预测阅读能力。虽然对韵律的理解必须使用大量的声音片断，但是对于一名年幼的学龄前儿童，这可能是一种“流畅的转换”。因此我们得出，音位意识是一个发展中的连续体，由幼儿韵律知识开始，进而发展为对其他大块的声音集合的理解，比如音节、将音节划分成音节首和韵(见章末“术语表”)，然后到对最小的声音单元音位(见章末“术语表”)的理解(Goswami and Bryant, 1990)。将一个音节分为“音节首”和“韵”(如 s-u-n)比按照组成音节进行划分要简单且更自然(Adams, 1990; Treiman, 1985)。一开始，儿童会利用自己与生俱来的能力进行划分。然而后天对于这方面技能的学习似乎也是必要的(Goswami, 1999; Lenneberg, 1967)。

类别

儿童会将音节首—韵技巧应用于阅读活动。这就是为什么当一个孩子读到一个词如“sit”时，他同时也能读出“shut”这个词。类比法同样也被看作是孩子们能应用于阅读任务的一项先天策略，但这样的技能同样也可以通过学习获得提高(Goswami and Bryant, 1990)。教师在教授初学阅读者时首先应向他们提供大量具有相同韵的词，这样可以简化学习过程(Leslie and Calhoon, 1995)。同韵词指的是一系列以相同韵结尾的词。因此，当遇到很多具有相同韵的词时，如果儿童能读出其中的一个，如“shop”，那么他就能读出其余所有的词。儿童的阅读词汇量越大，他们似乎越能将类比法运用得越好，因为他有更多的词可以用作类比基础(Duncan, Seymour and Hill, 1997; Goswami, 1986)。

QUISSET 现在到课本之外……自己查查看！

在图书馆电子数据库检索“类比法在阅读学习中的应用”。

Goswami 和 Bryant(1990)提出，儿童先天就具有类比的能力，他们在学习活动中将此能力应用于阅读。

- 按照他们的说法，初学阅读者运用类比法的证据是什么？

如果儿童能利用类比法帮助自己阅读那些与已熟悉的词具有相同韵脚的新词时，这是否对教学有所启示，也就是：

- 进行阅读类比法的训练可以提高阅读技能的证据是什么？

音位意识

1960 年代，Bond 和 Dykstra(1967)发表的论文中提出，早期阅读者具有区别音位的能力，这对阅读能力的发展具有重要的预测作用。研究者已经运用过众多方法对音位进行研究。

音位划分任务

音位的划分指孩子将一个音节分成一个个音位。例如，Liberham、Shankweiler、Fischer 和 Carter(1974)进行了一个拍击实验。在这项实验中，孩子们被要求以用一根小棍敲击桌子的方式来表示一个单词中含有的音位数目，如"cat"这个单词，他们应该敲三下桌子，依次为：/c/、/a/和/t/。孩子们在敲桌子实验中的表现被证明与他们日后在阅读中的表现相关(Liberman, Shankweiler, Liberman, Fowler and Fischer, 1997)。Nation 和 Hulme(1997)让低年级的儿童将一个单音节词分成音位的形式，如 get 分成/g/、/a/和/t/。他们在这项任务中的表现后来被证明很好地预测了其阅读能力。

音位处理

音位的处理任务包括儿童需要对单词或音节进行音位层面的操作，典型的两种手法是音位的添加和删减。

- **音位删减任务** Muter 等人(1998)使用了音位删减任务，方法是向儿童展示一张图片，比如一辆公共汽车。然后，他们让儿童回答一个单词被删去开头的音位后的读音，也就是"bus"删去/b/后的读法，/b/被删去后，"us"就是正确的读法。除了删除开头字母以外，音位的删除也可以指删除结尾字母，即"bus"删去/s/后的读法，"bu"是正确答案。Muter、Hulme、Snowling 和 Stevenson(2004)设计了两种彼此相关的删除任务，这两个任务暗藏了音位删除中的一种普遍的潜在困难。音位删除开始成为阅读能力增长中的一项关键技能。Muter 和 Snowling(1998)发现，不论是刚入学的短期学习者还是有较长学习经验的孩子，音位删除技能对他们的阅读能力都是最好的长期预测因素之一。事实上，这比音节能力的预测效果都好。
- **音位增添任务** 当为了把一个音位变成一个新词而添加(而不是减少)一个音节时，一种相反的活动就出现了(Morais, 1991)。文盲相比于非文盲者更难完成音位添加(Morais, Gary, Alegria and Bertelson, 1979)，说明了音位操作和教育之间的重要关系。
- **首音误置** 将两个单词的首字母互相交换，如交换"bones and joint"，将会变成"jones and boint"。较年长的儿童如果不能很好地完成音位处理任务，那么常常预示他的拼写能力也不强(Perin, 1983)。

这些研究说明，在儿童开始学习阅读的早期阶段，引导儿童注意口语中的音素组块是非常重要的。他们需要具有这种意识：单词是由一个个发音组成的，这样他们才能在日后按照提高阅读技能的要求将这一个个的发音组合成单词。

音节首—韵和音位意识的关系

虽然很多儿童初入学时已经拥有了一些韵律知识和韵意识，但他们对于音位的认识仍有局限。这种情况会由于低年级对音位的直接学习得到改善（Goswami and Bryant，1990）。对音节的敏感性和对音位的敏感性密切相关，和较轻松地掌握字母—音位的对应关系也有关，这暗示了阅读中存在音位的连续体。Goswami 后来提出图 7.1 中第一组松散关联，对韵律的了解可能通过两种方式影响阅读。

这两条路径都呈现在图 7.2 中。第一，正如已经描述过的那样，儿童可能会使用音节和类比来利用重复出现的字母串在形态上的联系。这种思路使他们认识到拥有相同韵的单词能用相同的方式读出和拼写出。图 7.2 中右侧重复出现的音节与阅读之间的关联的第二条路径强调了音节意识和音位意识的关系；暗示那些韵律意识强的儿童可能会更主动地学习音位，他们良好的音位意识也有助于增强他们的阅读技巧。

对于音节首—韵与音位意识的关系的重要性，也有一些研究得出了相反的证据，事实上这些证据证明了音位技巧能较好地预测早期阅读能力而不是音节首—韵技巧（例如 Muter et al.，2004；Muter，Hulme，Snowling and Taylor，1998；Nation and Hulme，1997）。但是，Goswami 和 Bryant（1990）的因果联系模型并没有暗示儿童应该学习音节首—韵技巧而不是音位，也没有强调音节首—韵和字母—音位关系也应被教授。对大块的音节发声组块和韵的意识被证明可以预测学前儿童日后的音位意识。这暗示了从对大的发声组块的意识到对小的音位单元的理解是一个渐进的过程（Carroll，Snowling，Hulme and Stevenson，2003）。Carroll 等的研究同时证明：韵和音位意识是不同的技能。

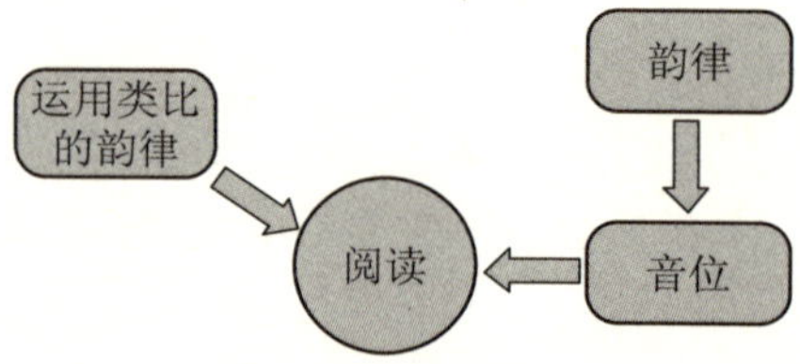

图 7.2 韵律和阅读的关系（根据 Goswami，1999 画出）

然而，音位意识和阅读之间关系的实质并未得到清晰界定。也许音位意识对于单词识读技巧有一种直接因果影响（Muter et al.，2004）。这种因果关系可能是：一旦儿童获得了字母知识或开始认识单词，他们就开始向着能加深他们对音位的理解的相反方向努力（例如 Read，Zhang，Nie and Ding，1986）。或者，更可能的情况是，音位意识和单词识读之间可能是一种交互的关系，相互影响（Burgess and Lonigan，1998；Muter et al.，2004）。

讨论　和朋友讨论

Nation 和 Hulme(1997)认为"音素组块比音节首—韵能更好地预测阅读能力";讨论这一说法的根据。请进行相关内容的广泛阅读,从中找出能支持你观点的材料。

教授语音的最好方法是什么?

语音学习干预引导儿童将注意力集中在字母和声音关系上。这一目的与旨在增强儿童音位意识的教学设计有某些重合,因为语音和音位都与音位划分有关,将字母与单词的读写联系在一起(Ehri et al., 2001)。有大量证据证明音素技术在教授儿童阅读上的重要性(例如 Rack, Hulme and Snowling, 1993)。而且,系统的语音学习已经被证明比其他非直接教授方式更有效。这一结论是由 Ehri、Nunes、Stahl 和 Willows(2001)在一项由美国国会组织的研究中得出的,该研究旨在测试究竟哪一种教授阅读的方法才是最有效的。他们进行一个包括 38 个研究的元分析,将系统的语音学习和非直接指导的语音学习(即不系统的)或没有任何指导的语音学习进行比较。Ehri 等人的研究所采纳的必须是实际投入学校应用的干预,并不是探索语音训练某一方面的实验室研究。美国研究者 Camilli、Vargas 和 Yurecko(2003)又进行了一次测试,他们同样以 Ehri 等人的 38 人实验开始,但增加了 3 个研究以符合他们对元分析的要求,剔除了 1 个不符合此要求的研究因为仔细考察发现该实验没有对比组。他们研究的结果证明了系统语音学习的重要作用,但是 Camilli 等指出:这些提高阅读能力的原则并不能说明学习语音本身就已足够。正如他们的分析所指出的,语言活动和单独的指导学习对于阅读能力的提高同样会产生重要影响。在英国审查系统中抽取的 20 个随机对照试验中,Torgerson、Brooks 和 Hall(2006)报告了类似的结果,其中只有一个研究是由 Johnston 和 Waston(2004)在英国做的。我们将在稍后的篇幅中简单回顾该实验。

语音干预训练通常包括练习阅读技巧,即使用比音位大的声音单元,大到单词。系统的语音学习指导众望所归,但仍然存在一个主要问题:即如何将此研究结果转换为一般原则并应用于课堂教学当中。这种系统教学应采用何种方式?解析与综合的方式是目前课堂应用的两种主要方式(见表 7.1)。

如表 7.1 所呈现的,语音分析使用了声音分析法,对所有语音学习中遇到的单词进行分析。另一方面,系统的语言学习则是将音素部分和整个单词进行综合。在 Goswami 和 Bryant(1990)的因果联系理论使用的术语中,语音分析常被认为是韵律和类比法的联合,而语音合成则被看作是音位的教授重点。然而,学校中使用的阅读方式通常是这些方法混合的结果,事实上音素的分析与综合可能会被看作是基于分析到综合的一个连续体,而不是两种截然不同的阅读方式(Ehri et al., 2001; Johnstone and Watson, 2005)。

表 7.1 教授语音的方法

方 法	描 述
语音分析法	整字识别鼓励初学阅读的人使用分级的阅读书籍。它是一个从看到说的阅读方法。目标是帮助儿童积累阅读词汇量，通过认读已学的词族的相似形来运用类比法学习新单词。然后，孩子们可以不借助听出每一个音素，而是直接根据已知单词的韵脚推测出新单词。只有当儿童积累了一些完整单词的词汇量时，才会介绍给他们词首发音。孩子们一次学习一个首字音，如通过教 cat、cup、car 等以/c/开头的单词来学习这个首字音。他们也会以同样方法学习尾音(如通过 hat、met、pot 学习/t/)和中间音。孩子们将使用完整单词来学习发音。
语音合成法	此方法的重点在于通过声音和组合将音素组织成完整的单词。孩子们学习将字母解码成音素并将这些音素组合成新的单词。一系列普通的声音，如/a/、/i/、/p/、/n/、/s/、/t/放在一起经过排列组合就能产生一系列三字母单词，如 pan，sat，tin 等，这些单词或许就可以放在一起学习。这一内容可能更应该在孩子们学习读写之前进行教授。孩子们也可使用磁性字母块来帮助他们学习如何将单独的发音组合成单词。

资料来源：Ehri et al.，2001；Johnston and Watson，2005.

学校应该如何解读研究证据来决定应该使用哪种方法来教授阅读？最近美国和澳大利亚政府委托的调查解决了各自国家教师的这一问题，得出结论：系统音素教学的效果优于其他间接的方法，推荐教师使用系统音素教学法，并将其作为教授阅读的核心要素。但是一项英国的审查报告(Rose，2006)，在推荐系统音素教学法特别作为教授音素的方法方面走得更远。正如我们在第 3 章所探讨过的，随机对照试验(RCT)和元分析是得出结果归因于特定干预最有说服力的方法。虽然有很多比较音素分析和合成的研究(例如 Hatcher，Hulme and Snowling，2004；O'Shaughnessy and Swanson，2000；Savage and Carless，2005；Walton，Walton and Felton，2001)，但是这些研究只报告了很小的效应量并且大部分没有使用 RCT 方法(Savage，Abrami，Hipps and Deault，2009)。同样地，Torgerson 等人(2006)为英国教育和技能部所做的研究发现，只有三个实验使用过了 RCT 方法比较音素分析和合成，因此也没有足够的证据证明哪种方法较好。Wyse 和 Goswami(2008)也认为，目前无法找到音素合成法更好的证据。

最近，Savage 等人(2009)又做了一个识字能力的 RCT 实验，虽然这个实验中的音素类比和合成方案都是通过计算机程序 ABRACADABRA 生成的，目的是测试计算机技术对于提高识字能力是否有帮助。在这项实验中，144 名刚入学的儿童每天上课 20 分钟，每周 4 天，共 12 周。在干预组，4 个孩子共用一台电脑学习，控制组的儿童则在平时的课堂环境中学习读写技能。研究结果表明，两种干预措施对于提高识字能力都有显著的效果，而且都能立刻看到效果并持续到干预实验结束后 7 个月。即时后测显示，字母意识和语音意识通过拼音类比方案提高了，听力理解和阅读理解通过拼音合成方案提高了。延迟后测显示，音素合成方案的影响(语音意识和阅读流畅性的改善)依然存在。Savage 等人的结论是两种方法的效果大同小异，虽然每种方法对形成特定的次级认读技能有不同的优势。目前，不管是 RCT 还是元分析都无法提供有力的证据证明音素合成法优于音素分析法。

聚焦 克拉克曼南郡研究

在英国,Johnstone和Watson的研究在说服教育工作者关于合成拼音法的良好效果方面很有影响力。Rose报告认为这些研究提倡合成法。

Johnstone和Watson在苏格兰卡拉克曼南郡进行了一系列比较拼音类比与合成的实验。他们集中研究了300个一年级小学生,定期随访他们的进步并发布在苏格兰政府网站上(Johnstone and Watson, 2003, 2005; Watson and Johnstone, 1998)和一份同行评审的期刊上(Johnstone and Watson, 2004)。此项研究包括三个小组,合成拼音小组、典型的类比拼音小组(在实验的初步阶段使用苏格兰学校的标准教学方法)和拼音类比+语音意识小组。研究中,儿童每天接受20分钟的训练,共训练16周。Watson和Johnstone(1998)最初报道,拼音合成组阅读水平超过其他两组七个月,当然也超过他们的拼写年龄,拼写水平则超前八至九个月。Watson和Johnstone(1998)最初报道,拼音合成组阅读水平超过其他两组七个月当然也超过他们的拼写年龄,拼写水平则超前八至九个月。该小组也能通过类比法较好地认读不规则词和生词。在他们小学毕业时,95个男孩和84个女孩仍然在参与实验,现在这个小组已经读小学七年级了。他们的报告称,这一小组的阅读水平超前于生理年龄3年6个月,拼写年龄超前1年9个月。

讨论 和朋友讨论

阅读Johnstone和Watson关于克拉克曼南郡实验的报告。研究Wyse和Goswami(2008)提出的观点。讨论支持或反驳拼音合成法优越性的材料。

拼读联合理论

考虑到语音意识技能和后来的阅读发展之间的关系的压倒性证据,Hatcher、Hulme和Ellis(1994)提出,单独进行拼读技巧训练可能并不是最有效的,而应该将拼读技巧和阅读经验明确结合起来。Hatcher等人将这种结合称为拼音联结假设并在一项实验中进行了验证,实验将有阅读困难体验的儿童分为三个组,接受不同的干预计划:

- 阅读训练
- 拼读训练
- 拼读和阅读训练相结合

控制组为第四组。

Hatcher等人发现,阅读组的拼读相比控制组(使用了各种阅读评测方法),表现出持续提高,这种进步在9个月后跟踪调查时仍然存在。而单纯拼读组仅仅在拼读技巧方面取得显著进步，在阅读方面则不比控制组有更大进步，这暗示了仅仅进行拼读训练不如将拼读与阅读结合起来有效。而且，Hatcher 等人的研究还表明，干预措施可以明显提高孩子的阅读技巧，但是孩子的算术技能则无明显进步，这说明拼读＋阅读的方法对于阅读技能的提高产生了作用，而不是教师对于一种新的教学方法的热情和积极性对所有的教学活动产生了普遍的增强作用。然而，在后来的研究中，Hatcher、Hulme 和 Snowling（2004）发现，当干预措施扩展至刚开始学习阅读全班时，相比 Hatcher 等人（1994）的研究中年长（7 岁）的阅读能力差者，拼读结合组则没有了优势。

聚集　Hatcher、Hulme 和 Ellis(1994)的研究

这项研究通过全郡范围内的筛选程序比较了四组被鉴定为阅读能力差的 7 岁儿童。3 个干预小组每组接受为期 20 周共计 20 小时的训练，参与的教师都受过专门的训练。每组有 32 个儿童。

1　**仅进行拼读训练**。这种情形包括识别押韵的单词，识别句子中的单个词，音节操作，识别单词的发音，逐渐增加发音从而构成词，删除和替换单词中的发音。

2　**拼读训练与阅读相结合**。本组使用了 Clay(1985)教学方法的修正版本，在上述训练的基础上增加了拼读的训练。他们比拼读组的拼读训练要少，因为他们的训练是个性化的阅读和拼读的结合，基于儿童自身的阅读和写作活动。从阅读简单的内容开始，分级阅读计划与拼读意识训练相结合。拼读活动包括练习字母—发音对、使用塑料字母块来对应拼写和发音，以及在书写单词时注意字母—发音对。

3　**阅读小组**接受相同的干预措施，但是不进行明确的拼读教学或拼读联合活动。

4　**控制组**接受常规的课堂教学和额外的支持。

虽然接受拼读训练的两组都只提高了拼读技巧，只有拼读与阅读相结合的小组在阅读测试中取得进步。这项研究表明，对阅读能力差的儿童来说，把拼读技巧的干预措施融入阅读教学对于提高阅读能力非常有效，而不是各自单独进行。

进一步的研究则比较了拼读联合阅读干预和"早期读写支持"（ELS），ELS 是教育和技能部门为阅读技能学习低于同龄人水平的儿童设计的（DfES，2001；Hatcher，Götz，Snowling，Hulme，Gibbs and Smith，2006）。ELS 干预是利用相似的阅读内容进行阅读干预（RI），Hatcher 等人（1994）年已进行了评估（前文已述），它们都利用了拼读联合策略。然而，RI 也涉及量身定制、个人工作，因此比 ELS 更加费时费力。研究的参与者是二年级的有阅读障碍的儿童。两个小组的儿童在拼写和阅读中都取得一定程度的进步，使得他们达到了同龄人的平均阅读水平，并且效果具有持续性。

因为上述研究中没有控制组，影响了有说服力的结论的得出，Hatcher、Hulme、Miles、Carroll、Hatcher、Gibbs 等人（2006）设计了 RCT 实验。他们改良了 RI，因此实验包括了一对一的阅读教学助理和拼读训练。语音训练组的儿童练习辨别字母、音素意识、拼读联合。来自14个学校的77名儿童参加了干预实验，他们是全部学生中8%的阅读能力最差的儿童。第一个小组接受两个10周的RI训练，第二个小组仅接受第二个10周的训练。第一个10周过后，干预组在字母知识、单个词朗读和音位意识方面的进步大于控制组。但是，第二个10周结束时，第一个10周训练的控制组（只接受了一个10周的训练）与接受了两个10周训练的小组的阅读能力达到了相同的水平，这说明第一小组10周后可能遭遇了"高原效应"。结果还表明助教可以为有困难的读者提供有效的日常干预。尽管如此，仍然有一组儿童需要更密集的训练来提高识字能力。

Bowyer-Crane、Snowling、Duff、Fieldsend、Carroll、Miles等人(2008)对在词汇和语言逻辑性方面有困难的4岁儿童的研究得出了相似的结论。他们比较了语音＋阅读(P＋R)干预和口头语言(OL)干预，OL包括词汇和理解活动。P＋R再次被发现对提高识字和拼读分数会更有效，而OL则能更有效地提高词汇和语法能力。虽然干预结束后，超过一半的孩子的识字能力仍然没有达到应有的水平。

儿童在干预训练中缺少回应，这一持续性的问题促使Duff、Fieldsend、Bowyer-Crane、Hulme、Smith、Gibbs和Snowling(2008)进一步调查了先前对RI干预反应不佳的8岁儿童。进一步的干预为期9周，由受过专门训练的助教基于一对一的原则进行。它包括两个15分钟的训练，第一个15分钟包括阅读、词汇教学和写作；第二个15分钟改编自RI，包括与可能的目标词汇相关的语音训练。干预过后，这些儿童在阅读、语音意识和语言技巧方面都取得进步，并且效果保持了六个月——虽然大部分儿童的上述能力仍然没有达到其实际年龄应有的水平。本研究还进一步证明：受过训练的非专业人士可以组织发展识字能力的活动，这可以节省学校的投入。

讨论　和朋友讨论

- 讨论Hulme和同事提供的干预措施应建立在拼读假设基础上的证据。
- 实验证据是如何证明RI有效性的？

一个值得注意的问题

应该指出的是，本章我们关注的阅读问题主要是单词的识别。但是，为了流畅阅读，阅读理解的能力也是必不可少的。只有具有了理解技能，儿童才能反思他们阅读的内容，并将之与生活经验联系起来，推测隐含的意义以及为了获得作者要传达的信息而对阅读的内容进行分析。这一包含了不同的、非语音的、语言基础的技能与逐词阅读相比，对二年级的儿童尤为重要。因为此时的儿童被期望已经具备了信息解码的能力。但我们并不在此过多谈论阅读理解能力的培养，我们仅仅关注怎样帮助初学的读者掌握认读单词的技能。

阅读障碍的矫正

从上述内容中我们可以看到，在孩子们怎样学习阅读的问题上存在明显的个体差异性：虽然接受了读写技能方面大量的指导，有的孩子在这个过程中仍然遭遇了诸多问题。英国心理学会(BPS, 1999)认定阅读障碍症患者即使获得适当的学习机会，也会持续表现出阅读能力的低水平。值得注意的是，很多人认为这是一个有争议的定义，因为它没有将阅读障碍症患者和其他有阅读障碍的儿童区分开来。

然而，其他一些有关阅读障碍症的定义也将阅读障碍症看作是一种特殊的阅读困难，没有考虑到这一症状与个体的其他认知能力和所具有的学识的关系(Lyon, Shaywitz and Shaywitz, 2003; Snowling, 2000)。它常被当作一个**差异**(discrepancy)模型，因为只有当一个孩子的实际阅读能力和他被期望拥有的阅读能力(通常是由认知技能测试给出的一个预测值)之间存在差距时，才被认为是患上了阅读障碍症。这样的矛盾定义通常被应用于经严格选择样本的实验，因为这些实验中的样本没有精神病特征、知觉或学习上的困难，而不仅仅有一些具体的阅读障碍。然而，英国的教育心理学从业者可以使用BPS定义来描述那些在班级中接受干预治疗的有学习困难的儿童，不论他们的智商水平如何，他们在其他学习领域中体验到的困难程度如何。

对于大部分的阅读障碍症的儿童来说，他们的阅读困难主要在于无法顺利处理非单词性的问题。如，理解无意义的单词，有助于理解阅读相似内容的子技能以及理解一些特殊的单词(见章末“术语表”)(Frith, 1997; Snowling, 2000)。即使如此，大部分的研究者都认识到阅读障碍症可能和阅读本身一样十分复杂，不太可能是一种表现为单一特征的功能性损伤症。(Castles, Datta, Gayan and Olson, 1999)。结果，有的研究者试图将阅读障碍症分成不同的类别。

语音学与表层失读者

对脑损伤的成人病人的研究发现，一些人被诊断为上文所表述的**语音型失读症**(phonological dyslexia)。其他一些患有**失读症**(surface dyslexia)的人一旦清楚地知道自己患上了这种病便再也不能阅读单词了。但他们仍然能用拼读技巧念出单词。Castles和Coltheart(1993)使用了一种回归原始的思路来定义这些患有阅读障碍的儿童，他们发现这些儿童中55%患的是语音失读症，30%患的是表层失读者。这项研究设计目的在于为用双向思维研究阅读提供支持，它发现儿童在进行阅读时会使用两种截然不同的策略：一种路径是直接的、视觉的词汇策略，使用这种策略阅读单词时，他们通过视觉对词汇做出判断进而调动已经熟悉的单词进行阅读。另一种路径是非词汇的，需要使用声旁规则去读不熟悉的单词。两种路径都能帮助儿童成功地进行阅读。相反，如果他们建立起一种单一的阅读体系，那么将可能出现两种表现各异的阅读障碍症(Castles and Coltheart, 1993)。语音亚型患者有拼读方面的问题，表层亚型患者有视觉、词汇方面的问题。

其他一些研究已经发现了支持这些类型成立的证据(例如 Castles et al., 1999; Manis, Seidenberg, Doi, McBride-Chang and Peterson, 1996; Rapcsak, Henry, Teague, Carnahan and Beeson, 2007),虽然一些研究使用控制阅读年龄配对的方式而不是生理年龄配对控制,但是其他发布的报告中已经降低了表层障碍类型的偶然因素。这引导我们得出这样的结论,表层失读症可能是由阅读能力**滞后**造成的,语音失读症则是由于阅读**障碍**引起的(Manis et al., 1996; Stanovich, Siegel and Gottardo, 1997)。表层失读症可能并不是一种独特类型的观点已经受到了来自 McDougall、Borowsky、Mackinnon 和 Hymel(2005)的挑战,他们建立了一种不同的图表类型流程,这种流程发现了患有纯粹表层失读症的儿童。

QUISSET 现在到课本之外……自己查查看!

在图书馆数据库检索"语音和表层失读症亚类"。

比较 Castles 和 Colheart(1993), Manis 等人(1996)和 Castles 等人(1997)对语音素和表层失读症亚型划分的方法论。

- 他们的方法有哪些不同?

无论如何,我们明白了其实大部分患有阅读障碍的儿童并不能被诊断为其中一种或几种情况,而是几种类型的混合体(Snowling, 2000)。事实上,Castles 和 Colheart(1993)的类型研究中所使用的"软"分类是基于这样的事实,即儿童在超出常规阅读词汇范围的非单词和生僻字的阅读上存在困难,当然儿童更多是因为两者之一存在较大的困难。正是基于这样的原因,关于"软"分类才得以定义。

有助于理解混合阅读障碍类型的阅读材料

连接模型

我们关心的是那些想要发展阅读技能的儿童。虽然一个人不可能从技巧性的阅读实例中推断出阅读技巧,但是阅读的确有技巧(Plaut, McClelland, Seidenberg and Patterson, 1997)。而且,双路径模型是基于成年人的习得性失读症的原理建立的;同样的原理可能并不适用发展中的阅读障碍。另一个必须提到的问题是,正如双路径模型所提出的那样,这两种机能是否是学习阅读所必备的,还是单一的机能能更好地解释阅读能力的发展?(Ehri, 1995; Seidenberg and McClelland, 1989)

重要概念

- **习得性失读症**(acquired dyslexia)是一种阅读障碍,指一个学习阅读的人由于脑损伤而出现阅读障碍。
- **发展性失读症**(developmental dyslexia)指一开始儿童在学习阅读技能时遭遇困难而出现阅读障碍。

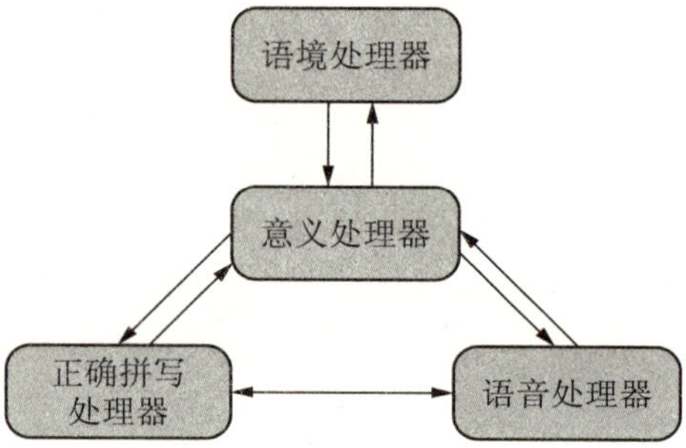

图 7.3 连接模型(基于 Seidenberg and McClelland, 1989)

连接模型也称**并行分布处理**(PDP),我们用它来帮助说明其他认知技能的形成,包括语言的习得及其产生,如阅读。该模型可以根据描述潜在认知过程的理论公式模拟出人们在既定条件下的行为。当应用于阅读能力研究时,连接模型(见图 7.3)就不是在阅读时有意识地采用的策略了,而是一个可能涉及的计算机模拟的过程。

Seidenberg 和 McClelland(1989)连接模型表明语音处理的连接能力,这一以词汇为基础的技能的发展可能要依赖于母语文字经验的积累。从这里我们可以看出,阅读一个单词并不只是靠对其进行视觉处理(拼字),还需要将这一过程与单词的其他组成部分即声音(语音)与意义(语义)结合起来。

连接模型并不把这些部分视为独立的系统,而是高度相互影响的过程。正确的拼写过程是这一系统的第一部分,也是接收某一页上的单词的直接信息输入的唯一部分。单词的视觉形象信息随后会向意义处理器发送信息,意义处理器再发回相应的意义反馈信息。语义处理器同时也会向语境处理器发送并接收信息,来帮助确定选择的单词意义对于句子的语境是否是合适的。在拼写处理器和语音处理器中间传递的信号意味着单词中的字母被拼写处理器处理时,信息也被发送到同样与意义处理器相连接的音素处理器那里。这意味着激活单词读音和拼写也就激活了它的意义——或者,激活了它的意义也就激活了它的语音单元,也就是指明了它的拼写形式。拼写和语音处理器都是从系统外部接收信息的。但是拼写系统从纸质文字上获取信息,而语音处理器则是从口语中获取外部信息。连接模型由此推断阅读的知识是这些组成元素之间的联系建立起来的,并在经验中日益成熟。

虽然这个模型可以模拟并就某些现象为我们提供一个解释,比如,为什么遇到的频率越高的单词能越快地被认读出来。但应该注意到的是,儿童在现实生活中学习阅读的连接系统并不完全像这个模型所描述的那样(Plaut et al., 1996)。连接模型提供了一条测试我们关于阅读过程假设的途径,使得我们能够模拟这些联系建立的过程来帮助理解儿童在学习这些联系时的方式。连接模型最终的目的是建立阅读与大脑内部系统联系的整体理论(Seidenberg, 2005)。核磁共振成像和脑电图的研究已经使用扫描技术来比较阅读障碍患者的大脑结构和大脑活动与那些没有阅读障碍的人的不同,提出了连接视角的设想——阅读障碍内部单一、统一的机能方面的证据(Grigorenko, 2001)。我们将会在第

12 章考察神经科学研究在教育中的应用时再来探讨这一研究。

QUISSET 现在到课本之外……自己查查看!

在图书馆电子数据库检索"连接模型"。

检索连接模型的评论文章,如 Powell、Plaut 和 Funnell(2006)。

- 连接模型模拟的阅读过程与儿童真实学习的阅读过程有什么不同?

双路径的层叠模型

双路径层叠模型(DRC)(Coltheart, Rastle, Perry, Langdon and Ziegler, 2001)是双路径模型的新版本,它受到连接模型的影响,但仍然与原始的双路径模型一样保持着双条路径。但是,DRC 模型在引导我们将注意力集中于不同系统间的交互作用的反馈循环上的作用要比双路径强大得多。例如,在一个对法国阅读障碍儿童进行的实验中,通常用来解释发展性失读症(如拼读功能缺陷)的模型往往单一且证据不充分,但这个实验中的儿童却能够超越这一限制。Ziegler、Castel、Pech-Georgel、George、Alario 和 Perry(2008)使用 DRC 模型发现了异质性的证据。他们探究了 DRC 模型四种交互水平的过程,字母单元、词汇拼写、词汇拼读和音素系统。他们发现样本中的儿童在阅读系统中这些核心元素的缺陷方面具有特定组合。

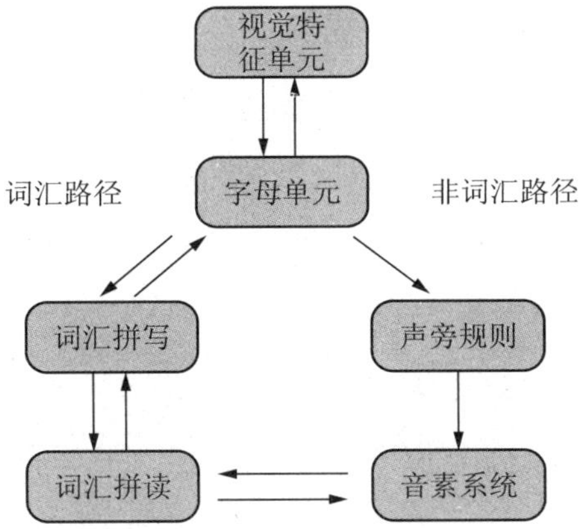

图 7.4 双路径层叠模型

资料来源:Coltheart et al., 2001.

改编许可:American Psychological Association.值得注意的是,样本中的大部分阅读障碍患者的确表现出拼读缺陷以及其他方面的不足。

除上述呈现的理论性解释以外,还有其他的研究带来证据,说明了可能存在其他类型的阅读障碍,与大脑区域的功能受损有关。可能的类型包括:巨细胞(Stein, 2001),小脑(Nicolson and Fawcett, 2008),短期记忆(Kibby, in press)。必须注意的是,这些类型中的每一种仍然都有相同的核心拼读缺陷。相关要点请查询"**重要概念**"。

重要概念

其他关于阅读障碍的解释理论

1 **巨细胞假设**提出失读症是由视觉巨细胞路径出现问题引起的。这项工作关注阅读障碍的视觉方面而不是语言方面，并且提供了证据。这意味着当阅读障碍患者阅读时，一个单词中的字母可能看起来在相互环绕着移动。用眼罩蒙住左眼只使用右眼已经被证明可以提高阅读表现（例如Stein，Richardson and Fowler，2000），与阅读能力低于其生理年龄两年的控制组相比，这些儿童的阅读能力可以达到同龄人的水平（Stein，2001）。

2 **小脑缺陷假设**认为失读症儿童在技巧的自动化方面有困难，因此阅读必须付诸有意识的活动。Nicolson和Fawcett（1995）发现有阅读障碍的儿童在平衡任务中如果注意力受到影响，他们的身体就会摇摇晃晃失去平衡。这表明，为了保持平衡以及更重要的——他们奋力想要表现的灵活自如，就必须积极地设法补偿其上述缺陷。这些自动化功能缺陷并且因此产生的核心拼读能力缺陷被认为是由于小脑异常引起的。干预措施的重要性在于通过平衡训练重获小脑的功能。这些训练不仅要提升自动化运动技能，同时还要提高认知技能和识字水平。有证据表明，干预途径的有效性不仅能帮助那些有阅读障碍的儿童，对于那些有注意力问题的儿童同样有效（Rack，Snowling，Hulme and Gibbs，2007；Reynolds and Nicolson，2007）。

3 **工作记忆缺陷**。有一个广泛的共识是拼读功能损坏是失读症的根源。研究者的这一认识可能决定他们今后对拼读能力缺陷性质的判断。关于这一挑战的大部分内容已经在本章探讨拼读技巧的形成时进行了探讨。语音加工能力在阅读障碍患者尤其是语音短时记忆方面所起的作用，已得到相当数量的研究的关注——虽然它在单词阅读困难中的重要性没有音素意识那样大（Bowey，Cain and Ryan，1992）。有阅读障碍的儿童被认为在口语的短时记忆方面有缺陷，他们难以阅读无意义的单词（van Ijzendoorn and Bus）以及重复无意义的单词（Snowling，Goulandris，Bowlby and Howell，1986）。同时，听觉刺激短时加工障碍可能使患失读症儿童需要更多的时间分辨单词和记忆拼读比较复杂的单词（Tallal，Miller，Jenkins and Merzenich，1997）。失读症儿童的先天记忆缺陷似乎受制于其对语音的短时记忆，这与他们的视觉短时记忆和长时记忆的控制原理相似（Kibby，in press）。对正常成长的儿童的研究暗示了学习新词汇可能也与阅读一样，需要音素的记忆技能（Gathercole，Hitch，Service and Martin，1997）。

讨论　和朋友讨论

在考察了不同理论模型及其支持证据之后，讨论以下问题：失读症是一种单一的综合征吗？

当学校为了提高教学水平，而不仅仅是我们目前一直在关注的阅读及拼写时，他们制定了适用于所有教师和学生的识字策略。这一策略通常是在全校水平上强调了读与写能力的重要性。虽然我们当然会提及从本章研究所呈现的，发展拼读技能活动必将在这样的策略中居于核心地位，我们可能会问另一个问题：影响班级和教师的读写水平培养的因素是什么？如果采取了有效的干预措施，会有什么不同？

班级效应和识字水平

班级方面的因素确实会产生影响。重要的不是采取哪一种干预措施，而是如何在独立的教室内采取有影响的措施。活动分配时间和教师的效能都是阅读结果的决定性影响因素(Connor，Morrison and Underwood，2007；Foorman，Schatschneider，Eakin，Fletcher，Moates and Francis，2006)。Cameron、Connor、Morrison 和 Jewkes(2008)发现阅读得分较高的班级，其教师在一开始就注意到班级的管理。这表明教师应当建立一个有序的、组织良好的班级，只有完成这一工作，才能使他们投入阅读培养和其他学术干预活动的时间更有效率。或许那些较早理解班级运行程序的小学生对于他们自己的学习活动负有重大的责任。同样，那些一开始就拥有一个纪律良好的班级的教师可能在整体上比其他教师更加有效率。

教师实际上如何较好地实施干预项目可能是一个棘手的问题。当 Connor、Piasta、Fishman、Glasney、Schatschneider、Crowe 等人(2009)着手测试独立个体的效率时，他们发现教师对于干预项目跟进得越紧密，孩子们的收获越大。简单地让教师实施一个项目是不够的，更重要的是一个项目的彻底实施，也就是项目实施的忠诚度。

家长与儿童的识字水平

然而，对识字的强调不应当局限于学校。家长在培养孩子的识字兴趣以及积极支持孩子学习阅读的渴望方面扮演了重要的角色。Myrberg 和 Rosén(2009)发现家长的不同受教育水平对学生的阅读有直接的影响。早先的研究结果表明了其间接作用，例如，家庭拥有书籍的数量以及早期家庭进行的识字活动。他们认为这些早期的亲子活动会通过促使儿童在真正开始阅读前就将自己视为读者并对未来阅读能力的进一步发展有所期望。

那么什么样的阅读活动才能使家长和孩子共同参与呢？仅仅和孩子一起阅读是不够的。旨在帮助儿童理解书面语句的活动也很重要。父母教孩子每个字母的读法被发现与阅读能力的提高有关，而不仅仅是父母与孩子一起阅读。阅读书面语句可以培养儿童的文字意识。例如，一团乱画的线条并不是一个单词，一个单词的所有字母必须都在同一基准线上，按照特定的顺序排列，不可以上下或前后移动。一个单词必须含有元音和不同的字母，不是相同字母的简单重复。陪孩子阅读不应成为家长被动参与的活动。为了提高孩子的阅读能力，家长需要积极地引导孩子将注意力集中在文字的这些具体的特征上。

家长积极指导孩子读书的重要性的进一步证据来自一个阅读电子故事书的实验(Gong and Levy, 2009)。实验中,96 个儿童被分成 4 个小组:

● 第 1 组,以通常家长为他们读故事书的消极方式读给孩子听。

● 第 2 组,每阅读一个的单词后都有一个弹跳的小球帮助儿童集中注意力。

● 第 3 组,当遇到难读的单词时,提示音会不停响起"Oh-oh",直到计算机发出正确的音以及读者随之读出正确的音。

● 第 4 组的流程和第 3 组是一样的,除了需要孩子们自己去按鼠标播放难读的读音,让阅读继续。

在这项电子书实验进行前,儿童就进行了阅读能力和书面知识的测试。实验结束后,阅读能力显著提高的是第 2、第 3、第 4 组,因为这几组的儿童关注到了词形和词音的对应关系。Levy 等人及 Gong 和 Levy 进一步的研究更证明了虽然音素意识和字母知识是阅读的重要先决条件,但不是唯一必须的技能。书面语句的知识也很重要,家长在知识的学习中扮演重要的角色。

上述家长参与儿童阅读训练的实验都关注了具体的阅读技能的结果,但必须注意的是那并不是唯一的结果。语言学习是吸收和表达同时进行的活动,也会受到家庭文化实践的影响。它能提高孩子的语言能力,使他们在学校中学习识字更有优势(例如 Deckner, Adamson and Bakeman, 2006; Saracho and Spodek, 2009)。进一步说,似乎青少年的阅读能力也会受到家长的影响,特别是考虑到他们阅读的动机,与父母一起阅读、讨论时事问题。除去在学校中进行的通常阅读,家长提供给孩子的文化环境经验也是非常重要的。提高读写能力不仅是在学校专业化学习的认知过程的一部分,也是一种在家庭中进行的社会文化过程。

QUISSET 现在到课本之外……自己查查看!

在图书馆数据库检索"父母在儿童早期识字教育中的作用"。

上文已经描述了最近一些实验表明早期家庭文化环境的影响。使用图书馆电子数据库寻找其他关于家庭文化环境作用的实验。这些实验认为哪些家庭因素是重要的?

综合你的发现形成自己的观点回答下列问题。

● 家庭文化环境是如何影响孩子的阅读的?

● 家长怎样才能更好地帮助他们的孩子提高读写技能?

总结与结论

本章我们关注了儿童为了学习阅读单词必须掌握的技能和必须接受的训练。我们已经看到虽然有压倒性的证据表明在学习阅读时,拼读技巧至关重要以及阅读障碍的根源在于拼读能力缺陷,阅读过程的本质反映了多种子技巧和不同的子技巧层面的干预措施复杂的交互作用。我们将在第 12 章学习更多关于这些过程的本质,探讨神经科学对于我们认识阅读困难的影响。

术语表

例外词(exception word)真实存在但不遵循通常发音规则的词,如"busy"。

字形(grapheme)书写(或印刷)的字母。

音形对应(grapheme-phoneme correspondence)书面符号与声音片段相匹配。

词汇的(lexical)与词相关的。

意音拼读(logography)全词阅读。

非词(nonword)无意义的词,如"gromp"。也称"假词"(pseudoword)。

拼字法(orthography)用于记下语言声音的字母符号系统。

音位(phoneme)任何语言最小的明确的声音片段,如"/d/""/o/""/g/"是组成单词"dog"的三个音素。

拼读意识或自然拼读(phonological awareness or phonics)识别口头表达的单词的声音模式,包括:

—押韵(rhyming)"dig"和"pig"。

—音节首—韵(onset-rime)首音指音节的起始辅音,尾音指元音及之后的辅音,如"cat"一词中,"/c/"是音节首,"/at/"是韵。

—划分(segmenting)把词分成音节(大声音片段)或音位(小声音片段)。

—音位组合(blending phonemes)形成词。

音节(syllable)比音位大的词的声音片段。如"Bis-cuit"有两个音节。

拓展阅读

访问 www.pearsoned.co.uk/markswoolfson 获取下列基础文章:

Castles, A., Datta, H., Gayan, J., and Olson, R. (1999). Varieties of developmental reading disorder: Genetic and environmental influences. *Journal of Experimental Child Psychology*, *72*, 73–94.

Lomax, R., and McGee, L. (1987). Young children's concepts about print and reading: Toward a model of word reading acquisition. *Reading Research Quarterly*, *22*, 237–56.

Torgerson, C., Brooks, G., Hall, J. (2006). *A systematic review of the research literature on the use of phonics in the teaching of reading and spelling. Research Report No. 711*. London: Department of Education and Skills.

参考文献

Adams, M. (1990). *Beginning to read: Thinking and learning about print*. Cambridge, MA: The MIT Press.

Bond, G. and Dykstra, R. (1967). The cooperative research program in first-grade reading instruction. *Reading Research Quarterly*, 2, 5–142.

Bowey, J., Cain, M., and Ryan, S. (1992). A reading-level-design study of phonological skills underlying fourth-grade children's word reading difficulties, *Child Development*, *63*, 999–1011.

Bowyer-Crane, C., Snowling, M., Duff, F., Fieldsend, E., Carroll, J., Miles, J, Gotz , K., and Hulme, C.

(2008). Improving early language and literacy skills, differential effects of an oral language versus a phonology with reading intervention. *Journal of Child Psychology and Psychiatry, 49*, 422–32.

Bradley, L. and Bryant, P. (1978). Difficulties in auditory organisation as a possible cause of reading backwardness. *Nature, 271*, 746–7.

Bradley, L. and Bryant, P. (1983). Categorising sounds and learning to read: A causal connection. *Nature, 301*, 419–521.

British Psychological Society (1999). *Dyslexia, literacy and psychological assessment. Report of a working party of the Division of Educational and Child Psychology*. Leicester: British Psychological Society.

Burgess, S. and Lonigan, C. (1998). Bidirectional relations of phonological sensitivity and prereading abilities: Evidence from a preschool sample. *Journal of Experimental Child Psychology, 70*, 117–41.

Bryant, P. and Bradley, L. (1985). Phonetic analysis capacity and learning to read. *Nature, 313*, 73–4.

Bryant, P. and Maclean, M., Bradley, L., and Crossland, J. (1990). Rhyme, alliteration, phoneme detection and learning to read. *Developmental Psychology, 26*, 429–38.

Cameron, C., Connor, C., Morrison, F., and Jewkes, A. (2008). Effects of classroom organization on letter-word reading in first grade. *Journal of School Psychology, 6*, 173–92.

Camilli, G., Vargas, S., and Yurecko, M. (2003). Teaching children to read: The fragile link between science and federal education policy. *Educational Policy Analysis Archives, 11*(15), 1–51.

Carroll, J., Snowling, M., Hulme, C., and Stevenson, J. (2003). The development of phonological awareness in preschool children. *Developmental Psychology, 39*(5), 913–23.

Castles, A. and Coltheart, M. (1993). Varieties of developmental dyslexia. *Cognition, 47*, 149–80.

Castles, A., Datta, H., Gayan, J., and Olson, R. (1999). Varieties of developmental reading disorder: Genetic and environmental influences. *Journal of Experimental Child Psychology, 72*, 73–94.

Clay, M. (1985). *The early detection of reading difficulties* (3rd edition). Tadworth, Surrey: Heinemann.

Coltheart, M., Rastle, K., Perry, C., Langdon, R., and Ziegler, J. (2001). DRC: A dual route cascaded model of visual word recognition and reading aloud. *Psychological Review, 108*, 204–56.

Connor, C., Morrison, F., and Underwood, P. (2007). A second chance in second grade? The independent and cumulative impact of first and second grade reading instruction and students' letter-word reading skill growth. *Scientific Studies of Reading, 11*, 199–233.

Connor, C., Piasta, S., Fishman, B., Glasney, S., Schatschneider, C., Crowe, E., *et al*. (2009). Individualizing student instruction precisely: Effects of child by instruction interactions on first graders' literacy development. *Child Development, 80*, 77–100.

Cronin, V. and Carver, P. (1998). Phonological sensitivity, rapid naming and beginning reading. *Applied Psycholinguistics, 19*, 447–61.

Deckner, D., Adamson, L., and Bakeman, R. (2006). Child and maternal contributions to shared reading: Effects on language and literacy development. *Applied Developmental Psychology, 27*, 31–41.

Department for Education and Skills (DfES). (2001). *The National Literacy Strategy Early Literacy Support Programme*. London: DfES Publications.

Duff, F., Fieldsend, E., Bowyer-Crane, C., Hulme, C., Smith, G., Gibbs, S., and Snowling, M. (2008). Reading with vocabulary intervention: evaluation of an instruction for children with poor response to reading intervention. *Journal of Research in Reading, 31*, 319–36.

Duncan, L., Seymour, P., and Hill, S. (1997). How important are rhyme and analogy in beginning reading? *Cognition, 63*, 171–208.

Ehri, L. (1976). Word learning in beginning readers and prereaders: Effects of form class and defining contexts. *Journal of Educational Psychology, 67*, 204–12.

Ehri, L. (1995). Phases of development in learning to read words by sight. *Journal of Research in*

Reading, 18, 116–25.

Ehri, L., Nunes, S., Stahl, S., and Willows, D. (2001). Systematic phonics instruction helps students learn to read: Evidence from the National Reading Panel's meta-analysis. *Review of Educational Research, 71,* 393–447.

Evans, M., Shaw, D., and Bell, M. (2000). Home literacy activities and their influence on early literacy skills. *Canadian Journal of Experimental Psychology, 54,* 65–75.

Foorman, B., Schatschneider, C., Eakin, M., Fletcher, J., Moates, L., and Francis, D. (2006). The impact of instructional practices in grades 1 and 2 on reading and spelling achievement in high poverty schools. *Contemporary Educational Psychology, 31,* 1–29.

Fox, B. and Routh, D. (1976). Phonemic analysis and synthesis as word attack skills. *Journal of Educational Psychology, 68,* 70–4.

Frith, U. (1997). Brain, mind and behaviour in dyslexia. In C. Hulme and M. Snowling (eds), *Dyslexia: biology, cognition and intervention* (pp. 1–19). London: Whurr.

Gathercole, S., Hitch, G., Service, E., and Martin, A. (1997). Phonological short-term memory and new word learning in children. *Developmental Psychology, 33,* 966–79.

Gong, Z. and Levy, B. (2009). Four-year-old children's acquisition of print knowledge during electronic story book reading. *Reading and Writing, 22*(8), 889–905.

Goswami, U. (1986). Children's use of analogy in learning to read: A developmental study. *Journal of Experimental Child Psychology, 42,* 73–83.

Goswami, U. (1999). Causal connections in beginning reading: The importance of rhyme. *Journal of Research in Reading, 22*(3), 217–40.

Goswami, U. and Bryant, P. (1990). *Phonological skills and learning to read.* Hillsdale, NJ: Lawrence Erlbaum Associates.

Grigorenko. E. (2001). Developmental dyslexia: An update on genes, brains and environments. *Journal of Child Psychology and Psychiatry, 42,* 91–125.

Hatcher, P., Götz, K., Snowling, M., Hulme, C., Gibbs, S., and Smith, G. (2006). Evidence for the effectiveness of the Early Literacy Support programme. *British Journal of Educational Psychology, 76,* 351–67.

Hatcher, P., Hulme, C., and Ellis, A. (1994). Ameliorating reading failure by integrating the teaching of reading and phonological skills: The phonological linkage hypothesis. *Child Development, 65*(1), 41–57.

Hatcher, P., Hulme, C., Miles, J., Carroll, J., Hatcher, J., Gibbs, S., *et al.* (2006). Efficacy of small group reading intervention for beginning readers with reading-delay: A randomized controlled trial. *Journal of Child Psychology and Psychiatry, 47,* 820–7.

Hatcher, P., Hulme, C., and Snowling, M. (2004). Explicit phoneme training combined with phonic reading instruction helps young children at risk of reading failure. *Journal of Child Psychology and Psychiatry, 45,* 338–58.

Johnston, R. and Watson, J. (2003). *Accelerating reading and spelling with synthetic phonics: a five year follow up. Insight 4.* Edinburgh: Scottish Executive Education Department.

Johnston, R. and Watson, J. (2004). Accelerating the development of reading, spelling and phonemic awareness. *Reading and Writing: An Interdisciplinary Journal, 17*(4), 327–57.

Johnston, R. and Watson, J. (2005). *A seven year study of the effects of synthetic phonics teaching on reading and spelling attainment. Insight 17.* Edinburgh: Scottish Executive Education Department.

Kibby, M. (in press) Memory functioning in developmental dyslexia: An analysis using two clinical memory measures. *Archives of Clinical Neuropsychology.*

Klauda, S. (2009). The role of parents in adolescents' reading motivation and activity. *Educational Psychology Review, 21,* 325–363. doi: 10.1007/s10648-009-9112-0.

Lenneberg, E. (1967). *Biological foundations of language.* New York: Wiley.

Leslie, L. and Calhoon, A. (1995). Factors affecting children's reading of rimes: reading ability, word frequency and rime neighbourhood size. *Journal of Educational Psychology, 87,* 576–86.

Levy, B., Gong, Z., Hessels, S., Evans, M., and Jared, D. (2006). Understanding print: Early development and the contributions of home literacy experiences. *Journal of Experimental Child Psychology, 93*(1), 63–93.

Liberman, I., Shankweiler, D., Fischer, F., and Carter, B. (1974). Reading and the awareness of linguistic segments. *Journal of Experimental Child Psychology, 18,* 201–12.

Liberman, I., Shankweiler, D., Liberman, A., Fowler, C., and Fischer, F. (1977). Phonetic segmentation and recoding in the beginning reader. In A. Reber and D. Scarborough (eds) *Toward a psychology of reading* (pp. 207–25). Hillsdale, NJ: Erlbaum Associates.

Lomax, R. and McGee, L. (1987). Young children's concepts about print and reading: Toward a model of word reading acquisition. *Reading Research Quarterly, 22,* 237–56.

Lonigan, C., Burgess, S., and Anthony, J. (2000). Development of emergent literacy and early reading skills in preschool children: Evidence from a latent-variable longitudinal study. *Developmental Psychology, 36,* 596–613.

Lundberg, I., Olofsson, A., and Wall, S. (1980). Reading and spelling skills in the first school years predicted from phonemic awareness skills in kindergarten. *Scandinavian Journal of Psychology, 21,* 159–73.

Lyon, G., Shaywitz, S., and Shaywitz, B. (2003). A definition of dyslexia. *Annals of Dyslexia, 53,* 1–14.

Maclean, M., Bryant, P., and Bradley, L. (1987). Rhymes, nursery rhymes and reading in early childhood. *Merrill-Palmer Quarterly, 33,* 255–81.

Manis, F., Seidenberg, M., Doi, L., McBride-Chang, C., and Peterson, A. (1996). On the basis of two subtypes of developmental dyslexia. *Cognition, 58,* 157–95.

Maughan, B., Messer, J., Collishaw, A., Pickles, A., Snowling, M., Yule, W., and Rutter, M. (2009). Persistence of literacy problems: Spelling in adolescence and at mid-life. *Journal of Child Psychology and Psychiatry, 50*(8), 893–901.

McDougall, P., Borowsky, R., MacKinnon, G., and Hymel, S. (2005). Process dissociation of sight vocabulary and phonetic coding in reading: A new perspective on surface and phonological dyslexias. *Brain and Language, 92,* 185–203.

Molfese, V., Modglin, A., Beswick, J., Neamon, J., Berg, S., Berg, C., and Molnar, A. (2006). Letter knowledge, phonological processing, and print knowledge: Skill development in nonreading preschool children . *Journal of Learning Disabilities, 39,* 206–305.

Morais, J. (1991). Metaphonological abilities and literacy. In M. Snowling and M. Thomson (eds), *Dyslexia: Integrating theory and practice* (pp. 95–107). London: Whurr.

Morais, J., Gary, L., Alegria, J., and Bertelson, P. (1979). Does awareness of speech as a sequence of phones arise spontaneously? *Cognition, 7,* 323–31.

Muter, V., Hulme, C., Snowling, M., and Stevenson, J. (2004). Phonemes, rimes, vocabulary, and grammatical skills as foundations of early reading development: Evidence from a longirudinal study. *Developmental Psychology, 40,* 665–81.

Muter, V., Hulme, C., Snowling, M., and Taylor, S. (1998). Segmentation, not rhyming, predicts early progress in learning to read. *Journal of Experimental Child Psychology, 71,* 3–27.

Muter, V. and Snowling, M. (1998). Concurrent and longitudinal predictors of reading: The role of metalinguistic and short-term memory skills. *Reading Research Quarterly, 33*(3), 320–37.

Myrberg, E. and Rosén, M. (2009). Direct and indirect effects of parents' education on reading achievement among third graders in Sweden. *British Journal of Educational Psychology, 79*(4), 695–711.

Nation, K. and Hulme, C. (1997). Phonic segmentation, not onset-rime segmentation, predicts early reading and spelling skills. *Reading Research Quarterly, 32*(2), 154–167.

Nicolson, R. and Fawcett, A. (1995). Dyslexia is more than a phonological disability. *Dyslexia: An*

Leslie, L. and Calhoon, A. (1995). Factors affecting children's reading of rimes: reading abili word frequency and rime neighbourhood size. *Journal of Educational Psychology, 87,* 576–86.

International Journal of Research and Practice, 1, 19–37.

Nicolson, R. and Fawcett, A. (2008). *Dyslexia, learning and the brain*. Cambridge, MA: MIT Press.

O'Shaughnessy, T., and Swanson, H. (2000). A comparison of two reading interventions for children with reading disabilities. *Journal of Learning Disabilities, 33*, 257–77.

Perin, D. (1983). Phonemic segmentation and spelling. *British Journal of Psychology*, 74, 129–44.

Plaut, D., McClelland, J., Seidenberg, M., and Patterson, K. (1996). Understanding normal and impaired word reading: Computational principles in quasi-regular domains. *Psychological Review, 103*(1), 56–115.

Powell, D., Plaut, D., and Funnell, E. (2006). Does the PMSP connectionist model of single word reading learn to read in the same way as a child? *Journal of Research in Reading, 29*(2), 229–50.

Rack, J., Hulme, C., and Snowling, M. (1993) Learning to read: A theoretical synthesis. In H. Reese (ed.), *Advances in child development and behaviour*. (vol. 24, pp. 99–132). New York: Academic Press.

Rack, J., Snowling, M., Hulme, C., and Gibbs, S. (2007). No evidence that an exercise-based treatment programme (DDAT) has specific benefits for children with reading difficulties. *Dyslexia, 13*, 97–104.

Rapcsak, S., Henry, M., Teague, S., Carnahan, S., and Beeson, P. (2007). Do dual-route models accurately predict reading and spelling performance in individuals with acquired alexia and agraphia? *Neuropsychologia, 45*, 2519–24.

Read, C., Zhang, Y., Nie, H., and Ding, B. (1986). The ability to manipulate speech sounds depends on knowing alphabetic spelling, *Cognition, 24*, 31–44.

Reynolds, D. and Nicolson, R. (2007). Follow-up of an exercise-based treatment for children with reading difficulties. *Dyslexia: An International Journal of Research and Practice, 13*, 78–96.

Rose, J. (2006). *Independent review of the teaching of early reading*.Nottingham: DfES Publications.

Saracho, O. and Spodek, B. (2009). Parents and children engaging in storybook reading. *Early Child Development and Care*. doi:10.1080/03004430903135605.

Savage, R., Abrami, P., Hipps, G., and Deault, L. (2009). A randomised control trial study of the ABRACADABRA reading intervention program in grade 1. *Journal of Educational Psychology, 101*, 590–604.

Savage, R. and Carless, S. (2005). Phoneme manipulation but not onset-rime manipulation is a unique predictor of early reading. *Journal of Child Psychology and Psychiatry, 46*, 1297–308.

Seidenberg, M. (2005). Connectionist models of word reading. *Current Directions in Psychological Science, 14*(5), 238–242.

Seidenberg, M. and McClelland, J. (1989). A distributed, developmental model of word recognition and naming. *Psychological Review, 96*, 523–68.

Snowling, M. (2000). *Dyslexia*, 2nd edn. Oxford: Blackwell.

Snowling, M., Goulandris, N., Bowlby, M., and Howell, P. (1986). Segmentation and speech perception in relation to reading skill: A developmental analysis, *Journal of Experimental Child Psychology, 41*, 489–507.

Stanovich, K. (1986). Matthew effects in reading: Some consequences of individual differences in the acquisition of literacy. *Reading Research Quarterly, 21*(4), 360–407.

Stanovich, K. and Siegel, L., and Gottardo, A., (1997). Progress in the search for dyslexia subtypes. In C. Hulme and M. Snowling (eds), *Dyslexia: biology, cognition and intervention* (pp. 108–30). London: Whurr.

Stein, J. (2001). The magnocellular theory of developmental dyslexia. *Dyslexia, 7*, 12–36.

Stein, J., Richardson, A., and Fowler, M. (2000).Monocular occlusion can improve binocular control and reading in developmental dyslexics. *Brain, 1*, 2–3.

Tallal, P., Miller, S., Jenkins, W., and Merzenich, M. (1997). The role of temporal processing in developmental language-based disorders: research and clinical implications. In B. Blachman (ed.) *Foundations of reading acquisition and dyslexia: Implications for early intervention*. Mahwah,

NJ: Lawrence Erlbaum (pp. 49–66).

Torgerson, C., Brooks, G., Hall, J. (2006). *A systematic review of the research literature on the use of phonics in the teaching of reading and spelling. Research Report No. 711*. London: Department of Education and Skills.

Treiman, R. (1985). Onset and rimes as units of spoken syllables: Evidence from children. *Journal of Experimental Child Psychology, 39*, 161–81.

van Ijzendoorn, M., and Bus, A. (1994). Meta-analytic confirmation of the nonword reading deficit in developmental dyslexia, *Reading Research Quarterly, 29*, 266–75.

Walton, P., Walton, L., and Felton, K. (2001). Teaching rime analogy or letter recoding reading strategies to prereaders: Effects on pre-reading skills and word reading. *Journal of Educational Psychology, 93*, 160–80.

Watson, J. and Johnston, R. (1998). Accelerating reading attainment: the effectiveness of synthetic phonics. *Interchange 57*, Edinburgh: SOEID.

White, K. (1982). The relation between socio-economic status and academic achievement. *Psychological Bulletin, 91*(3), 461–81.

Whitehurst, G. and Lonigan, C. (1998). Child development and emergent literacy. *Child Development, 69*, 848–72.

Wyse, D. and Goswami, U. (2008). Synthetic phonics and the teaching of reading. *British Educational Research Journal, 34*(6), 691–710.

Ziegler, J., Castel, C., Pech-Georgel, C., George, F., Alario, F., and Perry, C. (2008). Developmental dyslexia and the dual route model of reading: Simulating individual differences and subtypes. *Cognition, 107*, 151–78.

第 8 章

欺　凌

任何一个上过学的人都会直觉地反应出“欺凌”的意思，并能从他们自己或同学的童年经验中举出几个例子。你一定在出版物上读到过持续受到欺凌，不得不因此而转学甚至自杀的内容。你可能即将了解到一种使用移动电话和网络的新型欺凌，网络欺凌，向家长和教师提出了严峻的挑战。因为只要按一个键就会让这种匿名的欺凌通过电子社交渠道广泛传播。我们知道遭受欺凌的体验如果得不到合理的疏导，就会对儿童的生活造成极坏的影响。所有学校都有责任严肃对待欺凌问题并制定相关的应对措施。本章我们将了解由心理学理论出发提出的几种不同的欺凌产生原因的解释，然后再研究一些由学校基于这些解释制定的应对措施。

学习目标

- 学完本章，你应该能给出欺凌的定义
- 认识不同欺凌行为的表现
- 认识欺凌的流行率
- 评估(受)欺凌行为的性别差异
- 评估不同欺凌干预措施的理论依据
- 了解心理学理论对于全校反欺凌干预的作用
- 评估干预有效性的证据
- 认识网络欺凌和欺凌的异同

什么是欺凌?

第 4 章我们提到有攻击性且反社会性的行为。针对同龄人的欺凌行为可能会被视为一种特别典型的攻击性行为(Coie and Dodge，1998)。我们可以进一步区分**反应性攻击**

和**主动性攻击**,前者的发生是由双方的矛盾关系引起的,后者则是一方为了比另一方更占有优势而发起的一种胁迫行为(Dodge, 1991)。欺凌是主动性攻击行为的一种(Boulton and Smith, 1994)。它是一种不对等的关系,这种不对等主要体现在欺凌关系的不对等上。因此,两个力量和权力相当的孩子之间的争执不会被看作是一种欺凌(Olweus, 1993)。进一步说,力量的不平衡不局限于欺凌者和受害者体格上的差异,是会通过欺凌普遍的程度或双方所属社会群体的规模体现出来,还能通过欺凌过程中发出的声音的强度和使用的姿势得到证明(Atlas and Pepler, 1998; Hunter, Boyle and Warden, 2007)。当欺凌行为强度确实很大时,力量的不平衡就会成为现实;甚至可以仅仅是一种感觉,欺凌者更强大(Hunter et al., 2007)。

欺凌行为已经被定义为一种系统的、滥用力量的行为。这意味着,欺凌行为不仅包含力量的不平衡,还指行为超过合理时长重复进行,并含有给对方造成生理或心理的伤害或压力的意图(Atlas and Pepler, 1998; Naylor, Cowie, Cossin, de Bettencourt and Lemme, 2006)。虽然欺凌被看作是一种以力量不平衡为核心的行为(Olweus, 1993),但与通常的概念相反,这种不平衡并不是指一个体格强健的孩子对一个相对弱小的孩子诉诸欺凌,因为这是"他唯一知道该怎样做的"(Sutton, Smith and Swettenham, 1999a)。事实上,问题在于欺凌是否是因为他们除擅长施暴这类特殊的处理方式外不具有用其他方式处理事情的能力。本章我们将探索这一缺陷与能力。

欺凌常发生在群体性社会情境中,特别是两者间(如,在两个孩子间)(Atlas and Pepler, 1998; Veenstra, Lindenberg, Zijlstra, De Winter, Verhulst and Ormel, 2007)。通俗地说,欺凌是一方作出重复、消极的行为,且存在一个接受这些重复、消极行为的受害者。然而,当他们认为其他人对他们怀有敌意或产生威胁时,他们就作为受害者卷入了攻击性的欺凌行为中,自身可能会做出反应。这类欺凌行为中的受害者与纯粹的受害者不同,因为遭到欺凌时他们会激烈反抗;他们也与纯粹的施暴者不同,因为他们的攻击是反应性的,是对欺凌挑衅的回应,而不是有欺凌意图的主动性行为(Olweus, 1978; Salmivalli, Lagerspetz, Björkqvist, Österman and Kaukiainen, 1996)。

欺凌行为是什么样的?

欺凌可以是直接的,也可以是间接的。

● **直接欺凌**(direct bullying)是受害者在欺凌行为发生时知道具体的施暴者。直接欺凌可以是身体的,也可以是言语的(Crick and Grotpeter, 1995; Pellegrini, 1998)。

——**身体欺凌**是一种非常容易识别的欺凌方式,它的特点是公开实施欺凌行为,如踢和打。

——**言语欺凌**包括辱骂、嘲笑以及威胁等行为。

● **间接或关系欺凌**(indirect or relational bullying)是指,对于受害者来说,可能施暴者的身份无法确定(Lagerspetz, Björkqvist and Peltonen, 1988)。

间接欺凌比直接欺凌操纵意图更加强烈，它包含社会排斥，通过散播谣言破坏受害者的人际关系或鼓动同龄人忽视和孤立受害者(Crick and Grotpeter, 1995)。Crick 和 Grotpeter(1995)在一项美国研究中使用了同龄人提名的测量手段，他们发现相关的证据证明了直接和间接欺凌都具有独特的特征但同时彼此又有所联系。

重要概念　什么是同龄人提名？

同龄人提名是一项技巧，通常应用于欺凌研究及其他社会关系研究。它提供了一种方式来识别友情偏好和社会经济地位，在欺凌研究中，这一技术可以突显班级中那些攻击性较强或者是卷入班内小团体欺凌事件的儿童。很多研究者认为这一方法要比儿童的自我报告可靠得多，因为由它得出的班级中谁施加了欺凌或谁遭受了欺凌的信息来源是多样化的，而不仅仅依靠那些遭遇欺凌行为的儿童自我报告。

在同龄人提名中，儿童通常被要求根据一些具体的描述从班级中选出与之相符的三个人，如“好孩子”“坏孩子”“爱挑事的孩子”“我最喜欢一起玩的孩子”“总是被嘲笑的孩子”“总是被欺负的孩子”。Crick 和 Grotpeter(1995)使用同龄人提名工具不仅是要研究那些攻击性或者反社会性的行为，还要鉴别那些被社会孤立的个体。

同龄人提名技术的一个替代选择是强迫选择。这种技术的思路是，给孩子们一份全班同学的名单，然后“强迫”他们根据自己感兴趣的主题对每一个儿童进行分类。例如，同龄人提名技术可能会要儿童“说出三个最具有攻击性的儿童”，意味着研究者无法获知剩下的那至少二十个人是否具有攻击性的信息，但是强迫选择要求每一个儿童不论是否具有攻击性都要被分类，而且如果需要，还可以获得一份中间分类的名单。该技术还意味着研究者不必要求儿童从他的班级中选出三个消极的典型，如“我最不喜欢一起玩的孩子”，也就避免了给儿童造成道德方面的压力。

欺凌流行率

各国甚至每个国家内部欺凌流行率的程度不同，这是因为欺凌流行率程度取决于人们怎样定义欺凌以及为了引出当事人回应而采取的措施。如果你阅读了原始的报告你就会发现，大部分的研究使用了自我报告的调查问卷，另有一些研究会采取对当事人当面访谈的方式，如 Wolke 等人(2001)的实验。但是，跨国的研究表明欺凌流行率的程度的确与文化的差异有关。WHO 进行了一项比较全球 28 个国家在校儿童健康行为的研究(Due et al., 2005)。123 227 名儿童参与了这项研究，他们有的是欺凌的受害者，但绝不是施暴者。作者发现，声称自己在学前学校就遭遇过欺凌的儿童百分比各个国家差距很大。在瑞典，女孩的比例是 5.1%，男孩的比例是 6.3%；在立陶宛，女孩的比例是 38.2%，男孩的比例是 41.4%。这项研究的平均数字是女孩 15.2%，男孩 18.4%。正如表 8.1 呈现的那样，英国得出的数据似乎是所有国家中最低的。表 8.2 给我们提供了一些英国欺凌研究及其结果的例子。

QUISSET 现在到课本之外……自己查查看！

在图书馆电子数据库检索"欺凌流行率"。

● 严格审查各个国家关于欺凌流行率的研究文献。各国欺凌流行率的不同在多大程度上可以归结为文化差异或研究方法的不同？

表 8.1　英国欺凌流行率的数据(WHO)

	苏格兰	英格兰	北爱尔兰	威尔士
男孩	9.3%	9.1%	10.7%	12%
女孩	9.5%	7.2%	8.7%	11.3%

资料来源：Due et al.，2005，Oxford University Press.

表 8.2　英国欺凌研究的例子

研　究	地　点	研究对象	发　现
Ahmad 和 Smith(1990)	南约克郡	2 000 名学生	20%的中学生和 16%的高中生称"有时""偶尔""常常"遭受欺凌，6%的中学生和 8%的高中生称"一周至少一次"遭受欺凌。8%的中学生和 10%的高中生称"有时""偶尔""常常"欺凌他人，2%的中学生和 3%的高中生称一周至少欺凌他人一次。
Whitney 和 Smith(1993)	谢菲尔德	6 758 名学生	27%的初中生/中学生和 10%的高中生称"有时或经常"遭受欺凌行为，但是 10%的初中生/中学生和 4%的高中生称"一周至少一次"遭到欺凌。12%的初中生/中学生和 6%的高中生称"有时或经常"欺凌他人，4%的初中生/中学生和 1%的高中生称"一周至少一次"欺凌他人。
Wolke 等人(2001)	赫特福德郡	1 072 名 6 岁儿童(二年级)和 1 304 名 8 岁儿童(四年级)	相对于英国儿童，德国的情况要严重得多，54.2%的二年级儿童和 53.7%的四年级儿童时常遭受欺凌，如在过去的六个月里遭受四到六次欺凌。 英国遭受欺凌的儿童的比例要小得多。14%的二年级儿童和 18.9%的四年级儿童时常欺凌他人。 24.3%的二年级儿童和24.7%的四年级儿童经常遭受欺凌，这几乎占到了研究中所有儿童人数的四分之一。另一方面，1.9%的二年级儿童和 2.9%的四年级儿童经常欺凌他人。
Collins、McAleavy 和 Adamson(2004)	北爱尔兰	1 076 名 6 岁小学生和 1 353 名 9 岁小学毕业生	40%的小学生和 30.2%的小学毕业生至少偶尔会遭受欺凌，他们每周至少在学校遭受一到二次欺凌。 25%的小学生和 29%的小学毕业生偶尔会欺凌他人。 15%的小学生和 9.9%的小学毕业生每个月遭受欺凌二到三次。9%的小学生和 6.5%的小学毕业生一周至少遭受欺凌一次，两个年龄段各 3%的人承认每周至少欺凌他人一次。

性别差异

施暴者

虽然我们稍后将看到这并不是一份界限分明的研究发现，仍然有相当数量的证据证明男孩比女孩更可能施暴。Olweus(1991)在挪威进行的研究率先报告了这一问题，其他支持这一结论的研究也相继出现：包括英国(Whitney and Smith，1993)、德国(Wolke，Woods，Stanford and Schultz，2001)、加拿大(Bentley and Li，1996)和北爱尔兰(Collins，McAleavy and Adamson，2004)。英国和苏格兰(Siann，Callaghan，Glissov，Lockhard and Rawson，1994；Whitney and Smith，1993)、美国(Bosworth，Espelage and Simon，1999)和德国(Scheithauer，Hayer，Petermann and Jugert，2006)对较大儿童的研究也得出了相似的结论。不仅如此，使用自然观察法在操场上进行的研究也证明被观察到的欺凌行为中有半数都是由男生参与的(Craig and Pepler，1997；Craig，Pepler and Atlas，2000)。在性别差异的元分析中，Card、Stucky、Sawalani 和 Little(2008)也发现了这种性别上的差异，男生参与的直接攻击明显多于女生。

虽然有明确的证据表明男生比女生更多参与攻击性欺凌，但是也有相当多的证据表明：当直接和非直接欺凌类型的因素被考虑进来时，这种性别差异的证据就不那么有说服力了。另一方面，Siann 等人(1994)和 Scheithauer 等人(2006)的研究发现，如果忽略欺凌的类型，男性欺凌要多于女性欺凌。

受害者

当考虑到受害者的类型时，另一个相似的不确定情况出现了。相比男生可能更多遭到身体欺凌，女孩可能会更多受到非直接的、隐蔽的欺凌(Crick and Grotpeter，1995；Olweus，1991；Pellegrini，1998；Whitney and Smith，1993)，她们所遭受的欺凌也存在上述两者的叠加(Smith，Cowie，Olafsson and Liefooghe，2002)。已经有研究确证了男性欺凌受害者要多于女性(Collins et al.，2004；Olweus，1991；Olweus，1993；Siann et al.，1994)。

可能得出这样的结论是机缘巧合，如欺凌发生的地点，不同国家间的文化差异以及受害者是否有所隐瞒。例如，虽然 Craig 等人(2000)发现女孩往往是教室里的受害者，操场上男女孩卷入欺凌的人数大致相当。不论是在德国还是在英国，Wolke 等人(2001)发现受害者中男孩比女孩多，但是在德国男孩作为纯粹受害者人数多于女孩，英国男孩女孩作为纯粹受害者的人数是相同的。其他研究也报告了男女受害者相似的数据(Bentley and Li，1996；Whitney and Smith，1993)，然而，Scheithauer 等人(2006)也发现了男性受害者的数字较高。

男孩女孩对欺凌的体验可能不同?

对欺凌构成的直觉理解上的性别差异(Siann et al.，1994)或许可以帮助解释任何欺凌中的性别差异，但是事实上 Smith、Cowie、Olafsson 和 Liefooghe(2002)在一项涵盖了 14 个国家的儿童的扩展试验中并没有发现任何性别差异，试验中他们要求儿童选择一系列图片中哪一张意味着“欺凌”。

是不是因为男孩和女孩对欺凌的体验不同？有确切证据表明男孩体验到的身体欺凌比女孩体验到的关系的或言语欺凌要多(Olweus，1991；Olweus，1993；Scheithauer et al.，2006；Siann et al.，1994)。然而，虽然女孩更可能受到间接欺凌，直接欺凌仍然是男女孩最多体验到的欺凌类型，事实上男孩既会遭到间接欺凌，如辱骂、诽谤，也会遭到身体欺凌(Olweus，1991；Olweus，1993；Wolke et al.，2001)。有几个研究发现女性施暴者更倾向于间接欺凌，而且比男性更乐于使用社会孤立的间接手段(Collins et al.，2004；Lagerspetz，Bjökqvist and Peltonen，1988；Whitney and Smith，1993)。但是，虽然 Card 等人(2008)的元分析也发现这种性别差异十分显著，他们在报告中将此因素的影响力形容为“不足道”。Card 等人的元分析说明这种不足道的性别差异不因年龄改变而改变。

四个漫画实例

资料来源：Smith et al.，2002.
复制许可：John Wiley & Sons Inc.

当我们考虑究竟是谁对谁施暴时，会发现常常是男孩欺凌男孩(Bentley and Li，1996；Collins et al.，2004；Craig and Pepler，1998；Craig et al.，2000；Olweus，1991，1993；Seals and Young，2003；Whitney and Smith，1993；Wolke et al.，2001)，女孩欺凌女孩(Collins et al.，2004；Wolke et al.，2001)。相反，也有证据表明女孩也可能受到男女

孩联合施加的欺凌(Bentley and Li，1996；Collins et al.，2004；Olweus，1991，1993；Wolke et al.，2001)，男性也会遭受到女性的欺凌(Craig et al.，2001)。而且女孩比男孩更可能去寻求帮助，如和父母、朋友或教师来谈论这个问题(Collins et al.，2004；Hunter，Boyle and Warden，2004；Wolke et al.，2001)。

讨论　和朋友讨论

讨论下面的观点：

“男孩欺凌者比女孩多；女性受害者比男性多。”

扩展阅读，寻找支持你的论点的论据。

欺凌行为的理论解释

下一部分我们将看到研究者从不同视角提供的各种关于欺凌行为的理论解释。这些解释都显示了研究的过剩以及提出了关于怎样才能最好地阻止欺凌行为的不同构想。我们将在本章稍后讨论对欺凌的干预。让我们先来探讨一些比较有影响力的解释并评估它们的证据。

参与者角色理论

参与者角色理论不仅考虑到了欺凌者和受害者，还考虑到了其他支持欺凌行为的同龄人。他们是否在某种程度上也参与了欺凌？Olweus(1978)是首批探究欺凌中欺凌者和受害者特征的研究者之一，他在瑞典做了自己的研究，但是并没有太关注其他可能出现在欺凌行为现场的儿童。Lagerspetz、Björkqvist、Berts 和 King(1982)在法国重做了 Olweus(1978)的研究，他们也将注意力仅仅集中于欺凌者和受害者，但是他们注意到了考察其他小组成员扮演的角色可以帮助理解群体攻击问题。

Salmivalli 等人(1996)因此决定研究欺凌中所有参与者的角色和他们的社会地位角色关系。他们报告称先前的研究发现了儿童的行为和社会地位有很重要的联系，尽管这种联系不是针对欺凌行为本身。Salmivalli 等人研究了 573 名六年级芬兰儿童的样本，他们大概 12～13 岁。参与者角色是通过同龄人提名问卷建立的，他们建立了与五个分量表有关的假设情境：

- **欺凌者**
- 欺凌者的**激化者**
- 欺凌者的**辅助者**
- 受害者的**保护者**
- **旁观者**

儿童必须将他们的行为以及同龄人的行为放进每一种情境中。必须得到超过 30%

的同龄人认同才会被定义为“受害者”，不管他们自己在这份问卷中的自我报告如何。社会地位也是通过同龄人提名建立的；要求孩子提名三个他们最喜欢和三个最不喜欢的孩子。

Salmivalli等人发现参与者角色调查问卷可以将几乎90%的孩子划归进某一类角色。最常见的提名角色是：主要**激化者**、**保护者**和**旁观者**。**激化者**为欺凌者提供正反馈，**保护者**与受害者保持同一立场，**旁观者**关心欺凌进行的过程，但是并不参与其中而且可能会试图忽视它的存在。还存在欺凌的**辅助者**角色。他们的研究结果强调男女孩间引人注目的不同点，多得多的女孩是**保护者**(占30%，男孩占4.5%)、**旁观者**(占40.2%，男孩占7.3%)，多得多的男孩则是欺凌的激化者(占37.3%，女孩占1.7%)或**辅助者**(占12.2%，女孩占1.4%)。

参与者非常理性且准确地坦承了自己的角色，虽然他们会低估自己对欺凌行为的积极参与，高估他们的行为的亲社会程度(关心、帮助其他人等)。**受害者**比其他群体的社会地位较低，几乎四分之一的受害者不认为自己是受害者。**保护者**拥有最高的社会地位。只有那些最受欢迎的男孩会向受害者施加援手。研究者认为，女孩们扮演的角色与男孩正好相反，因为这样做可以提高她们的社会地位。虽然男性欺凌者的社会地位较低，对女性欺凌者的评分已经超过了社会接受和反对的均值。这也许是因为女性欺凌者更可能施加言语欺凌而不是身体欺凌，因此女孩可能使用嘲讽的语言去欺凌教室里其他的人，有些人会拥护、有些人会反对。有证据证明教室里的每一个成员都在欺凌中扮演了角色，受这种证据的影响，研究者指出很多欺凌行为干预措施应在教室规模上进行(Salmivalli, 1999; Salmivalli et al., 1996).

社交网络

Salmivalli、Huttunen和Lagerspetz(1997)用问卷对459名11～12岁的芬兰儿童进行了研究，他们发现那些扮演了相同角色的儿童可能处于相同的社交网络中。这可能是因为欺凌者会挑选那些和他一样具有攻击性的儿童作为自己的朋友，**激化者**和**保护者**同样如此。但是，不同于积极挑选朋友，另一种解释认为欺凌者的社会联系有限，只有那些能接受他们行为的儿童会跟他们做朋友。

社会化作用而不是选择能够解释参与者角色的社交网络。相处使得朋友们的行为越来越相像。此外，某一具体社交网络的特点可能会使其他同龄人认为同一社会网络成员比实际情况更加相似。为了解释这些选择的社会化作用，Salmivalli、Lappalainen和Lagerspetz(1998)主持了一个跟踪研究，他们从原始样本(Salmivalli et al., 1996)中选择了189名儿童，现在这些儿童已经上八年级了。他们的自我报告中声称的角色与两年前的观点没有任何关系。这就是说，女孩的行为与她们当前的社交网络中其他成员更为相像，而与她们两年前的行为表现关系不大。社会化似乎解释了女孩的参与者角色网络，但是对于男孩则不那么适用。

然而，无论男孩女孩，受害者还是受害者，即使他们从一个班级换到了另一个班级。有趣的是，Salmivalli等人(1997)发现女性受害者有时候也是同一社交网络中的欺凌者，这说明了社交网络的重要性，因为她们在有社交生活的情况下即使遭受了欺凌，也比没有任何社交要好。但是，女孩的欺凌总是与某一社会群体的成员有关，男孩的欺凌就仅仅是力量的象征(Salmivalli et al.，1998)。对于男孩来说，男孩的欺凌行为具有强大的稳定性，很多男孩还和两年前在欺凌中扮演的角色(欺凌者或保护者)一样。这说明男性欺凌可以用最初由 Olweus(1991)提出的攻击行为模式来解释。

虽然研究已经发现欺凌行为存在一定的稳定性，欺凌行为随时间发生的变化也得到了重视。有一项以 871 人为对象的研究，开始时样本为 10～14 岁的儿童，研究持续七年后，发现了四种类型的欺凌行为变化。

- **高**—频繁欺凌他人
- **中**—欺凌他人的次数中等
- **停**—研究开始时进行中等程度的欺凌，研究结束时基本消失了。
- **无**—从不或几乎从不欺凌他人。

(Pepler，Jiang，Craig and Connolly，2008)

41.6％的人称从来没有欺凌他人，只有 13.4％的人属于"停"的类型，这类人在过去的七年里慢慢不再欺凌他人；9.9％的人在"高"小组，35.1％的人在"中"小组，这两个小组过去七年里差不多自始至终欺凌他人。Pepler 等人发现这两个持续欺凌行为的小组与从未欺凌他人的小组在与同龄人联系上，卷入同龄人的矛盾以及接受同龄人施加的压力上表现有所不同。"停"小组与"无"小组类似，都能接受同龄人的压力。也许他们在年少时欺凌他人是为了获得力量和地位，当他们进入青少年中期(14～17 岁)就不再需要这样的策略了。

讨论　和朋友讨论

Pepler 等人(2008)承认他们的发现很大程度上依赖青少年自我报告的数据。

- 这样做有什么问题吗?
- 对欺凌领域研究的整体关注在多大程度上会成为一个问题?
- 当研究者设计实验时怎样突出这一点呢?

名望

欺凌者和**激化者**的社交网络比**保护者**和**旁观者**要广泛得多。这是一个相当令人吃惊的结果，因为保护者被认为是最受同龄人欢迎的人(Salmivalli et al.，1997)。一种解释是这种受欢迎程度和社交网络规模的明显矛盾可能是因为那些受欢迎的儿童社交面较窄，他们只与一些最亲近的朋友保持着紧密的联系。

荷兰一项针对 10～13 岁儿童的研究考察了欺凌和被接纳的渴望之间的关系(Olthof and Goossens，2008)。研究者使用"新参与者角色量表"来评估儿童卷入欺凌的情况(Olthof，Goossens and Dekker，2006)。这是 Salmivalli 等人(1996)的研究的改进版，有五个分量表：**欺凌者**、**追随者**(包括**协助者**和**激化者**)、**旁观者**、**保护者**和**受害者**。

此外，Olthof 和 Goossens 测量了儿童渴望被同学接纳的程度，通过五点量表来评价被每一个同学接纳的重要性以及若不被人喜欢的伤心程度。他们的研究结果表明男孩的**欺凌者/追随者**行为与被**欺凌者/追随者**接纳的渴望存在关联。女孩也是如此，她们的**欺凌者/追随者**行为与被**欺凌者/追随者**男孩接纳的渴望有关（注意：与**欺凌者/追随者**女孩无关）。这为"希望被欺凌者接纳的渴望激发了欺凌行为"的说法提供了证据，而不是选择说或者社会化说。但是**欺凌者/追随者**的男孩与对那些表现出**欺凌者/追随者**行为的女孩的接纳只存在极小的正相关，事实上，**欺凌者/追随者**男孩与对有相同行为的男孩的接纳是负相关。因此，这些策略很可能不成功。最终，那些渴望得到男孩认可的女孩会比不太在意男孩认可的女孩更可能表现出欺凌者或追随者行为。

社交信息加工

Dodge 和 Crick（1990）提出的社交信息加工模型及其随后的改进模型（Crick and Dodge，1994）为欺凌行为提供了解释，它促进了很多研究的开展。这个六步模型假设攻击性行为是因为缺乏在社会情境中加工信息的能力。A 生留心他在社会情境中碰到的一些特别的线索。第一步 A 要将这些信息进行编码，再在第二步解码。A 现在对社会情境有了心理表征图式，将先前的经验记忆通过某种方式组织起来，允许通过认知比较新经验与旧经验的相似之处，从而达到对新经验的有效理解。如果 A 的攻击性图式认为 B 儿童冲撞了他，然后他也可能做出攻击性行为予以回应。当考虑到 B 的观点，A 可能使用有偏差的归因，即将自己冲撞的原因归结为 B 先冲撞了自己。SIP 假设，与那些将 B 的冲撞行为归因为偶然或者非有意相比，任何有偏差的解释都会导致 A 在第三步建立不同的目标。第三步，A 生选择他的目标或者他想要的结果。此时他正进行有偏差的加工，SIP 表明他可能为自己设立反社会的目标，例如，为了战胜 B 生不惜推倒他，而不是无视或者迟疑不决。然后，SIP 建议 A 从他的应对第四步情境中做出的先前行为的长期记忆中或者新的反应的结构——如果他发现自己处于一个新的情境的话——获取先前的欺凌行为。

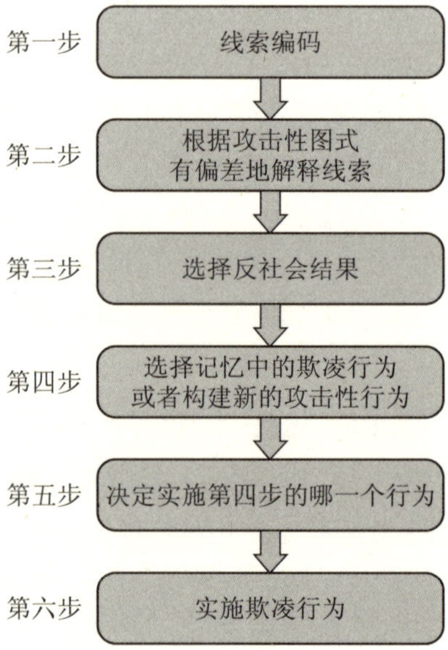

图 8.1 社会信息加工模型

最后，在第五步 A 评估并决定实施第四步的哪一个选择。在此一个重要的因素是自我效能，A 在多大程度上相信自己可以通过深思熟虑完成这种行为。值得注意的是，Crick 和 Dodge（1994）对 SIP 公式的重新定义并不是一个简单的顺序问题，而是一个循环模型，它承认这些不同步骤之间的交互影响。

实例 将社交信息加工模型应用于对欺凌的研究

Camodeca 和 Goossens(2005)想要验证实施欺凌的儿童的社会信息加工过程是否与那些没有欺凌行为的儿童不同。这个研究在 242 名荷兰儿童中进行(平均年龄九岁零七个月)。《参与者角色问卷》使用了同龄人提名的方式,以区别欺凌者或者其他角色(Salmivalli, Lagerspetz, Björkqvist, Osterman and Kaukiainen, 1996)。SIP 模型的第一到第三步使用了一个故事为载体进行,第五步使用了自我效能问卷。结果表明第一到第三步的角色会产生重要影响,因为欺凌者将大部分欺凌的冲动归结于情境中的加害者,而其他角色的儿童则不会如此(受害者除外)。此外,欺凌者的反应暗示他们比其他同龄人更易怒。第五步的角色也会产生重要的影响,欺凌者称他们发现自己很容易表现得具有攻击性而不是成为同情者或者旁观者。欺凌者还比其他的同龄人更能鼓动其他人加入欺凌活动。Salmivalli 等人总结道,欺凌表现出的缺乏处理社交信息的能力支持了 Crike 和 Dodge 的设想:解释线索的认知偏差导致了攻击性的欺凌行为。

高级心智理论

也许欺凌是在某种社会情境中进行的,而不是因为缺乏社交。实际上,欺凌与高级社会认知技巧有关。难道欺凌者有一个更高级的心智理论并且能对他人的行为进行精确理解及解释?(见第 5 章对心智理论的解释)。在间接欺凌中,这对于决定选择谁为欺凌对象,怎样操纵他人加入,怎样不引人注意地、间接地实施并不被成年人发现来说是必需的(Sutton, Smith and Swettenham, 1999a, 1999b)。但是,Sutton 等人拓展了这一研究,提出高级心智理论对采取间接欺凌的欺凌者来说也不可或缺。他们发现在 6～7 岁的儿童中,相比控制组,更多欺凌组儿童通过标准心智理论任务(见第 5 章"Wimmer 和 Perner"任务),7～10 岁儿童在一项更新的心智理论任务中欺凌分数也较高(这一任务使用 Happe 的"陌生故事"任务,见第 5 章),进一步提出了一个吸纳进的大脑任务理论。事实上,他们不仅在认知测试"陌生故事"中得到高分,在情感测试中也表现优异。这些结果说明,欺凌者在社交技能上没有缺陷,反而在侦查与解释社会与情感线索上有优势。这给了他们社交优势,使他们成功地操纵受害者和社会群体。Gini(2006)在意大利得到的实验结果也支持这一结论。

Monks、Smith 和 Swettenham(2005)认为,那些由欺凌者和其他扮演协助者或强化者角色的儿童共同进行的间接欺凌,会随着孩子们的成长而加剧。这是因为与同龄人的社会互动会强化欺凌者的心智理论进而发展成更先进的心智理论,使欺凌者明白吸收同龄人加入以支持欺凌行为的重要性。这一结论得到了 Perner、Ruffman 和 Leekam(1994)的实验结论的支持,他们发现儿童家庭规模的大小对他们通过 Wimmer 和 Perner 的不信任测试的能力有很大的影响(见第 5 章)。随着家庭成员的增加,多子女家庭儿童的表现要强于独生子女家庭的儿童。作者们提出,产生这种现象的原因在于,有兄弟姐妹就能有更多的互动机会,因此天然创造了一个学习理解他人的角色与感受的环境。很明显,这种同兄弟姐妹的互动可以引发这种现象，同龄人互动也有相同的功效(Sutton et al.，1999a，1999b)。

社会认同理论

目前我们已经了解了三种有关欺凌的不同理论：参与者角色理论，社交信息加工和高级心智理论。现在让我们来学习第四种理论，社会认同理论，这一理论近来被应用于一系列的欺凌相关研究。社会认同理论是于 1970 年代由 Tajfel 和 Turner(1979)提出。它承认个体作为一个群体中一员的重要性，预示了个体如何利用群体关系，通过塑造自身符合群体规则的行为和态度的方式来建立自己积极的社会身份。群体中的所有成员都被期望能遵守这些规则。

Ojala 和 Nesdale(2004)用社会认同理论来解释 Salmivalli 等人的研究，这一研究本章早前已经讨论过了。它的原理是这样的：如果欺凌是这个群体的规则，那么一个人就可以预言这个小组的成员可能都有欺凌倾向，或者将欺凌视为可接受的。Ojala 和 Nesdale 向 120 个 10～13 岁的男孩从不同的视角呈现了这样一个故事：故事的两个角色保罗和大卫，他们一个属于"纨绔子弟"这一内部小组(即较好的那个小组)，另一个属于"迎合者"这一外部小组。实验者对内部小组的行为和规则进行操纵，外部小组的规模和内部小组相似，保罗对大卫可能施加欺凌，也可能给予帮助。他们研究得到的一些结果为社会认同理论作为欺凌的一种解释提供了证据。例如，他们发现，内部小组的特征是如果个人的行为被认为与这一群体的规则一致，那么他可能被认定为是群体的一部分。当外部小组与内部小组的特征相似时，欺凌也被认为是可接受的，欺凌就会被视为对内部小组的威胁。但是，Duffy 和 Nesdale(2009)对 351 个 8～13 岁的儿童所做的研究在所有欺凌行为分量表中也报告了内部小组的相似性，那些以欺凌为小组规则的小组成员更可能比那些不将欺凌作为小组规则的小组成员卷入欺凌行为。在中国进行的 4 650 个儿童参与的研究中，Chang(2004)也发现当攻击成为一个班级的规则时，这种行为很可能就会被看作是可以接受的。

然而，年龄似乎也是形成小组规则的重要因素。在英国暑期学校进行的一项实验中，Abrams、Rutland、Cameron 和 Ferrell(2007)发现，随着儿童日渐成熟，欺凌行为的发生会愈加取决于小组的规则。这个研究中的儿童内部小组包括那些喜爱他们的暑期学校的同龄人，他们比那些所谓的离经叛道的成员更可能被同龄人所接受，他们不仅认可内部小组，还认可附近一个夏令营的外部小组。这种效应在较年长的儿童中间更为明显。此外，当孩子们被告知其他孩子可以看到自己的评分而被迫对自己发表的意见负责时，年长儿童被同龄人认可的程度与自己的评分相比年幼儿童联系更为紧密。Abrams 等人认为，随着儿童的成长，他们的欺凌行为可能更加依赖于小组的规则和团结。

社会认同理论不仅为欺凌行为提供了一个解释，而且能帮助解释受害者所扮演的角色。Cassidy(2009)的研究结果表明，受害者往往不会明确作为某个社交网络成员之一而得到认同，那些表现出明显心理压力的受害者社交认同最低。相反，欺凌者有更多的朋友，事实上，他们每增加一个朋友，欺凌行为相应增加 12%(Barboza，Schiamberg，Oehmke，Korzeniewski，Post and Heraux，2009)。

社会支配理论

该理论通过观察动物的行为（鸡的啄食顺序）而建立，指出，一个小组的成员被要求按照等级决定他们使用资源的顺序，这种规则对很多动物包括灵长类都适用（Dunbar，1988）。因此社会支配理论必须被放在一种社会小组情境下的同龄人中来考量，在这种情境下，欺凌者为了最大限度享有他们的支配地位，就会选择那些软弱易受伤害的受害者（Pellegrini，1995）。这里儿童所竞争的资源并不是食物或水，而是社会联系，如爱和关注、朋友、新的经验、游戏以及活动（Hawley，1999）。这里欺凌的目的在于在支配层级上获得更高的地位并得到社会的支持（Hawley，1999；Veenstra et al.，2007）。而且，欺凌者希望同时占据支配地位和人气，这是通过攻击一个支配地位不高、攻击性也不强的同龄人，再由欺凌的旁观者、协助者以及强化者得到社会认可/支配地位（O'Connell，Pepler and Craig，1999）。因为一个支配力不强的同龄人是不受同龄人欢迎甚至被拒绝的，所以当这个孩子反对欺凌时，对他实施欺凌对欺凌者人气的威胁很小。Veenstra 等人（2007）发现，成为欺凌者与参与支配性攻击性行为之间有正相关关系。他们还发现，受害者往往是那些攻击性小、易受伤害且被同龄人拒绝的孩子。

为了能够在进行欺凌的同时，又被同龄人接受和喜爱，一个欺凌者需要具备什么样的特质？Vallancourt 和 Hymel（2006）发现，那些在人气、力量和社会地位上评分高的个体，在同龄人看重的独特特质：风范、吸引力、擅长运动、有幽默感、富有、坚强又聪明等方面同样评分很高。他们发现这些同龄人看重的特质对社会支配性和攻击性有调节作用。

在幼童和学前阶段，支配性儿童会利用同龄人热衷的高压策略如指挥和战斗，这样他们看起来能力很强，受欢迎且充满力量。他们可以获得环境资源，这里指的是玩具，其他孩子就会向他们学习并与他们合作（Hawley，1999）。因为学前儿童只能使用有限的语言和协商技巧，因此指挥技巧发挥了较好的作用。但是年长一些的儿童就不会喜欢被指挥，也不喜欢那些有攻击性的儿童。为了达到支配和社会认可的地位，还需要其他策略，如向他人寻求帮助、指导他人，这一策略需要支配性的个体在同龄人小组中占据社会中心地位（Hawley，1999）。

粗野的游戏被用于增强年长儿童的身体支配性。在 Pellegrini（1995）的研究中，粗野的游戏要么被归类为“追逐”，要么被归类为“粗鲁的身体对抗”，每一种归类都有不同的运作方式。只有“粗鲁的身体对抗”被用于建立身体支配性。他对一群 12～13 岁处于向青春期过渡的男孩进行了两年的研究。在第一年结束时，“粗鲁的身体对抗”与攻击性呈正相关关系，与受欢迎程度则是负相关关系。第二年的时候，支配层级已经建立，“粗鲁的身体对抗”发生的次数减少，因为孩子们对它的需要减少了。

欺凌和攻击性行为对于新的社会群体的出现和形成，如在儿童由小学向中学过渡时，建立支配性关系是不是十分重要？Pellegrini 和 Long（2002）对这一过渡时期进行的纵向研究得出了肯定的答案。他们使用了自我报告、同龄人提名、教师评估、直接观察和日记记录等方式对欺凌行为和支配地位进行了测量并发现支配地位会受到欺凌策略的影响，在小学向初中过渡的时期欺凌行为和攻击性行为会增加，但稍后就会减少。最近一项研究这种过渡时期的研究并没有依赖于支配性和易受伤害性的信息，通过研究教师对地位目标的报告，Sijtsema、Veenstra、Lindenberg 和 Salmivalli(2009)将儿童的地位目标作为模型的一个新的变量来直接研究儿童的地位目标，他们发现直接的地位目标可能与年长的男性欺凌者有关，但是对于年长的女性欺凌者以及年幼欺凌者，无论男女，都没有必然的联系。这似乎说明年长儿童相较于年幼儿童，他们的欺凌行为源于某种更具体的目标。Schafer、Kron、Brodbeck、Wolke 和 Schulz(2005)进一步认为，小学阶段儿童的地位等级尚未固定也不太被支配性地位所驱使，等级的固定与受害者一直处于受害者角色有关。

考虑到儿童利用欺凌方式中的性别差异建立自己的欺凌性等级，Leenar、Dane 和 Marini(2008)提出了一个更进一步的理论：欺凌行为被用于在主导性等级制中提高地位以获得一个异性伙伴。但是，男女性选择异性伙伴的程序是不同的。女性希望男性有能力为她们提供生存资料，如食物和庇护所。相反，男性则依据身体外表的附属价值来选择女性，因此他们会选择那些外表吸引人的女性。这将导致女性努力改善自身的外形，而男性则乐于展示他们的力量和运动天赋来向女性表明自己的能力。结果，男性可能会为了提高支配层级而卷入身体欺凌中。相反，对于女性来说，身体外形与间接欺凌有关。一个女性越吸引人，她就越可能被其他的女性视为竞争者，因此就会使用间接欺凌。间接欺凌使得吸引人的女性支配层级下降，实施欺凌的女性则层级上升，提高了她们获得资源的机会，这种资源就是有吸引力的男性。

社会学习理论

社会学习，如通过观察、示范和强化，能解释欺凌吗？

Craig 和 Pepler(1997)注意到大部分欺凌者的行为都有观众，85%的欺凌事件都有同龄人目击。O'Connell、Pepler 和 Craig(1999)反驳说，同龄人对欺凌行为的观看可能对这种行为起到消极强化的作用，因为他们会认为这种行为是需要被制止的；事实上 Craig 和 Pepler(1995)发现儿童对欺凌者要比对受害者更尊重。这里一种更深远的意义是欺凌行为成为模仿的对象，目击了欺凌的同龄人看到欺凌没有受到任何制止或惩罚，这可能会导致他们认为欺凌没有消极的结果。作者进一步认为，目击者会对欺凌行为变得不敏感，这可能导致他们自身在以后实施欺凌行为。O'Connell 等人(1999)的研究表明同龄人在每一次欺凌的 21%的时间里使用身体或言语来强化欺凌，而且年长男孩的参与度大于年轻男孩或者年长女孩。同样是时间问题，53.9%的时间被用于观察，而非制止或者参与。虽然 41%的儿童自我报告称他们作为同班同学将会制止欺凌行为，但事实上只有平均 25.4%的欺凌行为遭到制止，年轻或年长的女孩比年长的男孩更可能去制止这种行为。

共情与欺凌

另一个关于欺凌的解释是欺凌者缺乏共情，也就是说，他们缺乏对他人情感体验的理解。Björkqvist、Österman 和 KauKiainen(2000)及 Jolliffe 和 Farrington(2006)都提供了证据来论证缺乏共情和欺凌与攻击性行为的高水平之间的联系。Caravita 和 Di Blasio

(2009)的研究为这种观点提供了进一步的证据，他们的报告显示认知共情与情感共情是两种不同的概念，欺凌行为尤其与情感共情有负相关。Gini(2006)拓展了这种观点，他发现与共情有关的内疚与羞愧情感不太可能会影响到欺凌行为。他的实验使用同龄人提名程序来分配假想中的欺凌情境中的儿童的角色。他们向儿童提供了欺凌故事情境并评估他们对这种欺凌情境中的适当情感的理解。这项研究发现，欺凌者、强化者和协助者倾向于使用认知技术如为攻击性的行为辩护，来允许自己对攻击性行为反应不敏感而没有道德压力。他们比旁观者、同情者和受害者更可能这样做。

高觉醒水平

"觉醒"是指一种意识状态，它与积极性不同并因情境不同而不同(Eysenck and Gudjonsson, 1989)。一个年轻人听一堂无聊的课就会处于一种低程度的觉醒状态，但是参加一场重要的考试时就会处于一种高水平的觉醒状态。此外，个体对于觉醒的敏感性因人而因，能达到的觉醒的水平也由此不同。对于欺凌来说，研究发现欺凌受害者的觉醒水平高于那些中立者或未卷入欺凌的儿童(Woods and White, 2005)。他们高水平的觉醒可能会使他们对一些惩罚的信号特别敏感，因此使得他们不仅对欺凌者感到焦虑，同时也易于体验到受害者的感受，如，欺凌受害者因为他们的极端焦虑和不断加强的紧张感而引起欺凌者注意；同时他们为了获得同龄人的接受以及避免受到实际的欺凌伤害而对欺凌者产生焦虑情绪(Guerin and Hennessy, 2002)。

父母对欺凌的影响

是父母把他们的孩子变成欺凌者的吗？有人对不同类型的家长教育方式进行了研究，试图发现这种关系是否会影响孩子欺凌行为的产生。例如在剑桥大学行为不良者发展研究中，共跟踪了411名8岁男孩直到他们成年，研究发现欺凌在代际间的延续：欺凌者的孩子很可能也成为欺凌者(Farrington, 1993)。让我们看一些可能影响欺凌的家长教育方式。

家长教育方式

1986年研究者进行了一项中学年龄段的不良少年的调查，这些少年有情感和行为上的问题，他们都是普通中学和社区家庭的孩子。调查发现，样本中的欺凌者、受害者或者欺凌受害者，都缺乏父母的约束或者亲子关系不够紧密(Stephenson and Smith, 1989)。

研究并没有发现来自这些家庭的儿童在参与欺凌时角色上的差异，但后来的研究注意到了这一点。例如，Schwartz、Dodge、Pettit 和 Bates(1997)对198名男孩进行的纵向研究表明，攻击性的受害者可能要比被动受害者和非受害者的攻击者所受到的父母的约束更为严格。Curtner-Smith(2000)对54名10～13岁的儿童进行欺凌行为评估时，也发现不适当的家长约束(如，打、唠叨)和高发的欺凌存在联系。最近 Ahmed 和 Braithwaite(2004)对610名9～12岁儿童的研究表明权威型教育方式与欺凌行为的产生有关。相比受害者或不参与欺凌行为者的家长，欺凌—受害者和欺凌者的家长更可能采用权威型教育方式。Joussemet 等人(2008)对1 993个魁北克儿童的纵向研究也发现了控制型的教育方式会增加儿童攻击性行为的风险。在 Curtner-Smith(2006)进行的由 44 名家长参与的“领先计划”发现，即使是对于年幼的儿童，父母对于学前儿童施与的控制也可能会促使儿童将来产生欺凌行为。最后，Geogiou(2008)对受害者而不是欺凌者的研究有 252 名塞浦路斯小学生参与，研究表明受到母亲过度保护的儿童更可能成为欺凌受害者。这些研究说明了注重家长约束与控制的权威型教育方式似乎与孩子的攻击性或欺凌行为存在联系。

家庭问题

当将受害者和欺凌受害者与不受欺凌影响的儿童进行比较时，家庭问题也与儿童卷入欺凌行为的可能性有关(Ahmed and Braithwaite, 2004; Stephenson and Smith, 1989)，欺凌者事实上比受害者和欺凌受害者可能体验过更多不和谐的家庭氛围。

婚姻关系本身也是欺凌行为的重要影响因素。Stephenson 和 Smith(1986)的调查表明来自父母婚姻有问题的家庭的孩子更可能成为欺凌行为中的某个角色。Schwartz 等人(1997)的研究揭示了欺凌受害者比被动受害者或非欺凌者的儿童更可能来自婚姻有矛盾的家庭，但是激进的欺凌者则不然；这暗示了婚姻矛盾或许对这些孩子的攻击性而不是受害负有责任。Curtner-Smith(2009)给出了支持这一设想的进一步的证据，在她的研究中发现，母亲对婚姻的不满与她们儿子卷入欺凌的可能性之间的联系更紧密。此外，Joussemet 等人(2008)发现来自离异家庭的儿童也有很大的可能在以后表现出攻击性的欺凌行为。

亲子关系

现在我们来更深入地研究亲子关系的质量。有证据表明母子间欺凌者—受害者关系，比非欺凌或非受害者关系(Schwartz, 1997)更为敌对，相比那些非攻击性的儿童，欺凌者有一个温暖、善解人意、善良和同情负责的母亲的可能性不大(Georgiou, 2008)。缺乏母亲同情的孩子更可能有事出有因或者蓄意为之的欺凌行为(Curtner-Smith, 2006)，母亲对他们有不合理的期望和在较小的时候就希望他们能承担照顾他人的角色，这样的孩子很可能会参与到各种欺凌中。可能是这些不同的因素共同表明，缺乏来自父母的理解和父母不能充分理解儿童的需求造成了儿童的欺凌行为。而且欺凌者的父母可能更乐意使用身体的约束而不是其他的约束方式，这会使得孩子本能地反抗(Loeber and Dishion, 1984)。有确凿的证据表明欺凌受害者和受害者比同龄人体验过更严重的身体虐待和欺凌(Duncan, 1999; Schwartz et al., 1997)。而且，母亲的抑郁可能也会是一项影响因素，有证据表明欺凌者和受害者比非欺凌者儿童更可能有抑郁的母亲(Curtner-Smith, 2000; Georgiou, 2008)。初为人母和缺乏来自家庭、朋友和伴侣的社会支持可能会导致欺凌行为的发生。事实上，那些很少参与家庭社交活动的男孩比经常参加家庭社交活动的同龄人的欺凌得分更高(Curtner-Smith, 2000; Joussemet et al., 2008)。

基因影响因素

最后，考察来自父母的影响——基因。Ball 等人(2008)对来自 1 116 个美国家庭的 10 岁双胞胎的研究表明，基因在 73%的程度上决定了受害者，61%的程度上决定了欺凌者。研究者发现一些基因因素可以预测特定的参与角色：14%的基因与个体是否会成为欺凌者或受害者有关系。作者总结，除了环境因素，基因也是决定儿童是否会成为欺凌的欺凌者、受害者或欺凌受害者的重要因素。

QUISSET 现在到课本之外……自己查查看！

在图书馆电子数据库检索“欺凌的理论解释”。

● 参与者理论是怎样解释欺凌的？其他理论是否很好地说明了欺凌的各个方面？

拓展阅读以寻找支持你的答案的证据。

学校干预项目是怎样理解欺凌的？

学校通过设置预防欺凌干预程序来提升对欺凌的重视是非常重要的。遭受欺凌会对受害者造成消极的影响，他们可能陷入焦虑、压力大以及难以集中注意力（Nansel et al., 2001；Smith and Sharp, 1994）。即使是旁观者也可能会有压力的问题（Kyriakides Kaloyiru and Lindsay, 2006）。欺凌者自身很可能在未来卷入欺凌或者犯罪行为（Coie, 2004）。

这部分我们将会研究这些干预程序，它们是根据两种很有影响力的处理欺凌的方法而设计的。

Olweus 欺凌预防项目（OBPP）

OBPP 基于 Olweus 的研究，已经成为反欺凌项目的范本（Merrell, Gueldner, Ross and Isava, 2008）。它强调对欺凌和暴力的关注，整个学校都应当利用与欺凌有关的学校规则来营造一种反欺凌的环境，学校的所有成员都要积极负责地对待这个项目。OBPP 同时也强调班级和欺凌或受害者个体。对于班级来说，要有班级规则来反对欺凌，并召开班会进行讨论。对于个体来说，要建立欺凌者和受害者以及双方父母的对话。教师在这一项目的实施中扮演着主要角色，其他人要给予支持，如咨询师、社会工作者、教育心理学家要指导他们面对严重的欺凌事件时应当如何应对。

Olweus 1983 至 1985 年对这项干预措施进行了跟踪评估，实验样本来自挪威卑尔根的 42 所小学或中学的 2 500 名 11～14 岁的儿童。他发现称自己“有时”施行欺凌或遭受欺凌的学生人数下降了 50%。Olweus（1991）报告，自从对全班的纪律做了改进以后，诱发欺凌的各种新旧因素都有所下降。

Roland（1989），在 Olweus 最后一次数据采集时间点一年后采集数据，此时 Olweus 干预程序已实施三年。结果发现欺凌者和欺凌受害者人数均有增加。其他关于 OBPP 的评估也报告了同样矛盾的结论（Bauer, Lozano and Rivara, 2007；Hawkins, Catalano and Arthur, 2002）。Roland（2002）发现欺凌与干预项目的参与度有关：那些彻底实施了欺凌干预程序的学校欺凌发生率有所下降，但是那些实施干预程序自觉性不高的学校却表现出了欺凌发生率上升的趋势。这可能与第 7 章末尾时提出的关于实施的忠诚度的观点有关，因此，不仅要实施干预项目，而且彻底和自觉地实施这种测试也是十分重要的。本章稍后的部分我们将会再次关注坚持实施的问题。

使用参与者角色理论进行欺凌干预

基于 Salmivalli 等人(1996)的参与者角色理论,Salmivalli、Kaukiainen 和 Voeten (2005)设计了全校性的干预措施。通过班级讨论,儿童的注意力集中于群体欺凌和他们怎样在这样的群体中做出正确的行为。孩子们被鼓励去思考欺凌以及他们实际上扮演的角色。这些讨论可能会导致角色扮演,即尝试扮演一个与他们平时属于的角色不同的角色。这种班级讨论设置在某种全校参与的处理欺凌的情境中,学校要有反对欺凌的政策和干预的指导原则。个体层次的讨论基于共同关心的问题(Pikas, 1989),同时参考无责备原则(Maines and Robinson, 1989)或者法斯塔方法(Ljungström, 1990)。

QUISSET 现在到课本之外……自己查查看!

在图书馆电子数据库检索"欺凌的干预"。

- 查阅专业文献理解下列词语的意思:
  —共同关心的问题(Shared concern)
  —无责备原则(No-blame approach)
  —法斯塔方法(Farsta method)
- 这些方法的优缺点是什么?

来自芬兰的 16 所学校的 48 个班级参与了 Salmivalli 等人(2005)的评估研究,共 1 220 名 9～12 岁的儿童。教师们接受了一年共计 4 期训练,训练的内容是怎样对学生实施这种干预措施。6 个月或 12 个月后测试干预产生的影响。根据自我报告(虽然不是同龄人的报告)的数据得到了积极的结果,发现干预措施对于样本中较年轻成员有影响。对于这些较年幼的儿童,实施这种干预措施产生了温和的效果,但是对于那些接受了更长时间干预的儿童则影响较大。对于年长一些的儿童则没有这样显著的影响。

KiVa 原则是最近评估的另一个欺凌干预措施,它也基于参与者角色理论(Kärnä, Voeten, Little, Poskiparta, Kaljonen and Salmivalli, in press)。它也设定了三种层次的目标,全校的、班级的和个体的。它为教师提供了理论观点和具体的设备,如在教室内使用的电脑游戏。目的是解释欺凌中的群体进步,激发对受害者的同情以及鼓励同龄人自行干预欺凌行为。学校可以使用海报和广告的手段进行干预,以及让监督者身着非常醒目的夹克出现在操场上,让儿童意识到周围对于欺凌的高水平的监视和关注。当欺凌行为发生时,一个三人教师小组就会组织涉事儿童进行讨论,并要求声望较高的儿童支持受害者。它还为教师设立了 2 天的训练和相关网络,这些教师至少要符合 KiVa 的标准。芬兰也进行了一项评估研究,共有 8 237 名 10～12 岁的儿童参加。经过四个月的干预训练,儿童对受害者的保护增加,也表现出更强烈的反欺凌的态度和对受害者的共情。九个月后,得出了对积极行为的测量结果,干预学校的儿童表现出了受害者、协助者和强化者方面较低的参与度,以及在学校中表现和维护积极行为的高度自觉性。

QUISSET 现在到课本之外……自己查查看！

在图书馆电子数据库检索“欺凌的干预”。

● 从学术角度了解基于本章中其他欺凌解释理论而建立的欺凌干预措施，评价这些措施有效性的证据。

Roland(2002)发现，干预措施降低欺凌的程度的有效性与干预措施实施的忠诚度之间存在联系，这强调了一个在现实中实施全校性的干预措施时的关键性问题：干预措施实施的忠诚度问题。当有其他没有考虑到的变量时，想要确保项目如预想的得到了忠诚的实施是十分困难的。Ryan 和 Smith(2009)对 1997 至 2007 年的欺凌干预活动进行了系统的分析，他们提到了这个问题。他们试图确保项目实施的忠诚度，项目中的大部分都提到使用了指导材料来训练员工，但是却很少有项目对员工实施干预项目的过程进行监督。只有三分之一多一点的试验报告称项目基本上按照预期得到了实施。这通常涉及项目实施的频度，或者项目记录的态度以及参与者的责任心。项目实施忠诚度的监督信息数量有限，因此很难将那些实施效果不佳与实施力度不够的项目区分开来。

尽管存在着实施方面的问题，很多地方政府投入大量人力和财力用于反欺凌干预，因为他们认识到遏制欺凌的消极影响的必要性。正是因为这种巨大人力和精力的投入，评估这些干预措施的有效性就更为重要。最好的方法就是元分析和系统评价(见第 4 章)。

1 Smith、Schneider、Smith 和 Ananiadou(2004)对澳大利亚、欧洲和北美洲 2003 年以前进行的全校层面的欺凌干预研究进行元分析。有 14 个研究达到了他们总结的标准。他们发现受害者自己报告的伤害减小程度，93%的效应量很小，可以忽略不计，甚至是负的，这表明了受害者的数量增加了。而欺凌者称受到的影响，92%的效应量是负的甚至可以忽略不计。Smith 等人总结道，没有有效的证据表明全校性的干预策略是有效的。

2 Ferguson、San Miguel、Kilburn 和 Sanchez(2007)的元分析关注了 1995 至 2006 年进行的欺凌干预研究。他们研究了 42 个声称效应量为正且意义重大的研究，但是实际效应量极小，而且研究者称这些措施的实用意义也很小。他们认为，虽然受害者认为参与这样的干预会对他们有益，但是似乎并没有任何参与者从中实际获益，事实上他们可能会因为参与干预而丧失社交主导地位。

3 Vreeman 和 Carroll(2007)的研究发现也不容乐观。被研究的 10 个全校性干预研究中，有 8 个得到了积极结果。剩下的 2 个全校性干预实验，一个得到了消极结果，另一个则没有什么显著的效果。班级水平的干预(如上有关欺凌的课、参加社交和行为技能小组)的效果的证据非常弱。结果，作者认为全校性干预是相对最有效的途径，但是坚持实施的程度和人员的积极性是获得成功的重要因素。

4 Merrell、Gueldner、Ross 和 Isava(2008)对 1980 至 2004 年所有的全校性欺凌干预实验的结果进行了元分析，他们不仅研究了相关的同行评审期刊上的书面报告，还研究了书籍中的论文和章节。作者总结，不能从结果中推断出任何模式。他们注意到很多的研究注重对欺凌的认识，而不是直接对欺凌行为本身进行处理。当使用更为直接的手段时,实验的结果就很脆弱,有时甚至是消极的结果。但是,因为只有三个实验使用了实验设计,所以得出任何结论都必须谨慎小心。

考虑到反欺凌干预所投入的资源,已经进行了二十多年的实验,但是实验的结果却多少有些令人失望。但是,这并不是说欺凌干预实验是无效的,而是当我们试图得出学术性的结论时存在两个主要的问题。最终,正如已经讨论过的,存在一个提升和证明措施实施忠诚度的问题,只有这样我们才能够确定我们预想的项目就是正在实施的项目。第二,实验设计缺乏严格的方法论指导,很少有实验使用了标准的干预措施、平行的小组和实验环境,或者能为干预措施提供情境下的有效数据,因此我们很难得出可信的结论(Ryan and Smith, 2009)。

网络欺凌:新的欺凌形式?

随着移动电话、电子邮件和社交网络的普及,一种新的欺凌形式似乎也随之产生。2001 年加拿大建立的一个网站就是专门关注这一现象的,它可能首次使用了“网络欺凌”(cyberbullying)这一术语(Belsey, 2008)。Patchin 和 Hinduja(2006)将“网络欺凌”定义为“通过电子媒体故意且持续地向他人施加伤害”(p.152)。因此年轻人可能在校外通过电子通信途径受到欺凌伤害,如网站、博客、短信、电子邮件、即时讯息、讨论小组和社交网络(Willard, 2007)。网络欺凌可以有多种途径,如谩骂,发送粗俗的电子信息;骚扰,重复性向某人发送威胁性的、无礼的信息;或者孤立,即恶意地将某人从一个网上小组中孤立出来(Willard, 2007)。遭受过网络欺凌的儿童可能在学校里感到不安,并因为不安而不去学校(Marsh, McGee, Nada-Raja and Williams, in press; Raskauskas and Stoltz, 2007),还会感到悲伤、绝望和压抑(Raskauskas and Stoltz, 2007)。

就像传统的欺凌一样,网络欺凌在不同国家和地区的泛滥程度也不同,它取决于研究时对网络欺凌的不同定义。我们可以从两个美国研究的例子中看到这一不同:Finkelhor、Mitchell 和 Wolak(2000)报告称样本的 6%至少遭受过一次网络欺凌,Juvonen 和 Gross(2008)报告的比例则是 72%。正如方法论不同,另一个对此差异的解释是,在这两个实验进行的相差不太长的时期,电子技术的使用率获得了显著的增长,因此 Finkelhor 等人的报告可能也是指的这种时间差。那完成在这一新领域发展的早期时代。

在这一时期,性别和网络欺凌的关系也同样不清楚。虽然有研究发现女性作为网络欺凌的受害人的情况多于男性(Patchin and Hinduja, 2006; Smith et al.,2008, Study 1; Wang, Ianotti and Nansel, 2009; Ybarra, Diener-West and Leaf, 2007),也有其他一些研究报告称二者没有显著性区别(Fleming et al., 2006; Li, 2006; Smith et al., 2008, Study 2; Ybarra, Mitchell, Wolak and Finkehor, 2006)。大部分研究都发现男性和女性作为欺凌者参与欺凌的数目没有显著性区别(例如 Li, 2007; Marsh et al., in press; Patchin and Hinduja, 2006; Smith et al., 2008; Williams and Guerra, 2007; Ybarra et al., 2006)。

然而,似乎传统的学校欺凌和网络欺凌之间存在着清楚的联系。传统欺凌的受害者与网络欺凌的受害者有关,传统欺凌的欺凌者与网络欺凌的欺凌者也有关(例如 Juvonen and Gross，2008；Katzer，Fetchenhauer and Belschak，2009；Raskauskas and Stoltz，2007；Riebel，Jäger and Fischer，2009；Smith et al.，2008，Study 2).网络和传统欺凌的受害者都不怎么愿意报告自己的受害经历，因为他们的自我接受度低且受到父母的过度保护（Katzer et al.，2009）。正如传统欺凌一样，也有证据表明网络欺凌者的犯罪率较高（Ybarra and Mitchell，2004）。另一方面，也有人将网络欺凌视为与传统欺凌完全不同的欺凌。与传统的学校欺凌不同，网络欺凌可以轻易地维持匿名性（Katzer et al.，2009；Li，2008；Patchin and Hinduja，2006），也能很快地通过复制粘贴和进一步的运作快速地传播无礼的信息（Li，2007；2008）。事实上，一项因素分析发现，网络欺凌是独立于公开欺凌和关系欺凌的一种因素（Dempsey，Sulkowski，Nichols and Storch，2009）。Katzer等人（2009）相似地也报告了学校欺凌受害者的维度与网络欺凌受害者的维度基于不同的因素。

干预措施的早期解释说明了确保年轻人放心地向父母报告受害经历是多么重要（Mishna，Saini and Solomon，2009）。他们可能不愿意报告在网上偶尔受到的欺凌，因为他们担心父母会因此限制他们使用网络（Juvonen and Gross，2008）。学校欺凌和网络欺凌的联系暗示了教育者对于网络欺凌有责任，而且这种责任感不应低于发生在学校操场上的欺凌（Juvonen and Gross，2008）。这意味着教育从业者需要接受如何应对网络伤害的训练，正如他们接受怎样处理校园欺凌事件一样（Wolak，Mitchell and Finkelhor，2007）。全校性的欺凌干预应当被延伸到对网络欺凌的预防上来（Raskauskas Stoltz，2007；Williams and Guerra，2007）。

总结与结论

欺凌对于学校中的男孩与女孩来说一直都是一个严重的问题，现在它不仅发生在校园内，还延伸到了网络上，也延伸到儿童的家庭生活中。不同理论可以帮助解释欺凌的产生，也可以帮助我们制定出预防欺凌的途径。但是，虽然关于欺凌的大型研究也进行了很多年，一直没有得到反欺凌干预措施对于改变欺凌行为的有效性的有力证据。也可能是这些干预措施产生了作用但是学校在实施这些措施时却有强度和持续性方面的困难。进一步的研究可能需要关注项目契合度、频度、态度和责任心等方面，才能证明不仅干预措施是有效的，干预措施的实行过程也是成功的。

拓展阅读

访问 www.pearsoned.co.uk/markswoolfson 获取下列基础文章：

Kärnä, A., Voeten, M., Little, T., Poskiparta, E., Kaljonen, A., and Salmivalli, C. (in press). A large scale evaluation of the KiVa anti-bullying program. *Developmental Psychology*.

Patchin, J. and Hinduja, S. (2006). Bullies move beyond the schoolyard: A preliminary look at cyberbullying. *Youth Violence and Juvenile Justice*, *4*, 148–69.

Sutton, J., Smith, P., and Swettenham, K. (1999a). Social cognition and bullying: Social inadequacy or skilled manipulator. *British Journal of Developmental Psychology*, *17*, 435–50.

参考文献

Abrams, D., Rutland, A., Cameron, L., and Ferrell, J. (2007). Older but wilier: In-group accountability and the development of subjective group dynamics. *Developmental Psychology, 43*, 134–48.

Ahmad, Y. and Smith, P. (1990). Behavioural measures review No. 1: bullying in schools. *Newsletter for the Association for Child Psychology and Psychiatry, 12*, 26–7.

Ahmed, E. and Braithwaite, V. (2004). Bullying and victimization: Cause of concern for both families and schools. *Social Psychology of Education, 7*, 35–54.

Atlas, R. and Pepler, D. (1998). Observations of bullying in the classroom. *The Journal of Educational Research, 92*(2), 86–99.

Ball, H., Arseneault, L., Taylor, A., Maughan, B., Caspi, A., and Moffitt, T.E. (2008). Genetic and environmental influences on victims, bullies, and bully-victims in childhood. *Journal of Child Psychology and Psychiatry, 49*, 104–12.

Barboza, G., Schiamberg, L., Oehmke, J., Korzeniewski, S., Post, L., and Heraux, C. (2009). Individual characteristics and the multiple contexts of adolescent bullying: An ecological perspective. *Journal of Youth and Adolescence, 38*, 101–21.

Bauer, N., Lozano, P., and Rivara, F. (2007). The effectiveness of the Olweus bullying prevention program in public middle schools: a controlled trial. *Journal of Adolescent Health, 40*(3), 266–74.

Belsey, B. (2008) *Cyberbullying: An emerging threat to the "always on" generation*. Retrieved December 4, 2009 from http://www.canadianteachermagazine.com/pdf/CTM_Spring08_Cyberbullying.pdf.

Bentley, K. and Li, A. (1996). Bullying and victim problems in elementary schools and students' beliefs about aggression. *Canadian Journal of School Psychology, 11*(2), 153–65.

Björkqvist, K., Österman, K., and KauKiainen, A. (2000). Social intelligence – empathy = aggression. *Aggression and Violent Behaviour, 5*(2), 191–200.

Bosworth, K., Espelage, D., and Simon, T. (1999). Factors associated with bullying behavior in middle school students. *Journal of Early Adolescence, 19*, 341–62.

Boulton, M. and Smith, P. (1994). Bully/victim problems in middle school children: Stability, self-perceived competence, peer perceptions and peer acceptance. *British Journal of Developmental Psychology, 12*, 315–29.

Camodeca, M. and Goossens, F. (2005). Aggression, social cognitions, anger and sadness in bullies and victims. *Journal of Child Psychology and Psychiatry, 46*(2), 186–97.

Caravita, S. and Di Blasio, P. (2009). Unique and interactive effects of empathy and social status on involvement in bullying. *Social Development, 18*(1), 140–63.

Card, N., Stucky, B., Sawalani, G., and Little, T. (2008). Direct and indirect aggression during childhood and adolescence: A meta-analytic review of gender differences, intercorrelations, and relations to maladjustment. *Child Development, 79*(5), 1185–29.

Cassidy, T. (2009). Bullying and victimisation in school children: the role of social identity, problem-solving style, and family and school context. *Social Psychology of Education, 12*, 63–76.

Chang, L. (2004). The role of classroom norms in contextualizing the relations of children's social behaviors to peer acceptance. *Developmental Psychology, 40*, 691–702.

Coie, J. (2004).The impact of negative social experiences on the development of antisocial behavior. In J. Kupersmidt and K. Dodge (eds) *Children's peer relations: From development to intervention* (pp. 243–67). Washington, DC: American Psychological Association.

Coie, J. and Dodge, K. (1998). Aggression and antisocial behaviour. In N. Eisenberg (ed.), *Handbook of child psychology* (vol. 3). New York: Wiley (pp. 779–62).

Collins, K., McAleavy, G., and Adamson, G. (2004). Bullying in schools: A Northern Ireland study. *Educational Research, 46*(1), 55–71.

Craig, W. and Pepler, D. (1995). Peer processes in bullying and victimization: an observational study. *Exceptionality Education Canada, 5*, 81–95.

Craig, W. and Pepler, D. (1997). Observations of bullying and victimization in the schoolyard. *Canadian Journal of School Psychology, 2*, 41–60.
Craig, W., Pepler, D., and Atlas, R. (2000). Observations of bullying in the playground and in the classroom. *School Psychology International, 21*, 22–36.
Crick, N. and Dodge, K. (1994). A review and reformulation of social information-processing mechanisms in children's social adjustment. *Psychological Bulletin, 115*(1), 74–101.
Crick N. and Grotpeter, J. (1995). Relational aggression, gender, and social-psychological adjustment. *Child Development, 66*, 710–22.
Curtner-Smith, M. (2000). Mechanisms by which family processes contribute to school-age boys' bullying. *Child Study Journal, 30*, 169–86.
Curtner-Smith, M., Culp, A., Scheib, C., Owen, K., Tilley, A., Murphy, M., *et al.* (2006). Mothers' parenting and young economically disadvantaged children's relational and overt bullying. *Journal of Child and Family Studies, 15*, 177–89.
Dempsey, A., Sulkowski, M., Nichols, R., and Storch, E. (2009). Differences between peer victimization in cyber and physical settings and associated psychosocial adjustment in early adolescence. *Psychology in the Schools, 46*, 962–72.
Dodge, K. (1991). The structure and function of reactive and proactive aggression. In D. Pepler and K. Rubin (eds), *The development and treatment of childhood aggression* Hillsdale, NJ: Lawrence Erlbaum, (pp. 201–18).
Dodge, K. and Crick, N. (1990). Social information-processing bases of aggressive behaviour in children. *Personality and Social Psychology Bulletin, 16*(1), 8–22.
Due, P., Holstein, B., Lynch, J., Diderichsen, F., Gabhain, S., Scheidt, P., Currie, C., and The Health Behaviour in School-Aged Children Bullying Working Group (2005). Bullying and symptoms among school-aged children: International comparative cross sectional study in 28 countries. *European Journal of Public Health, 15*, 128–32.
Duffy, A. and Nesdale, D. (2009). Peer groups, social identity, and children's bullying behavior. *Social Development, 18*, 121–39.
Dunbar, R. (1988). *Primate social systems*. Ithaca, NY: Cornell University Press.
Duncan, R. (1999). Maltreatment by parents and peers: The relationship between child abuse, bully victimization, and psychological distress. *Child Maltreatment, 4*, 45–55.
Eysenck, H. and Gudjonsson, G. (1989). *The causes and cures of criminality*. London: Plenum Press.
Farrington, D. (1993). Understanding and preventing bullying. In M Tonry (ed.) *Crime and justice: A review of research.* (vol. 17) Chicago: University of Chicago Press, (pp. 381–458).
Ferguson, C., San Miguel, C., Kilburn, J., and Sanchez, P. (2007). The effectiveness of school-based anti-bullying Programs: A meta-analytical review. *Criminal Justice Review. 32*, 401–14.
Finkelhor, D., Mitchell, K., and Wolak, J. (2000). *Online victimization: A report on the nation's youth by the Crimes against Children Research Center*. Retrieved December 1, 2010 from http://www.unh.edu.ccrc/pdf/jvg/CV38.pdf
Fleming, M., Greentree, S., Cocotti-Muller, D., Elias, K., and Morrison, S. (2006). Safety in cyberspace: Adolescents' safety and exposure online. *Youth and Society, 38*, 135–54.
Frederickson, N. and Furnham, A. (2001). The long-term stability of sociometric status classification: a longitudinal study of included pupils who have moderate learning difficulties and their mainstream peers. *Journal of Child Psychology and Psychiatry, 42*(5), 581–92.
Georgiou, S. (2008). Bullying and victimization at school: The role of mothers. *British Journal of Educational Psychology, 78*, 109–25.
Gini, G. (2006). Social cognition and moral cognition in bullying: What's wrong? *Aggressive Behaviour, 32*, 528–39.
Goossens, F., Olthof, T., and Dekker, P. (2006). The New Participant Role Scales: A comparison between various criteria for assigning roles and indications for their validity. *Aggressive Behavior, 32*, 343–57.

Guerin, S. and Hennessy, E. (2002). *Aggression and Bullying*, Oxford: Blackwell.

Hawkins, J., Catalano, R., Arthur, M. (2002). Promoting science-based prevention in communities. *Addictive Behavior, 27*, 951–76.

Hawley, P. (1999). The ontogenesis of social dominance: A strategy-based evolutionary perspective. *Developmental Review, 19*, 97–132.

Hunter, S., Boyle, J., and Warden, D. (2004). Help seeking among child and adolescent victims of peer aggression and bullying: The influence of school stage, gender, victimisation, appraisal and emotion. *British Journal of Educational Psychology, 74*(3), 375–90.

Hunter, S., Boyle, J., and Warden, D. (2007). Perceptions and correlates of peer victimization and bullying. *British Journal of Educational Psychology, 77*, 797–810.

Jolliffe, D. and Farrington, D.(2006). Examining the relationship between low empathy and bullying. *Aggressive Behaviour, 32*, 540–50.

Joussemet, M., Vitaro, F., Barker, E., Cote, S., Nagin, D., Zoccolillo, M., *et al.* (2008). Controlling parenting and physical aggression during elementary school. *Child Development*, 79, 411–25.

Juvonen, J. and Gross, E. (2008). Extending the school grounds? – Bullying experiences in cyberspace. *Journal of School Health, 78*, 496–505.

Kärnä, A., Voeten, M., Little, T., Poskiparta, E., Kaljonen, A., and Salmivalli, C. (in press). A large-scale evaluation of the KiVa anti-bullying program. *Developmental Psychology*.

Katzer, C., Fetchenhauer, D., and Belschak, F. (2009). Cyberbullying: Who are the victims? A comparison of victimization in internet chatrooms and victimization in school. *Journal of Media Psychology, 21*, 25–36.

Kyriakides, L., Kaloyirou, C., and Lindsay, G. (2006). An analysis of the revised Olweus Bully/Victim Questionnaire using the Rasch measurement model. *British Journal of Educational Psychology, 76*, 781–801.

Lagerspetz, K., Björkqvist, K., Berts, M., and King, E. (1982). Group aggression among school children in three schools. *Scandinavian Journal of Psychology, 23*, 45–52.

Lagerspetz, K., Björkqvist, K., and Peltonen, T. (1988). Is indirect aggression typical of females? Gender differences in aggressiveness in 11- to 12-year-old children. *Aggressive Behaviour, 14*, 403–14.

Leenar, L., Dane, A., and Marini, Z. (2008). Evolutionary perspective on indirect victimization in adolescence: The role of attractiveness, dating and sexual behaviour. *Aggressive Behaviour, 34*, 404–15.

Li, Q. (2006). Cyberbullying in schools: A research of gender differences. *School Psychology International, 27*, 157–70.

Li, Q. (2007). New bottle but old wine: A research on cyberbullying in schools. *Computers and Human Behavior, 23*, 1777–91.

Li, Q. (2008). A cross-cultural comparison of adolescents' experience related to cyberbullying. *Educational Research. 50*, 223–34.

Ljungström, K. (1990). Mobbning i skolan. Ett compendium om mobbning samt on mobbning-behandling enligt Farstametoden. (Bullying in schools: A handbook on bullying and its treatment by use of the Farsta method). Stockholm: Ordkällan/Pedaktiv.

Loeber, R. and Dishion, T. (1984). Boys who fight at home and school: Family conditions influencing cross-setting consistency. *Journal of Consulting and Clinical Psychology, 52*, 759–68.

Maines, B. and Robinson, G. (1998). The no blame approach to bullying. In D. Shorrocks-Taylor (ed.), *Directions in educational psychology*. London: Whurr Publishers Ltd. (pp. 281–95).

Marsh, L., McGee, R., Nada-Raja, S., and Williams, S. (in press). Brief report: Text bullying and traditional bullying among New Zealand secondary school students. *Journal of Adolescence*.

Merrell, K., Gueldner, B., Ross, S., and Isava, D. (2008). How effective are school bullying intervention programs? A meta-analysis of intervention research. *School Psychology Quarterly, 23*, 26–42.

Mishna, F., Saini, M., and Solomon, S. (2009). Ongoing and online: Children and youth's perceptions of cyber bullying. *Children and Youth Services Review*. 31, 1222–8.

Monks, C., Smith, P., and Swettenham, J. (2005). Psychological correlates of peer victimisation in preschool: Social cognitive skills, executive function and attachment profiles. *Aggressive Behaviour, 31*, 571–88.

Nansel, T., Overpeck, M., Pilla, R., Ruan, W., Simons-Morton, B., and Scheidt, P. (2001). Bullying behaviors among US youth: Prevalence and association with psychosocial adjustment. *Journal of the American Medical Association, 285*(16), 2094–100.

Naylor, P., Cowie, H., Cossin, F., de Bettencourt, R., and Lemme, F. (2006). Teachers' and pupils' definitions of bullying. *British Journal of Educational Psychology, 76*(3), 553–76.

O'Connell, P., Pepler, D., and Craig, W. (1999). Peer involvement in bullying: insights and challenges for intervention. *Journal of Adolescence, 22*, 437–52.

Ojala, K. and Nesdale, D. (2004). Bullying and social identity: The effects of group norms and distinctiveness threat on attitudes towards bullying. *British Journal of Developmental Psychology, 22*, 19–35.

Olthof, T. and Goossens, F. (2008). Bullying and the need to belong: early adolescents' bullying-related behavior and the acceptance they desire and receive from particular classmates. *Social Development*, 17, 24–46.

Olweus, D. (1978). *Aggression in the schools. Bullies and whipping boys*. New York: John Wiley and Sons.

Olweus, D. (1991). Bully/victim problems among schoolchildren: Basic facts and effects of a school based intervention program. In D. Pepler and K. Rubin (eds). *The development and treatment of children aggression* (pp. 411–48). Hillsdale, NJ: Lawrence Erlbaum.

Olweus, D. (1993). *Bullying at school: What we know and what we can do*. Oxford: Blackwell.

Patchin, J. and Hinduja, S. (2006). Bullies move beyond the schoolyard: A preliminary look at cyberbullying. *Youth Violence and Juvenile Justice, 4*, 148–69.

Pellegrini, A. (1995). A longitudinal study of boys' rough-and-tumble play and dominance during early adolescence. *Journal of Applied Developmental Psychology, 16*, 77–93.

Pellegrini, A. (1998). Bullies and victims in school: A review and call for research. *Journal of Applied Developmental Psychology, 19*(2), 165–76.

Pellegrini, A. and Long, J. (2002). A longitudinal study of bullying, dominance, and victimization during the transition from primary school through secondary school. *British Journal of Developmental Psychology, 20*, 259–80.

Pepler, D., Jiang, D., Craig, W., and Connolly, J. (2008). Developmental Trajectories of Bullying and Associated Factors. *Child Development, 79*, 325–38.

Perner, J., Ruffman, T., and Leekam, S. (1994). Theory of mind is contagious: you catch it from your sibs. *Child Development, 65*(4), 1228–38.

Pikas, A. (1989). The Common Concern method for the treatment of mobbing. In E. Roland, and E. Munthe (eds), *Bullying: An international perspective*. London: David Fulton, (pp. 91–104).

Raskauskas J. and Stoltz, A. (2007). Involvement in traditional and electronic bullying among adolescents. *Developmental Psychology, 43*, 564–75.

Riebel, J., Jäger, R., and Fischer, U. (2009). Cyberbullying in Germany – an exploration of prevalence, overlapping with real life bullying and coping strategies. *Psychology Science Quarterly, 51*, 298–314.

Roland, E. (1989). Bullying: The Scandinavian research tradition. In D.Tattum, and D. Lane (eds), *Bullying in schools*. London: Trentham Books (pp. 21–32).

Roland, E. (2002). Bullying, depressive symptoms and suicidal thoughts. *Educational Research, 4*, 55–67.

Ryan, W. and Smith, J. (2009). Antibullying in schools: How effective are evaluation practices? *Prevention Science, 10*, 248–59.

Salmivalli, C. (1999). Participant role approach to school bullying: implications for interventions. *Journal of Adolescence, 22*, 453–9.
Salmivalli, C., Huttunen, A., and Lagerspetz, K. (1997). Peer networks and bullying in schools. *Scandinavian Journal of Psychology, 38*, 305–12.
Salmivalli, C., Kaukiainen, A., and Voeten, M. (2005). Anti-bullying intervention: Implementation and outcome. *British Journal of Educational Psychology, 75*, 465–87.
Salmivalli, C., Lagerspetz, K.M.J, Bjorkqvist, K., Österman, K., and Kaukiainen, A. (1996). Bullying as a group process: Participant roles and their relations to social status within the group. *Aggressive Behaviour, 22*, 1–15.
Salmivalli, C., Lappalainen, M., and Lagerspetz, K. (1998). Stability and change of behavior in connection with bullying in schools. *Aggressive Behavior, 24*, 205–18.
Schäfer, M., Korn, S. Brodbeck, F., Wolke, D., and Schultz, H. (2005). Bullying roles in changing contexts: The stability of victim and bully roles from primary to secondary school. *International Journal of Behavioural Development, 29*, 323–35.
Scheithauer, H., Hayer, T., Petermann, F., and Jugert, G. (2006). Physical, verbal, and relational forms of bullying among German students: Age trends, gender differences, and correlates. *Aggressive Behavior, 32*, 261–75.
Schwartz, D., Dodge, K., Pettit, G., and Bates, J. (1997). The early socialization of aggressive victims of bullying. *Child Development, 68*, 665–75.
Seals, D. and Young, J. (2003). Bullying and victimization: Prevalence and relationship to gender, grade level, ethnicity, self-esteem, and depression. *Adolescence, 38*, 735–47.
Siann, G., Callaghan, M., Glissov, P., Lockhart, R., and Rawson, L. (1994). Who gets bullied? The effect of school, gender and ethnic group. *Educational Research, 36*, 123–34.
Sijtsema, J. Veenstra, R., Lindenberg, S., and Salmivalli, C. (2009). Empirical test of bullies' status goals: assessing direct goals, aggression, and prestige. *Aggressive Behavior, 35*, 57–67.
Smith, J., Schneider, B., Smith, P., and Ananiadou, K. (2004). The effectiveness of whole-school antibullying programs: A synthesis of evaluation research. *School Psychology Review, 33*, 547–60.
Smith, P., Cowie, H., Olafsson, R., and Liefooghe, A. (2002). Definitions of bullying: A comparison of terms used, and age and gender differences, in a fourteen country international comparison. *Child Development, 73*(4), 1119–33.
Smith, P., Mahdavi, J., Carvalho, M., Fisher, S., Russell, S., and Tippett, N. (2008). Cyberbullying: Its nature and impact in secondary school pupils. *Journal of Child Psychology and Psychiatry , 49*(4), 376–85.
Smith, P. and Sharp, S. (1994). *School bullying: Insights and perspectives*. London: Routledge.
Stephenson, P., and Smith, D., (1989). Bullying in the junior school. In D. Tattum and D. Lane, (eds), *Bullying in schools* (pp. 45–57). Stoke-on Trent: Trentham Books.
Sutton, J., Smith, P., and Swettenham, K. (1999a). Social cognition and bullying: Social inadequacy or skilled manipulator. *British Journal of Developmental Psychology, 17*, 435–50.
Sutton, J., Smith, P., and Swettenham, J. (1999b). Bullying and 'theory of mind': A critique of the 'social skills deficit' view of anti-social behaviour. *Social Development, 8*(1), 117–27.
Tajfel, H. and Turner, J. (1979). An integrative theory of intergroup conflict. In W.G. Austin, and S. Worchel (eds), *The social psychology of intergroup relations* (pp. 33–47). Monterey, CA: Brooks/ Cole.
Vallancourt, T. and Hymel, S. (2006). Aggression and social status: The moderating roles of sex and peer-values characteristics. *Aggressive Behaviour, 32*, 396–408.
Veenstra, R., Lindenberg, S., Zijlstra, B., De Winter, A., Verhulst, F.,and Ormel, J. (2007). The dyadic nature of bullying and victimization: testing a dual-perspective theory. *Child Development, 78*(6), 1843–54.
Vreeman, R. and Carroll, A. (2007). A systematic review of school-based interventions to prevent bullying. *Archives of Pediatrics and Adolescent Medicine*, 161, 78–88.

Wang, J., Iannotti, R., and Nansel, T. (2009). School bullying among adolescents in the United States: Physical, verbal, relational, and cyber. *Journal of Adolescent Health, 45*, 368–75.

Whitney, I. and Smith, P. (1993). A survey of the nature and extent of bullying in junior/middle and secondary schools. *Educational Research, 35*(1), 3–25.

Willard, N. (2007). *Cyberbullying and cyberthreats. Responding to the challenge of online social aggression, threats and distress*. Champaign, IL: Research Press.

Williams, K. and Guerra, N. (2007). Prevalence and predictors of Internet bullying. *Journal of Adolescent Health, 41*(6 suppl. 1), 14–21.

Wolak, J., Mitchell, K., and Finkelhor, D. (2007). Does online harassment constitute bullying? An exploration of online harassment by known peers and online-only contacts. *Journal of Adolescent Health, 41*, 51–8.

Wolke, D., Woods, S., Stanford, K., and Schulz, H. (2001). Bullying and victimization of primary school children in England and Germany: prevalence and school factors. *British Journal of Psychology, 92*, 673–96.

Woods, S. and White, E. (2005). The association between bullying behaviour, arousal levels and behaviour problems. *Journal of Adolescence, 28*, 381–95.

Ybarra, M. Diener-West, M., Leaf, P. (2007). Examining the overlap in internet harassment and school bullying: implications for school intervention. *Journal of Adolescent Health, 41*(suppl. 1), 42–50.

Ybarra, M. and Mitchell, K. (2004). Youth engaging in online harassment: associations with caregiver–child relationships, Internet use, and personal characteristics. *Journal of Adolescence, 27*, 319–36.

Ybarra, M., Mitchell, K., Wolak, J., and Finkelhor, D. (2006). Examining characteristics and associated distress related to Internet harassment: findings from the Second Youth Internet Safety Survey. *Pediatrics, 118*, 1169–77.

第 9 章

特殊需求儿童的全纳教育

国际上对全纳教育的呼吁发起于 1989 年的《儿童权利公约》和《萨拉曼卡宣言》(UNESCO, 1994)。它同样也受到了欧洲社会宪章的影响,欧洲社会宪章是一份授予人们无差别接受教育权利的人权宪章。进一步寻根溯源,在英国,法律和政府纲领的制定同样将其奉为圭臬(例如,特殊教育需要和残障法案 2001,残障歧视法案 2005,苏格兰学校标准法案 2000,教育[额外的学习支持][苏格兰]法案 2004)。

然而,当提到儿童不论残障与否都应享有在其居住社区内接受良好教育的权利时,全纳教育往往被局限在社会公正原则的框架内。这一章将探索那些被证明能使儿童获益的全纳教育。首先我们将在此回顾历史、了解重要概念,然后我们将讨论对有额外学习支持需求的孩子提供的全纳教育的评估研究,主要讨论这些全纳教育有效性的证据。我们还将考察教师对于全纳教育的观点,也将考虑将它应用于同龄儿童时可能产生的后果。

学习目标

学完本章,你应该能:

- 理解全纳教育和特殊需求概念的相关术语、原理和核心问题
- 理解评估全纳教育有效性的研究中方法论的困境
- 评价全纳教育环境下有特殊需求的和普通儿童的学术和社会心理学影响的研究成果

从"残障"到"学习困难"

在 20 世纪 70 年代晚期的英国,关于"残障"一词的权威定义通常会使人联想到现代的"学习困难"一词。"孩子们被分为不同的残障类型,去专门为残障儿童建造的特殊学校

上学。“残障”被视为涉及个人隐私的问题，一种孩子的“瑕疵”。因此有精神问题的孩子就去“精神残障”学校。IQ测试将精神残障分为不同的严重程度：轻度、中度或重度。不同的程度有不同的学校，相应地，身体有残障的孩子就去为身体有残障的孩子建造的学校，视觉或听觉损伤的孩子去聋人或盲人学校。当时教育心理学家的主要工作是根据孩子损伤的特点和严重性给智商低于70%的孩子分类，据此决定哪一种隔离学校最适合他们。20世纪70年代教育心理学家还有另一项责任，那就是做特殊教育的“守门人”；只有被心理学家“确诊”的孩子才能送进特殊学校。那时候教师的工作也包括留心普通学校里是否“混进”了残障孩子。要求主流教育多样性的提法在当时并不存在，也不存在改良课程的理念。课程被看作是一种治疗项目，并没有被改良成能让同质群体的孩子共同学习的课程。如果一个孩子不能胜任一门课程，那就是这个孩子自身的问题，人们会认为这个孩子需要到其他更合适的地方去接受教育。为了帮孩子选择合适的教育方式，教育心理学家通过IQ测试评估孩子并据此对孩子分类。

这一切现在听起来很荒唐，但在当时完全出于良好的动机，因为这些措施保证了孩子能享受到他们需要的特殊教育。需要铭记在心的还有“教育低能”和“精神残障”都是在原有专业术语“精神缺陷”的基础上发展出来的。新的术语反映出为从专业角度理解这些问题，在概念转换方面经历的困难。事实上，早期使用IQ测试划分不同认知损伤程度时使用了“痴愚”“白痴”和“弱智”等词。虽然这种现代人听起来刺耳的术语含有严重贬损的意味，在它含有轻视和引申义之前，它曾一度成为医学课程的词汇、教育学术语和法律术语(Norwich，1999；Solity，1991)。当时善意的专家们并没有意识到将儿童送去隔离的特殊学校的方式虽然能有效地将儿童分类，却是一种贴污蔑性标签的行为，会影响到他们的学校生活及以后的人生。那些被安置在特殊教育系统中的孩子由此被剥夺了将来获得更高社会地位的职业或社会流动性的机会(Tomlinson，1982)。

关于如何最好地满足那些学习有困难或在完成主流教育课程方面有巨大困难的孩子的需要的思考，过去的三十年里逐渐发生了改变。虽然1978年的沃诺克报告并未提及全纳教育，但它刺激了一系列相关议程的产生，随后1989年联合国《儿童权利公约》和1994年联合国教科文组织《萨拉曼卡宣言》将全纳教育作为一项普通人权，由此成为国际社会的共识。沃诺克报告认识到，说某人有某种精神或身体残障并不意味着他必须接受相应的某种教育帮助。并不是所有有轻微精神疾病的孩子需要同一种教育方式。所以问题不再是关于如何将儿童分类，而是关于如何慎重地鉴定儿童的特殊教育需求以及寻找满足这种需求的途径。特殊需求可以是认知的、交流的、行为的、情感的、直觉的和身体的。这项影响深远的报告与1981年以来的教育立法一起，使儿童能够在当地的社区学校内获得适合自身需求的教育。沃诺克后来的报告称，英国有特殊教育需求的儿童是指那些有不同程度(轻度、重度或复杂)学习困难或学习能力缺陷的孩子。对缺陷进行分类的说法被新的“特殊教育需求”(special educational needs，SEN)这一术语所取代，SEN将注意力从儿童自身的缺陷方面转移到损伤对儿童获得教育的影响及如何将这种损伤的影响降到最小上。然而,无论这种新的描述损伤的术语出发点多么好,人们仍然质疑它不过是被简单地替换成了另一种有侮辱性的标签(Corbett, 1996; Norwich, 1999)。

全纳教育

在二十世纪八九十年代,"一体化"是一种在初次介绍有特殊需求的孩子进入普通学校时使用的词语。在美国,它被称为回归主流。"一体化"可以指特殊学校儿童非常正式地参观普通学校,也可以是在儿童当地的普通学校设置的一种全日制的课程。即使如此,儿童可能一整天都"一体化"地度过,如,在一个主流的班级中却和同龄的孩子没有任何互动,听起来有效却十分地"隔离"。

"一体化"的概念意味着在学校系统内部添加额外的设置,这种意义并未发生太大的改变。与此相对,全纳教育的目标是重建学校,使学校能够更好地满足儿童的多种需求,并在某种程度上促进他们全面积极地参与到学校生活和各项活动中(Booth and Ainscow, 2000)。全纳教育开始于一种对学生多样性的设想,它试图设计一种涵盖各种不同需求的学校系统(例如 Sebba and Ainscow, 1996)。使用皮亚杰的同化和顺应理论来说,全纳教育就是整顿普通学校的结构,使它能够容纳所有的儿童,不论其需求是什么。另一方面,一体化意味着学校的结构保持不变,儿童的任务就是使自己融入这一不发生改变的学校环境中(Avramidis Norwich, 2002)。全纳教育在普通学校中给儿童提供额外的支持,而不是因为他们需要额外的服务而被拒之门外(Smelter, Rasch and Yudewitz, 1994)。

全纳教育并非"特殊教育"的别名,它并不是仅仅满足儿童的特殊需求那么简单,而是针对任何可能被开除或完全融入学校生活有困难的学生,如游学学生、怀孕在校生,以及英语不是母语的学生。"额外的教育需求"(或"额外的支持需求")这一术语现在被用来指代有特殊要求的群体,他们的需求同样需要学校给予关注。英国政府制定了一项包含社会各个方面的议程,依据综合教育和针对所有儿童的平等教育的原则将全纳教育纳入其中,正如人权和社会公平原则一样,全纳教育已经成为人们的共识(Croll and Moses, 1994; Farrell, 1997; Lindsay, 1997)。虽然本章关注的重点是有特殊需求的孩子,值得注意的还有社会与文化的因素可能会和被认定为有特殊需求的孩子产生相互影响。SEN 群体中少数族群所占比例失常的现象一直备受关注,早期有 Croll 和 Moses(1985),最近则是 MacMillan 和 Reschly(1998)及 Eitle(2002)。社会经济的落后无疑是导致少数族群在特殊教育系统中所占比例失常的一项因素(Skiba, Poloni-Staudinger, Simmons, Feggins-Azziz and Chung, 2005; Strand and Lindsay, 2009)。

评估 SEN 儿童全纳情况的研究

关于全纳教育,政治、道德和哲学方面的争论一直不绝于耳。然而,价值只是制定政策时考虑的因素之一(Lindsay, 2003)。还存在其他可能对全纳教育产生积极意义的因素。普通学校可能更乐于为核心文化和基础数学能力发展而增加课程时间,同时,在同龄人集体中成长也能为语言、交流和社会技能的形成提供有利的环境(例如 Laws, Byrne and Buckley, 2000)。在本章随后展开的部分,我们将从教育心理学的角度出发探讨这一问题的主要方面,那就是回答这一问题:"当有特殊需要的儿童在一个包容的主流环境而不是在一个隔离的学校或教室里获得他们需要的教育时,他们是否也能达到较高的学术成就和成熟的社会化心理水平?

方法论问题

当我们审视文化能力问题时,有很多方式问题需要我们时时留意。

1　什么措施正在被研究?

早期研究经常进行所谓的"一体化"教育与"隔离"教育的比较。当阅读这些研究时必须精确界定正在被比较的事物,因为在普通学校中设置一个独立的实验组,某些研究可能称为一个一体式的实验设计,而其他研究则将其视为隔离式的实验设计。当然现在我们会将它界定为一项隔离式的实验设计,因为我们关于全纳实验设计的观念在过去的三十年里似乎进步了很多。然而,新的问题是,由于各国使用的关于全纳教育的术语不同,将不同国家的研究成果整合起来就成为一项难题(Booth, 1996; Farrell, 2000)。

2　哪些变量定义了干预措施?

英国进行的一项研究提出,小组在普通学校中接受教育并不能充分地区别哪一个变量可能与实验结果有关。首先课程的"标签"并不能精确描述它的特点,其次与来自特殊学校的体验对比,无法严格控制教学理念或者学校环境方面的差异。特殊学校教育的元素,如一项独特的课程、特殊的物质支持或者在全纳环境下加设有活页指南的课程,抑或该普通学校强调进行全体的无差别的教学,这些元素应该达到什么样的程度(Kavale, 2002)?

3　研究样本是什么样的?

以"特殊需要"以一概全儿童发展中遇到的困难,会对儿童的学习、社会与情感发展、行为和交流产生影响(Lindsay, 2007),因此有特殊需求的孩子并不能简单地划分为一个同质小组。

正如我们在本章看到的,通过比较一些以有特殊需求的孩子为样本进行的研究可以发现,有智力障碍的儿童和有行为障碍的儿童以及那些需求更为复杂的儿童之间,并不能进行简单的全纳。事实上,即使一个智力障碍儿童的样本自身可能也存在着严重的跨度问题,除非这个样本是非常具体的,很难获知我们可以在什么样的范围内将其与另一个 SEN 儿童的样本进行归并(Farrell, 2000)。损伤的严重性以及并存的损伤程度也是必须考虑的重要变量。这意味着,即使是被定义为有智力障碍的样本,都可能是彼此异质的。

正如在本章开始时讨论的那样,SEN 的术语已经发生变化。不同国家的不同术语可能不仅被用来描述上述教育类型，同时也用来描述损伤的基本特征。例如，“学习障碍”在英国和学习困难的意义相同，意味着智力的损伤。而在美国它则指一种具体的学习困难，如阅读困难(MacKay，2009)。即使是在英国的各个地区，SEN术语仍然有小的差异。苏格兰地区仍在使用“社交、情感和行为困难”(SEBD)，但在英格兰地区，同样的情况则被描述为“行为、情感和社交困难”(BESD)。事实上，在英国国内，和教育从业者相比，医学从业者更可能使用不同的术语来描述同一个样本，如，他们倾向“学习障碍”的说法而不是“学习困难”(Lindsy，2007)。

4 选用什么样的对照组?

有些研究根据研究目的来选择不同的对照组。在你读过的一些研究中，你可能会发现研究者试图将目标组有特殊需求的儿童与同样有特殊需求的儿童进行配对，即一个小组在特殊学校，另一个小组则在普通学校接受教育(但是这一小组可能会享受到主流教育资源提供的额外教育支持)。这里比较的目标是研究有特殊需要的群体接受主流教育和接受特殊教育各自产生的不同的教育和社会效果。你也可能发现很多研究都是将有特殊需要的群体与正常发展的同龄人进行比较。截然不同的比较方式得出了截然不同的结论。

5 SEN样本配对的难题

因为一个SEN小组的儿童也各不相同，所以几乎不可能在另一个项目中找到与干预组在年龄、性别、损伤的类型、损伤的严重性和共病方面能完全匹配的比较组。匹配常常着意于表现这些变量。对于一个还没有被完全匹配的样本，很难得出任何关于全纳教育是否有效的结论。因为这一研究中的两个小组并没有明显的相同点和不同点，这可能是因为样本间的不同，而不是接受了不同的教育。不仅需要考虑这个样本匹配程度如何，因为效果可能是教师水平而不是不同措施产生了作用，所以考虑教师匹配也同样重要。

6 研究设计

正如第3章探讨的那样，随机控制实验被视为黄金标准，是否能够严格建立干预实验将对预期的实验结果产生重要影响。这一设计消除了这一研究中威胁内部效度的因素，避免在因果关系上产生矛盾解释。实验设计的重要意义，不仅在教育研究中广受提倡，同样能在回答特殊教育研究领域那些我们感兴趣的问题方面提供具体的帮助。在本章，则有利于研究如何能最好帮助到SEN儿童(Gersten，Fuchs，Compton，Coyne，Greenwood and Innocenti，2005)。然而，RCT却鲜用于此领域，且若应用于需要该设计的干预小组时，含有阻碍干预的道德暗示(Farrell，2000；Lindsay，2007)。鉴于先前参与比较小组的做法，非随机选择被试的实验设计是更为通常的做法，如将参加一种项目形式的儿童与参加另一种形式的儿童相比较。这是一个关于干预可能在多大范围影响实验结果的准实验设计，并极有可能得出谨慎的结论(见第3章)。

为了赋予SEN儿童接受全纳教育的效果这一研究问题以特殊的意味，让我们来探讨Lindsay(2007)对这一问题所做的研究。Lindsay重新审查了这一领域2000至2005年的相关研究。1373页的研究报告对全纳教育的效果做了全面的论述，他发现事实上只有14项研究比较了SEN儿童的研究结果。这些研究没有一项是RCT设计。这14项中有2项实际上并没有研究问题本身，而是重新审视了先前实验的报告。剩下的12项中，只有9项对SEN儿童接受特殊教育和主流教育的不同结果进行了比较，这一比较对于回答全纳教育的效果问题具有重大的意义。这9项中的2项事实上是对专为年幼的SEN儿童设立的学前学校项目的比较而不是项目学校自身。你可以在本领域的1 000多项研究中发现上述现象，Lindsay只从一些适当且严谨设计的实验中发现了数量有限的证据，基于此我们可以提出我们的问题了：全纳教育对SEN儿童有多大的效果？

SEN儿童接受全纳教育的效果——学术成绩

当然也确实产生了很多关于主流教育积极效果的研究报告。例如，Baker、Wang和Walberg(1995)从三项元分析总结了效应量大小，发现在普通学校学习的SEN儿童要比接受非全纳教育的SEN儿童书面表现要好。同样地，Lipsky和Garther(1996)也注意到，对缺陷儿童的研究已经取得了积极的学术成果；此外，对于那些普通儿童研究，也没有得出消极的结果。最近，Markussen(2004)在700多个中度SEN的瑞典小学生中做了一项长达5年的研究。这项研究发现普通学校中的SEN儿童比特殊学校中的同龄人可以取得更好的学术成绩。这项研究中学术成绩的衡量标准是"正式能力成就"，是挪威学校颁发毕业许可的标准。正式能力与下列能力之一有关：实验能力，进入大学或进一步接受大专教育需要该能力；职业能力，包括学徒训练，如铅垂和细木工；其他一些低水平技能。最后一类是指1994年为SEN儿童引入的一种新的能力水平，使他们能完成学业并获得相关证书，这类证书能帮助他们进入劳动力市场。Markusson的研究报告表明普通学校里的SEN群体比特殊学校里的群体更可能达到某种水平的正式能力。在另一个挪威研究中，Mykelbust(2007)也发现儿童接受全纳教育比接受特殊教育更能取得更好的学业成绩和更多正式能力。相似地，Ruijs和Peetsma(2009)最近对全纳教育的考察得出了普遍性的结论，他们发现全纳教育与特殊教育相比，表现出较好或至少相似的结果。然而，值得注意的是，他们报告中的大部分研究都被描述为包含了涵盖主流教育的成就，很多研究并没有与特殊教育小组对比，使得得出的结论存在很大问题。

另一方面，也有研究表明全纳教育的书面结果并不比特殊教育具有优势。且不论教师在计划、准备和支持SEN儿童上投入的大量时间，Zigmond等人(1995)的报告表明，在一系列的研究中，相对于同龄儿童，不到一半的学习障碍儿童的阅读成绩有所提高；不仅如此，Zigmond和Baker(1995)注意到，与特殊教育的班级条件相比，很多接受全纳教育的SEN儿童的阅读技能并没有接受到足质足量的直接、集中的指导。作者们似乎在暗示，在普通的教育环境中，他们的阅读能力不太可能取得较大的进步。但是，值得注意的是Ruijs和Peetsma对过去十年有效的研究进行了审查，只发现了一项研究证明特殊教育事实上比全纳教育更具有优势。和Zigmond等人(1995)早期的研究一样，这也与阅读的表现相关。但是，阅读的表现只占很小的比例，未发表的研究只包含5个有学习困难的被试，因此不能看作为特殊教育优于主流教育提供了可信的证据。

然而，人们仍然很难从那些对所有类型的SEN儿童集中分组的研究中得出这样的结论：这一研究设计并没有体现出学术成绩、儿童天赋和残障程度之间的关系（Klingner，Vaughan，Hughes，Schumm and Elbaum，1998；Ruijs and Peetsma，2007）。为了说明在普通的样本中这些效果是怎样损失的，我们将探讨Carlberg和Kavale（1980）早期所做的元分析，表明对于SEN儿童来说，接受主流教育和接受特殊教育的结果差别并不是特别大。但是，当仔细推敲他们的研究结果的细节时，就会发现残障类型是其中的重要因素。事实上，在普通学校中接受教育的认知缺陷学生的学习表现十分突出，但是有行为或精神问题或学习困难的学生接受了特殊教育后表现良好（Carlberg and Kavale，1980；Kavale，2002）。Leinhardt和Pallay（1982）的研究也得出了结论，那些接受资源丰富的教育的学习困难儿童表现要比接受普通教育的好。为了回答全纳教育是否有效的问题，必须具体区分被调查的儿童。

已经有研究者做了更明确界定参与者的研究。例如，Laws等人（2000）的研究将22个接受主流教育的唐氏综合征的儿童与22个接受特殊教育的儿童进行比较。因为唐氏综合征的核心特征是语言和记忆能力的损伤，研究小组特别关注普通学校和特殊学校在语言和记忆方面产生的不同效果。他们的研究结果表明接受主流教育的患儿在词汇和语法的理解能力方面得分较高。记忆能力的成长方面，普通学校患儿在利用听觉和视觉回忆数字时可以取得较高的分数，但是在回忆手的形状或者脸的形状这些要求非语言基础的记忆方式时表现平平。Peetsma、Vergeer、Roeleveld和Karsten（2001）的研究也得出了SEN儿童接受主流教育具有积极意义的结果，他们的实验纵向跨度很大，实验样本是在尼德兰选择的被诊断为有中度"学习和行为困难"或"中度智力落后"的儿童。Peetsma等人的研究发现，和特殊教育对比小组相比，SEN儿童接受全纳教育后标准成绩测试得出的数学和语言成绩进步显著，Karsten、Peetsma、Roeleveld和Vergeer（2001）的研究也得出了相似的结果，他们进一步发现了主流教育和特殊教育结果的差距随着年龄的增长而逐渐加大。

聚焦　荷兰一项全纳教育效果研究

Peetsma、Vergeer、Roeleveld和Karsten（2007）将接受主流教育和特殊教育的小学阶段的儿童进行了匹配，并比较了四年内两组儿童的发展状况。收集到的数据包括：语言和算术的标准成绩测试，教师语言和算术能力的评估测试，教师社会心理学功能评估，教师授课特点的报告（如任务的不同以及给SEN儿童提供帮助的范围），对小学生和教师采访时获得的关于小学生自我形象、快乐、行为和对学校生活的态度方面的有效数据。这个SEN样本包括"学习和行为困难"或"中度智力落后"。Peetsma等人对样本是否有"中度智力落后"进行了甄别(Peetsma et al. 2001, p.132)。四年后,接受主流教育的SEN儿童比他们的对照组(在特殊教育学校学习的SEN儿童)学业成绩提高更明显。

但是,对教育方式是"特殊"还是"主流"的区分并不能告诉我们到底教室里发生了什么才导致了这些差异。研究者感兴趣的是,课堂教学的什么特点对SEN儿童产生了积极的作用。Peetsma等人认为可能性之一是学生的进步与特殊的教育方式有关,教师在教育有学习困难的儿童时对课程内容和教学方式的改进。这些有益的尝试应当被广泛应用,不论是主流教育还是特殊教育。但是,这项研究并没有发现教育类型的特点和儿童成绩进步之间的关系。研究获得的有效数据也没有得出什么清晰的结论。学习成绩的进步似乎与孩子个人的情况以及学校、家庭的特点有关。

QUISSET 现在到课本之外……自己查查看!

在图书馆电子数据库检索"全纳教育对SEN儿童的效果"。

本章已经讨论了一些比较全纳教育和主流教育效果的研究。利用数据库资源进一步探索这一问题,写出一份关于该主题的书面报告。说明使用了哪一个数据库、数据的年份以及使用了哪些关键词。

- 评估你发现的研究的科学性(见第3章索引)。
- 关于全纳教育对SEN儿童的效果,你能得出什么样的结论?
- 在试图得出这种结论时,你遇到了什么样的问题?
- 这对进一步的研究有何启示?

本章已经介绍过,正如具体的残障类型一样,残障的严重性也是影响学习成绩的重要因素。Rafferty、Piscitelli和Boettcher(2003)的研究发现,残障的程度实际上在学校类型(主流的或特殊的)与学习成绩之间起到调节功能。教育类型和残障程度之间存在着一种相互作用,教育类型对中度残障的儿童并没有作用,但是中度残障的儿童却在接受了全纳教育后成绩有所提高。虽然必须注意到这项研究中全纳教育包含了较高比例的残障儿童,因此不太可能成为一项典型的主流教育形式(Lindsay, 2007)。

因为全纳教育效果的研究设计和一些研究样本信息具体情况的局限性,很难得出强有力的关于全纳和特殊教育类型相关作用的结论,但是SEN儿童学习成绩的变化(在社会公平议程下提供给他们支持的范围内)似乎是可以期待的。

值得注意的是,在Myklebust(2002)的研究中,虽然样本在全纳教育中比在特殊教育中表现优秀,但是全纳教育里却有较高的辍学率。这使得我们思考全纳教育的社会影响。

全纳教育对SEN儿童的影响——社会心理学因素

与权利问题纠缠在一起的是,全纳教育的推动因素之一是主流教育中的SEN儿童对社会福利的期望。他们和表兄妹、邻居家的同龄人一起参加社区学校,而不是参加那种不管是地理的还是社会的,都孤立于他们的社区之外的隔离的特殊学校。他们这样做的动机是,在社区学校里可以培养合适的社会技能,与同龄人建立社会关系(例如 Vaughn Elbaum and Schumm, 1996)。稍后我们将考察全纳教育的社会心理学影响的证据。

社会能力

正如已讨论过的全纳教育可以提高学术成绩,Baker 等人(1995)的元分析报告称,接受主流教育可以发展 SEN 学习者的社会能力。例如,Cole 和 Meyer(1991)发现有严重学习困难的儿童(即在他们的纵向研究中被定义为 IQ < 30 的儿童)接受主流教育后,测量发现其社会能力有所进步;但是隔离学校的对照组儿童此能力却倒退了。作者们暗示适应新环境的能力是严重认知障碍儿童的一个核心缺陷,因此,接受主流教育的儿童似乎能在他们必须适应的现实世界中学习社会交往技能,从中受益。原因并不是特殊学校是在一个限制性的、被控制的环境中,而非更加自然的环境中学习社会技能。然而,Hardiman、Guerin 和 Fitzsimons(2009)在他们最近在爱尔兰进行的实验中,选择了中度智力障碍的学习者为样本,也就是说他们的损伤程度比 Cole 和 Meyer 的研究使用的样本障碍程度较轻,但是他们并没有发现教育的类型会对样本社会能力的形成产生影响。

似乎很少有良好设计的研究能决定性地证明:SEN 儿童是否受益于社会能力的提高,这要视他们的发现应用于哪一类学习者而定,并且对社会能力的测量无法局限在教室里(Hardiman et al., 2009)。因果关系无论如何都不明晰。我们是否应该认为社会技能的形成是全纳教育的结果,或者是这些因素之间的相互关系产生了相反的作用?也许是有较强社会技能的学生更有可能在普通学校中取得成功,而不是那些社会技能不强的孩子。产生作用的可能是社会能力而不是其他的一些因素成就或毁掉了全纳教育(Kemp and Carter, 2002)。

社会关系

如果我们现在将注意力从社会能力和社会发展转移到对 SEN 儿童的社会关系、社会包容性和社会地位的考察上,我们会发现有范围相当广泛的证据可供研究。

为了回答这一问题,Freeman 和 Alkin(2000)和 Webster 和 Carter(2007)最近就做了相关的研究。Freeman 和 Alkin 具体研究了智力障碍的儿童,他们注意到了 5 项定量研究,这些研究表明在普通班级中的 SEN 学习者与接受特殊教育的 SEN 学习者相比,其社交生活和人际接触的频率都较高。然而,当 SEN 儿童和同龄人(TD)相比,而不是和特殊教育学校的 SEN 儿童进行比较时,得出的结果就不那么乐观了。研究已经发现 SEN 儿童比他们那些同龄人的社会接受能力要低(Freeman and Alkin, 2000; Nowicky, 2003; Ochoa and Olivarez, 1995; Stone and La Greca, 1990)。然而,Freeman 和 Alkin 考察的两项研究却表明 SEN 和 TD 儿童的社会接受能力没有差别(Evans, Salisbury, Palombaro, Berryman and Hollowood, 1992; Hudson and Clunies-Ross, 1984)。Webster 和 Carter

(2007)的考察中，只有一部分的情境是标准学校情境，这是本章我们最感兴趣的地方。其他的则是学前学校或早期教育，或者非典型的情境如大学，或者特别为研究各种关系而建立的小组。样本缺乏具体性再一次成为许多研究的问题，正如我们已经在本章前面学术成绩部分提到的那样。Webster 和 Carter 总结：那些研究的结果都像是拼凑的，而且缺乏对缺陷儿童社会关系研究的高质量的方法论，无法与已有的研究普通的儿童的综合性学术研究成就相匹敌。

实例　近期一些对社会地位的研究

在一项澳大利亚的研究中，Kemp 和 Carter(2002)对普通学校里 22 个中度智力障碍的儿童进行了跟踪研究。他们利用实地观察的方法评估了社会交往，利用教师和家长评分评估了社会地位，当然也使用了提名程序。

Kemp 和 Carter 使用了典型的限制性提名程序对一个班级进行了社会测量。他们要求这个班级中的每一个孩子列举出三个他们最喜欢在休息时间一起玩的孩子。然后，孩子们又被要求使用“笑脸”利克特量表评分，其中(1)微笑的脸、(2)平和的脸、(3)悲伤的脸，对应“十分喜欢”“还可以”和“不喜欢”。对于每一个被提名的儿童来说，被访谈的那个孩子会被要求指出某一个脸来表示他们是否喜欢这个孩子，或者如果是平和的脸孔，那就意味着他觉得这个孩子“还行”。使用这些不同的方式测量社会交往的情况，Kemp 和 Carter 发现 SEN 儿童目标小组和普通同龄人之间在与同龄人交往的时间方面存在很大的不同，普通儿童比智力障碍的儿童与同龄人相处的时间要长。

Frederickson 和 Furnham(2001)调查了全纳教育中 8～10 岁有中度学习困难的儿童的社会测量在两年之内的稳定性。他们使用了一种叫作“强迫选择”的技术，而非上文所提到的标准同龄人提名的方法。这是因为 SEN 儿童在上述限制性提名方法中容易被“拒绝”，因为很多孩子不会将他们提名为排名前三的朋友。他们也许不是被“拒绝”，而只是不在前三，因为提名的方式并不能区分被拒绝的孩子和勉强被接受的孩子，但是大多数的孩子不会将他们列为前三名的朋友。使用强迫选择技术，孩子们必须对班级中的每一个人排列等级，而不是仅仅被要求将三个他们提名的朋友进行排序。Frederickson 和 Furnham(2001)使用“一起工作”和“一起游戏”这类问题作为排列等级的问题，并要求班级中的每一个孩子回答。他们发现 SEN 儿童被划分为“拒绝”的可能性比被划分为“受欢迎”的可能性要大得多。两年的时间内，只有超过一半的儿童，包括 SEN 儿童和普通儿童在内，一直处在他们第一次被划归的类别内。但是研究发现“拒绝”和“受欢迎”小组的系数稳定，全纳教育的样本要比主流教育的样本高。这就是说，一旦 SEN 儿童被拒绝，她/他将可能一直被拒绝。这是因为同龄人对 SEN 儿童的刻板反应吗？

动机与自信

接受全纳教育的SEN儿童的一个不利因素是他们缺少和同龄人一样取得成功的机会。SEN儿童总是认为自己不能和同龄人一样出色地完成学校任务，这可能会使他们失去动力，而这一群体可能比班级中的其他人需要更大的动力去处理他们面对的严重困难(Peetsma et al., 2001)。但是，这也可以在相反的方向产生作用。普通学校比特殊学校更加注重学习成绩，因此会鼓励所有的学习者，包括SEN儿童在内，去取得更好的成绩(Cole, Waldron and Majd, Mykelbust, 2007; Ruijs and Peetsma, 2009)。Peetsma等人(2001)利用有中度认知损伤的儿童为样本进行的研究得出了关于动机和自信的混合结果。两年后特殊教育组的孩子在学校任务方面比他们的对照组(普通学校组)拥有了更高的积极性，表明了普通学校的SEN儿童确实缺乏积极性。但是，四年后，这些小组之间就没有什么不同了，学习和行为障碍小组在动机和自信方面没有什么区别。

这些社会心理学的研究发现似乎也是混合的。如果作为社会集体一部分的社会包容是接受全纳教育的SEN儿童的核心目标，那么也许我们需要考虑是不是已经偏离了证实这一目标的目的。

讨论　和朋友讨论

小组的一半成员应当拥护全纳教育的积极意义并提供支持这一论点的证据。

另一半成员则应当拥护特殊教育并提供支持的论据。

普通儿童与全纳教育

到现在为止我们一直在关注全纳教育对SEN儿童的学术和社会影响。在这一部分我们将转向对普通儿童的关注，特别是他们对SEN学习者的态度以及全纳教育对非SEN学习者的影响。

提升普通儿童的积极态度

在本章较早的部分我们考察了SEN儿童在普通学校内体验社会包容的程度。但是学校怎样能最好地提升普通儿童的积极态度呢？早期的研究表明，SEN儿童和非SEN儿童保持接触非常重要，SEN小组在主流教育机构应得到足够的重视而不是被隔离或排除在外，并且最好能让普通儿童看到他们自己和SEN儿童之间的共同点(Furnham and Pendred, 1984; McConkey, McCormick and Naughton, 1993; Siperstein and Chatillon, 1982)。Maras和Brown(2000)研究了什么类型的接触能激发普通儿童的积极态度，不管是对本校的SEN学习者还是一般的SEN学习者。他们发现有些学校没有对残障儿童的特点给予足够的重视，这些学校对有残障或完全丧失能力的儿童怀有不公正的态度。令人失望的是，这些态度并不比控制组没有残障儿童的学校更加积极，因此这一发现并不能立刻转化为措施用于改善对缺陷儿童的态度。

聚焦

Maras和Brown(2000)关于与残障儿童接触和对其态度之间的关系的研究。Maras和Brown(2000)比较了两种不同的接触类型。“分类接触”是指给予普通儿童他们同校的SEN儿童经历的各种痛苦的具体信息。目的是使他们更加能体会自身与SEN儿童之间的相同点和不同点。“分类接触”并不讨论小组间的不同，也不把本校的SEN儿童明确界定为一个特殊群体。在这种情况下，SEN儿童在普通学校内一个特殊的集体中接受教育。然而，对于“去分类接触”，SEN儿童大部分都在一个和普通学校相分离的建筑内接受教育。“去分类接触”强调小组的不同，例如通过让教师们和普通儿童讨论残障的问题。

这一研究关注听力、学习和躯体障碍儿童。在情境中，向儿童展示陌生儿童的照片和情境之外的无残障儿童的照片。他们会被问及究竟多想和照片中的儿童一起玩，有多喜欢他们以及他们能跑多快、能多努力等问题。“去分类”接触中对缺陷特点的忽视使得对缺陷儿童的不公正态度比分类接触中要好一些，但是这种应对和控制组学校内处理普通儿童不和残障儿童接触的方式大体相似。作者指出，这是一个包括了先期存在小组的设计并且小组也不是随机分配的，因此可能在“分类”和“去分类”之外还存在其他的变量。

活动　阅读Maras和Brown(2000)的文章

正如作者指出的那样，这一研究使用了先期存在的小组，这可能对分类和去分类情境可能引起的结果造成限制性的影响。

还有其他什么混淆变量可能产生这样的结果？

Maras和Brown的研究考察了研究的类型与对待残障儿童的态度之间的关系。即使如此，我们仍然可能要问，为什么会与孩子的态度相关？我们对研究这种态度感兴趣是因为理解孩子们的态度和他们的行为之间有某种联系。Roberts和Smith(1999)将阿杰恩的计划行为理论(Theory of Planned Behaviour, TPB; Ajzen, 1998)应用于研究孩子对残障儿童的一般态度和他们对待本校有身体残障的孩子的态度的关系来具体说明这种观点。TPB已经被广泛地应用于心理健康领域的研究，以通过态度来预测关系到健康的行为活动。考虑到对待同龄人的普遍态度(见图9.1)，TPB计划与残障同龄人交朋友的意向预示了真实的交互行为以及进一步的发展，这种行为意向主要是以下原因引起的：(1)个人对于与残障同龄人交朋友的态度(即，这个孩子自己看重这种行为吗？)；

(2)与残障同龄人交朋友的客观态度是什么样的?(他们的朋友看重这种态度吗?);(3)对行为控制的理解(也就是说,表现这种行为究竟是难是易?)。后者与某种可能阻止儿童产生与残障的同班同学交流的因素有关,如缺少与残障同龄人的交流是因为课表上显示着他们不在同一堂课,或者普通儿童感到他们没有和交流困难的儿童进行有效交流的能力。

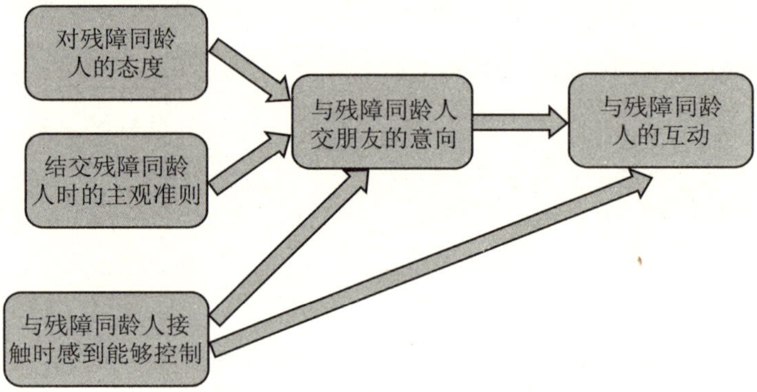

图 9.1 计划行为理论应用于普通儿童对残障同龄儿童的态度

资料来源:Roberts and Smith, 1999.

复制许可:Taylor & Francis Group, www.informaworld.com.

为了支持 TPB, Roberts 和 Smith 发现,行为意向预示着与残障同龄人的接触。当孩子们认为与残障同龄人接触有困难(被认识为行为控制困难),即使他们对于残障儿童接触的看法是积极的,他们对于接触的渴望也会减少。但是,Maras 和 Brown 的研究却并没有直接地体现出学校施行政策的必要。在什么情况下,孩子们才会认为很难交上朋友呢? Roberts & Smith 认为可能是当孩子们感到他们缺乏对残障的理解时,或者他们认为结构性障碍阻挡了他们的善意,如不能和残障孩子在同一个小组时,他们就认为自己没有明显的机会去和残障儿童接触。

讨论　和朋友讨论

研究 Roberts 和 Smith(1999)及 Maras 和 Brown(2000)的实验结果。

- 这些结果表明,学校应该怎样促进普通儿童对 SEN 学习者持积极的和支持性的态度?
- 是否两个研究都说明了两种相同的方式都应当实施?

全纳教育对于同班同学的影响

通常对于普通学校的教师来说,照顾大批有特殊需求的学习者同时兼顾到班级里的普通儿童是一项持续挑战,这项工作看起来并不轻松(Ainscow, Booth and Dyson,

2006)。那么全纳教育对于那些普通儿童又会产生什么样的影响呢?一些研究已经证明有一些心理方面的作用,如提升对差异的接受能力以及更加注重人际关系(例如 Maras and Brown,2000;Peltier,1997;Staub and Peck,1994)。Kalambouka、Farrell、Dyson 和 Kaplan(2007)对文化进行了系统的研究,他们发现,在他们考察的 26 项研究中半数以上证明,专门针对 SEN 的全纳教育对于同龄人有积极意义,至少没有坏处。他们总结,虽然全纳教育有局限,包括那些经常被引用的美国实验,本地的权利部门并不需要为全纳教育对非残障的学习者产生的影响过多担心。而且,必须注意到被研究的样本包括不同类型的行为,有感官、身体和交流方面残障的学习者,因此研究的结果并不适用于任何一种具体的残障类型。

活动

Kalambouka 等人(2007)进行了有关研究局限的评述。

- 有哪些局限?
- 它们会对可能得出的结论产生什么样的影响?

教师对全纳教育的态度

教师们在每一天的课堂上贯彻全纳教育的要求,因此研究者对他们对全纳教育的态度很感兴趣。例如,Scruggs 和 Mastropieri(1996)对 1950 年代至 1995 年间进行的研究进行了元分析。他们的报告显示,虽然 65%的教师认为全纳教育是一个常识性的问题,但只有 40%的人认为全纳教育对大部分的儿童有现实意义,但那也要取决于他们残障的具体情况。因为残障的严重性是决定是否适合全日制的主流教育(Forlin,1995)重要因素,所以认知和身体残障似乎可以被普通学校所接纳(Avramidis and Norwich,2002;Forlin,1995;Ward,Center and Bochner,1994)。社会与情感行为障碍者有特殊的教育需求,但教师发现全纳教育最大的问题在于:在英国,有问题的孩子被学校拒绝的情况越来越多(Avramidis and Norwich,2002)。

在最近的一项研究中,主流教师们对于有学习困难的儿童经历的可以改善的困难的乐观程度明显比特殊教育学校的教师低(Woolfson,Grant and Campbell,2007)。而且,缺乏教育 SEN 儿童经验的教师认为困难的原因不太可能是外部原因。这也暗示了他们不太愿意为学习者的进步主动承担责任,而是认为困难是因为 SEN 儿童固有的缺陷(Brady and Woolfson,2008;Cook,Tankersley,Cook and Landrum,2000;Jordan,Lindsay and Stanovich,1997)。这些研究证明很多普通学校的教师们可能持有上述的态度和信念,他们更愿意在全纳教育环境下对学习者的多样性做出回应。

然而,关于影响教师对待班级中 SEN 儿童的态度和信念的影响因素的研究结论是矛盾的。有研究发现教学经验较少的教师比教学经验丰富的教师对全纳教育对 SEN 儿童的作用持有更加积极的态度(Forlin，1995；Brady and Woolfson，2008)。这可能与某一职业的新成员更加理性有关，或者接受了最新训练的教师比那些 15～20 年前接受训练的教师进行了更多全纳方面的练习(Brady and Woolfson，2008)。然而，其他研究并没有证明教学经历的长短(Avrimidis，Bayliss and Burden，2000；Villa et al.，1996；Woolfson and Brady，2009)和是否接受职业训练会是一项重要因素(Brady and Woolfson，2008；Tait and Purdie，2000；Woolfson and Brady，2009)。

还可能是教学经验和其他一些必须的因素一起对教师的态度和教育信条产生了作用。或许 SEN 学习者自身的经验才是最必要的。已经有研究得出明确的结果：当教师有全纳教育经验或者掌握了最新的职业技巧时，他们对待 SEN 学习者的态度就会更加积极(Avrimidis et al.，2000；Brady and Woolfson，2008；Cook et al.，2000；Villa，Thousand，Meyers and Nevin，1996)。但其他研究(Leyser，Kapperman and Keller，1994；Soodak，Podell and Lehman，1998)却报告了相反的结果，如有的具有全纳教育经验的教师反而对全纳教育很反感。另有一些研究发现这两者之间并没有特殊的联系(Scruggs and Mastropieri，1996)，Worringly，Talmor，Reiter and Feigin(2005)报告称教师的态度越积极，他们就越觉得精力枯竭。

总结与结论

虽然有各种关于 SEN 儿童接受全纳教育的研究，但是大部分研究只得出了一些零碎的观点。因此，只有极少一部分评估这一群体在普通学校接受主流教育的效果的研究设计良好且具有实际意义。而且，根据追求学术性或社会性结果的不同而得出不同的结果，残障的特点和严重性也会对研究结果产生影响。当下可能的教育和心理学证据似乎都在为社会公平议程的正当性辩护，它们为“全纳教育至少能对学习者产生和特殊教育一样的效果，而且这种教育原则不会对普通儿童不利”的观点提供了证据。

拓展阅读

访问 www.pearsoned.co.uk/markswoolfson 获取下列基础文章：

Kalambouka, A., Farrell, P., Dyson, A., and Kaplan, I. (2007). The impact of placing pupils with special educational needs in mainstream schools on the achievement of their peers. *Educational Research, 49,* 365–82.

Lindsay, G. (2007). Educational psychology and the effectiveness of inclusive education/mainstreaming. *British Journal of Educational Psychology, 77,* 1–24.

Roberts, C. and Smith, P. (1999). Attitudes and behaviour of children towards peers with disabilities. *International Journal of Disability, Development and Education, 46*(1), 35–50.

参考文献

Ainscow, M., Booth, T., and Dyson, A. (2006). Inclusion and the standards agenda: Negotiating policy pressures in England. *International Journal of Inclusive Education, 10*(4), 295–308.

Ajzen, I. (1988). *Attitudes, personality and behaviour.* Milton Keynes, UK: Open University Press.

Avrimidis, E., Bayliss, P., and Burden, R. (2000). A survey into mainstream teachers' attitudes towards the inclusion of children with special educational needs in the ordinary school in one local educational authority. *Educational Psychology, 20*(2), 191–211.

Avramidis, E. and Norwich, B. (2002). Teachers' attitudes towards integration/inclusion: a review of the literature. *European Journal of Special Needs Education, 17*(2), 129–47.

Baker, K. and Donelly, M. (2001). The social experience of children with disability and the influence of environment: A framework for intervention. *Disability and Society, 16*(1), 71–85.

Baker, E., Wang, M., and Walberg, H. (1995). The effects of inclusion on learning. *Educational Leadership, 52*(4), 33–5.

Bakker, J., Denessen, E., Bosman, A., Krijger, E., and Boutts, L. (2007). Sociometric status and self-image of children with specific and general learning disabilities in Dutch general and special education classes. *Learning Disability Quarterly, 30*, 47–62.

Booth, T. (1996). Changing views of research on integration: the inclusion of children with 'special needs' or participation for all? In A. Sigston, P. Curran, A. Labram, and S. Wolfendale (eds) *Psychology in practice with young people, families and schools* London: David Fulton, (pp. 181–194).

Booth, T. and Ainscow. M. (2000). *Index on Inclusion.* Bristol: Centre for Studies on Inclusive Education.

Brady, K. and Woolfson, L. (2008). What teacher factors influence their attributions for children's difficulties in learning? *British Journal of Educational Psychology, 78*, 527–44.

Carlberg, C. and Kavale, K. (1980). The efficacy of special versus regular class placement for exceptional children: a meta-analysis. *The Journal of Special Education, 14*, 295–309.

Cole, C., Waldron, N., and Majd, M. (2004). Academic progress of students across inclusive and traditional settings. *Mental Retardation, 42*, 136–44.

Cole, D. and Meyer, L. (1991). Social integration and severe disabilities: A longitudinal analysis of child outcomes. *The Journal of Special Education, 25*, 340–51.

Cook, B., Tankersley, M., Cook, L., and Landrum, T. (2000). Teachers' attitudes toward their included students with disabilities. *Exceptional Children, 67*(1), 115–35.

Corbett, J. (1996). *Bad mouthing: The language of special needs.* London: Falmer.

Croll, P. and Moses, D. (1985). *One in five: The assessment and incidence of special educational needs.* London: Routledge and Kegan Paul.

Croll, P. and Moses, D. (1994). Policy making and special educational needs: a framework for analysis. *European Journal of Special Needs Education, 9*(3), 275–86.

Eitle, T. (2002). Special education or racial segregation: Understanding variation in the representation of Black students in educable mentally handicapped programs. *Sociological Quarterly, 43*, 575–605.

Evans, I., Salisbury, C., Palombaro, M., Berryman, J., and Hollowood, T. (1992). Peer interactions and social acceptance of elementary-age children with severe disabilities in an inclusive school. *Journal of the Association for Persons with Severe Handicaps, 17*, 205–12.

Farrell, P. (1997). *Teaching pupils with learning difficulties: Strategies and solutions.* London: Cassell.

Farrell, P. (2000). The impact of research on developments in inclusive education. *International Journal of Inclusive Education, 4*(2), 153–62.

Forlin, C. (1995). Educators' beliefs about inclusive practices in Western Australia. *British Journal of Special Education, 22*, 179–85.

Frederickson, N. and Furnham, A. (2001). The long-term stability of sociometric status classification: a longitudinal study of included pupils who have moderate learning difficulties and their mainstream peers. *Journal of Child Psychology and Psychiatry, 42*(5), 581–92.

Freeman, S. and Alkin, M. (2000). Academic and social attainments of children with mental retardation in general education and special education settings. *Remedial and Special Education, 21*(1), 3–20.

Forlin, C. (1995). Educators' beliefs about inclusive practices in Western Australia. *British Journal of Special Education, 22,* 179–85.

Furnham, A. and Pendred, J. (1984). Attitudes towards the mentally and physically disabled. *British Journal of Medical Psychology, 56,* 179–87.

Gersten, R., Fuchs, L., Compton, D., Coyne, M., Greenwood, C., and Innocenti, M. (2005). Quality indicators for group experimental and quasi-experimental research in special education. *Exceptional Children, 71,* 149–64.

Hardiman, S., Guerin, S., Fitzsimons, E. (2009). A comparison of the social competence of children with moderate intellectual disability in inclusive versus segregated school settings. *Research in Developmental Disabilities, 30,* 397–407.

Hudson, A. and Clunies-Ross, G. (1984). A study of the integration of children with intellectual handicaps into regular schools. *Australia and New Zealand Journal of Developmental Disabilities, 10,* 165–77.

Jordan, A., Lindsay, L., and Stanovich, P. (1997). Classroom teachers instructional interactions with students who are exceptional, at risk and typically achieving. *Remedial and Special Education, 18,* 82–93.

Kalambouka, A., Farrell, P., Dyson, A., and Kaplan, I. (2007). The impact of placing pupils with special educational needs in mainstream schools on the achievement of their peers. *Educational Research, 49,* 365–82.

Karsten, S., Peetsma, T., Roeleveld, J., and Vergeer, M. (2001). The Dutch policy of integration put to the test: Differences in academic and psychosocial development of pupils in special and mainstream education. *European Journal of Special Needs Education, 22,* 7–14.

Kavale, K. (2002). Mainstreaming to full inclusion: From orthogenesis to pathogenesis of an idea. *International Journal of Disability, Development and Education, 49*(2), 201–14.

Kemp, C. and Carter, M. (2002). The social skills and social status of mainstreamed students with intellectual disabilities. *Educational Psychology, 22*(4), 391–411.

Klingner, J., Vaughn, S., Hughes, M., Schumm, and Elbaum, B. (1998). Outcomes for students with and without learning disabilities in inclusive classrooms. *Learning Disabilities Research and Practice, 13*(3), 153–61.

Laws, G, Byrne, A., and Buckley, S. (2000). Language and memory development in children with Down syndrome at mainstream schools and special schools: A comparison. *Educational Psychology, 20*(4), 447–57.

Leinhardt, G. and Pallay, A. (1982). Restrictive educational settings: Exile or haven? *Review of Educational Research, 52,* 557–78.

Leyser, Y., Kapperman, G., and Keller, R. (1994). Teacher attitudes towards mainstreaming: A cross-cultural study in six nations. *European Journal of Special Needs Education, 9,* 1–15.

Lindsay, G. (1997). Are we ready for inclusion? In G. Lindsay and D. Thompson (eds) *Values into practice in special education* London: David Fulton, (pp. 89–103).

Lindsay, G. (2003). Inclusive education: A critical perspective. *British Journal of Special Education, 30,* 3–12.

Lindsay, G. (2007). Educational psychology and the effectiveness of inclusive education/mainstreaming. *British Journal of Educational Psychology, 77,* 1–24.

Lipsky, D. and Gartner, A. (1996). Inclusion, school restructuring and the remaking of the American society. *Harvard Educational Review, 66,* 762–96.

MacKay, T. (2009). Severe and complex learning difficulties: Issues of definition, classification and prevalence. *Educational and Child Psychology, 26*(4), 9–18.

MacMillan, D. and Reschly, D. (1998). Overrepresentation of minority students: The case for greater specificity and reconsideration of the variables examined. *Journal of Special Education, 32,* 15–24.

Maras, P. and Brown, R. (2000). Effects of different forms of school contact on children's attitudes towards disabled and nondisabled peers. *British Journal of Educational Psychology, 70*(3), 337–51.

Markussen, E. (2004). Special education: Does it help? A study of special education in Norwegian upper secondary schools. *European Journal of Special Needs Education, 19,* 33–48.

McConkey, R., McCormick, B., and Naughton, M. (1983). A national survey of young people's perceptions of mental handicap. *Journal of Mental Deficiency Research, 27,* 2113–34.

Myklebust, J. (2002). Inclusion or exclusion? Transitions among special needs students in upper secondary education in Norway. *European Journal of Special Needs Education, 17,* 251–63.

Mykelbust, J. (2007).Diverging paths in upper secondary education: Competence attainment among students with special educational needs. *International Journal of Inclusive Education, 11.* 215–31.

Norwich, B. (1999). The connotation of special education labels for professionals in the field. *British Journal of Special Education, 26*(4), 179–83.

Nowicky, E. (2003). A meta-analysis of the social competence of children with learning disabilities compared to classmates of low and average to high achievement. *Learning Disability Quarterly, 26,* 171–88.

Ochoa, S. and Olivarez, A. (1995). A meta-analysis of peer rating sociometric studies of pupils with learning disabilities. *The Journal of Special Education, 29,* 1–19.

Peetsma, T., Vergeer, M., Roeleveld, J., and Karsten, S. (2001). Inclusion in education: Comparing pupils' development in special and regular education. *Educational Review, 53*(2), 125–35.

Peltier, G. (1997). The effect of inclusion on non-disabled children: A review of the research. *Contemporary Education, 68*(4), 234–8.

Rafferty, Y., Piscitelli, V., and Boettcher, C. (2003). The impact of inclusion on language development and social competence among preschoolers with disabilities. *Exceptional Children, 69,* 467–79.

Roberts, C. and Smith, P. (1999). Attitudes and behaviour of children towards peers with disabilities. *International Journal of Disability, Development and Education, 46*(1), 35–50.

Ruijs, N. and Peetsma, T. (2009). Effects of inclusion on students with and without special educational needs reviewed. *Educational Research Review, 4,* 67–79.

Scruggs, T. and Mastropieri, M. (1996). Teacher perceptions of mainstreaming-inclusion, 1958–1995: A research synthesis. *Exceptional Children, 63,* 59–74.

Sebba, J. and Ainscow, M. (1996). International developments in inclusive schooling: Mapping the issues. *Cambridge Journal of Education, 26*(1), 5–18.

Siperstein, G. and Chatillon, A. (1982). Importance of perceived similarity in improving children's attitudes towards mentally retarded peers. *American Journal of Mental Deficiency, 86*(5), 453–8.

Skiba, R., Poloni-Staudinger, L. Simmons, A., Feggins-Azziz, L., and Chung, C. (2005). Unproven links: Can poverty explain ethnic disproportionality in special education? *Journal of Special Education, 39,* 130–44.

Smelter, R., Rasch, G., and Yudewitz, G., (1994). Thinking of inclusion for all special educational needs students? Better think again. *Phi Delta Kappan, 76,* 35–8.

Solity, J. (1991). Special needs: A discriminatory concept? *Educational Psychology in Practice, 7*(1), 12–19.

Soodak, L., Podell, D., and Lehman, L. (1998). Teacher, student and school attributes as predictors of teachers' responses to inclusion. *Journal of Special Education, 31,* 480–97.

Staub, D. and Peck, C. (1994). What are the outcomes for non-disabled students? *Educational Leadership, 52*(4), 36–40.

Stone, W. and La Greca, A. (1990). The social status of children with learning disabilities: A re-examination. *Journal of Learning Disabilities, 23*, 32–7.

Strand, S. and Lindsay, G. (2009). Ethnic disproportionality in special education: Evidence from an English population study. *Journal of Special Education, 43*, 174–90.

Tait, K. and Purdie, N. (2000). Attitudes towards disability: Teacher education for inclusive environments in an Australian university. *International Journal of Disability, Development and Education, 47*, 25–38.

Talmor, R., Reiter, S., and Feigin, N. (2005). Factors relating to regular education teacher burnout in inclusive education. *European Journal of Special Needs Education, 20*(2), 215–29.

Tomlinson, S. (1982). *A sociology of special education*. London: Routledge.

UNESCO. (1994). *The Salamanca Statement and framework for action on special needs education*. Paris: UNESCO.

Vaughn, S., Elbaum,B., and Schumm, J. (1996). The effects of inclusion on the social functioning of students with learning disabilities. *Journal of Learning Disabilities, 29*, 598–608.

Villa, R., Thousand, J., Meyers, H., and Nevin, A. (1996). Teacher and administrator perceptions of heterogeneous education. *Exceptional Children, 63*, 29–45.

Ward, J., Center, Y., and Bochner, S. (1994). A question of attitudes: Integrating children with disabilities into regular classrooms? *British Journal of Special Education, 21*, 34–9.

Warnock Report (1978). *Special educational needs: Report of the committee of enquiry into the education of handicapped children and young people*. London: HMSO.

Webster, A. and Carter, M. (2007). Social relationships and friendships of children with developmental disabilities: Implications for inclusive settings. A systematic review. *Journal of Intellectual and Developmental Disability, 32*(3), 200–13.

Woolfson, L. and Brady, K. (2009). An investigation of factors impacting on mainstream teachers' beliefs about teaching students with learning difficulties. *Educational Psychology, 29*(2), 221–38.

Woolfson, L., Grant, E., and Campbell, L. (2007). A comparison of special, general and support teachers' controllability and stability attributions for children's difficulties in learning. *Educational Psychology, 27*(2), 293–304.

Zigmond, N. and Baker, J. (1995). Full inclusion for students with learning disabilities – too much of a good thing? *Theory into Practice, 35*(1), 26–34.

Zigmond, N., Jenkins, J., Fuchs, L., Demo, S., Fuchs, D., Baker, J., Jenkins, L., and Couthino, M. (1995). Special education in restructured schools. *Phi Delta Kappan, 76*, 531–40.

第四部分　校外心理学研究

前文提到，我们在这本书中所采用的框架是一个生态系统结构，这个结构的最后一部分目前已经超出了仅仅将心理学研究应用于个人层面，也超出了局限于学校系统的视角来研究家庭教育和更广泛的社区问题方面的应用。它提供了全新的视角，使得运用认知神经科学的研究来探讨教育问题继而开展调查成为可能。

第四部分讨论校外研究的三个主题：

- 第 10 章　消除学龄前儿童的劣势
- 第 11 章　教养发育障碍儿童
- 第 12 章　神经科学与教育

第10章

消除学龄前儿童的劣势

本章探讨的问题主要围绕教育和社会发展等方面的不利因素对学龄前儿童的影响展开。在遭遇苦难的儿童中，生活困难的儿童所占比例很大，这一点甚至在学龄前就明显地表现出来。上学之初就处于劣势会给孩子顺利过渡到正式的学校生活造成很多问题，同时会导致儿童在整个学校生活中遭遇一系列问题（Hauser-Cram，Sirin and Stipek，2003）。我们将着眼于造成这种困难的因素，研究有助于解释儿童发展结果的心理模型，弄清楚这些干预方案是如何运用于消除儿童发展的早期劣势的，同时明确它们在何种程度上取得了效果。

学习目标

学完本章，你应该能：

- 准确理解风险和心理弹性等概念
- 认识并解释儿童发展结果的模型
- 认识早期的主要干预评估计划
- 领会短期和长期干预计划的结果

风险

从低收入、低社会经济地位的家庭中走出来，并且在城市环境中生活的儿童面临着多种多样的风险，这些风险有可能会影响到学业、情绪和行为结果等各个方面（McLoyd，1998）。虽然社会经济地位（Socio-economic Status，SES）本身和在单亲家庭里长大这些因素可以预测发展结果，但是没有充分消除对教育心理学可能产生作用的潜在因素，这些因素在不同的SES团体和单亲家庭都可能会影响儿童的发展结果。这些风险因素的例子有很多，比如低职业地位、母亲本身受教育程度低、生活高压事件频发、不良的父母与子女的关系、家庭人数太多、处于劣势的少数群体以及产妇的抑郁症和焦虑症，等等(Burchinal, Peisner-Feinberg, Pianta and Howes, 2002; Mcloyd, 1998; Rutter, 1979; Sameroff, Seifer, Baldwin and Baldwin, 1993)。无论在何种情况下，这些单风险因素可以导致儿童发展的差异，即便这些因素往往仅解释了少量的变异情况，但是如果需要更为强有力的解释，我们还需要借助累积风险的观点(Sameroff et al., 1993)。

累积风险的影响

在一个开创性的研究中，Rutter(1979)研究了6个风险因素：

- 低社会经济地位
- 婚姻问题
- 父亲的犯罪记录
- 母亲的精神疾病问题
- 庞大的家庭规模
- 处于地方当局的庇护之下

Rutter在这里关注的是将儿童的精神障碍作为测评依据，他得出的结论是，没有任何一项特定风险因素可以单独地预测出这个结果，而是风险因素的数量决定了预测的结果。

关于环境风险对于儿童智力的累积影响的想法得到Sameroff、Seifer、Barocas、Zax和Greenspan(1987)的研究，这项研究还扩展到了社会情绪能力方面(Sameroff, Seifer, Zax and Berocas, 1987)。Sameroff等人(1993)进行了进一步的研究(罗切斯特纵向研究)，他们随访了进入青春期、学龄前的儿童的发展情况。研究共随访152个家庭。Samerrff等人检验了10个风险变量，其中一些与Rutter的研究中呈现的很相似。研究的因素有：

- 父母对儿童发展的看法
- 婴儿期的母亲和孩子的互动
- 孕妇的心理疾病
- 孕妇的焦虑症
- 孕妇受教育程度
- 职业
- 可获得的家庭支持
- 家庭规模的大小
- 压力大小
- 弱势少数群体的身份地位

Sameroff、Seifer、Barocas、Zax和Greenspan(1987)发现上述10个风险因素中的任何1个都可以**单独**成为预测4岁儿童低智商的重要依据，尤其是身份地位较低的少数族群、家人的职业、母亲的受教育程度等方面的影响尤为明显。此外，在儿童13岁时，这10个风险因素中的7个仍然对儿童的智商有着重要的影响。分别是社会地位、为人父母的观点以及孕妇的心理健康(Sameroff et al., 1993)。亲子互动是影响 4 岁儿童发展的一个非常重要的风险因素,但是儿童到了 13 岁时这种影响基本消失,这可能暗示在这一年龄,同龄儿童间的互动关系而非亲子互动起着更为重要的作用。然而遗憾的是,同龄人对儿童的影响这一因素在罗切斯特研究中没有得到测量(Sameroff et al., 1993)。

Sameroff 和他的同事们深入研究了通过综合计算上述风险因素而得到的综合环境风险因素,他们发现,累积风险会成为一个更好的长期预测量。就像 Rutter(1979)的研究将儿童的精神障碍作为测量依据一样,风险因素的数量仍是儿童智商以及社交能力纵向研究的重要测量依据,而不是风险因素本身。在多重风险测量中低分儿童与高分儿童的发展结果表现出巨大的差异。对于智商,没有任何环境风险的儿童的 IQ 比有 8 或 9 个危险因素的儿童高 30 分以上。那些处于相同数量的风险因素,但是风险因素组合不同的儿童,也得到相类似的分数。这个原则适用各社会经济水平,而不是 SES 本身起到关键作用。

Rutter 和 Sameroff 等人的研究集中检验了儿童的精神障碍、智力水平和社交能力等方面。类似的关于累积风险重要性的发现,在用多风险分数解释长期行为问题预测中的三分之二的变异上也有报道(Deater-Deckard, Dodge, Bates and Pettit, 1998)。此外,伴随着这些风险因素在相同的孩子身上累积,早期不足的影响似乎越来越大(Masten and Coastworth, 1998)。随着年龄的增长,这些孩子会不幸地遇到更多的问题和消沉,继而导致在能力方面越来越落后于同龄人(Entwhistle Alexander, 1992)。考虑到累积风险的影响,Fergusson 和 Lynskey(1996)设计了一个逆境指数,涉及对 39 项不同家庭功能的测量,例如父母与子女分离、婚姻冲突、社会经济弱势等影响因素。高的家庭变故指数往往伴有严重的青少年问题行为。

这些研究共同表明,是累积的风险而不是个人的风险因素可以用来预测贫困家庭孩子的发展结果。学龄前干预的启示是,每个孩子的累积风险有特定的风险组合,一般干预可能不太有效,需要针对个体需求量身定制干预措施(Sameroff and Fiese, 2000)。

心理弹性

风险只是儿童发展的影响因素之一。并非所有遇到这些风险因素的弱势儿童都会发展不良。这是因为也会有积极的因素会对儿童的发展结果起到积极的影响。这种较为乐观的研究方向围绕"心理弹性",即从挑战、生活压力、挫折和困难的情况中恢复过来的能力。心理弹性研究对弱势聚集模型构成挑战,即孩子成长在弱势社区(Masten, 2001)。这里对三大心理弹性机制进行了研究,所关注的保护机制各有侧重:

1. 在高风险背景下(如社会经济地位弱势、父母有精神疾患、儿童被虐待/忽视)发展良好。

2. 在特定应激源下(例如父母离异)保持自身能力。

3. 从童年创伤(如战争或政治暴力)中恢复。(Werner, 2000)

这是本章第一个值得引起我们兴趣的关注点。

保护因素

在 Werner(1984)的纵向研究中,她确定了以下能够使孩子获得心理弹性,调整适应更好的成年生活的保护。它们是:

- 适应能力强的气质
- 现实的目标
- 有能力的、提供支持的照顾者
- 在学校或社区的工作机会中获得了新的经验,从而增强了技能。

可以看出,一些因素属于儿童的内部资源,而另一些则来自外部,例如支持系统等。另一个被称为"竞争力项目"的研究,于 1970 年代中后期从一些家庭收集纵向数据,比较了 205 名儿童的情况,这些儿童被分为三组:在没有遇到困难的情况下很有能力的孩子,有心理弹性的孩子,和以前经历过逆境表现出"不适应"的孩子(他们没有充分的能力从这种情况下复原)。这个团队对什么样的能力标准可能被用来判断心理弹性表现出强烈的兴趣,尤其是对于在一定范围内的适龄发展行为。竞争力项目所感兴趣的心理弹性是孩子成功应对和适应社会环境的外部因素。

其他标准的心理弹性研究主要集中在对情绪健康和福祉的内部测量,以及应对压力的过程(Gore and Aseltine, 1995; Murphy and Moriarty, 1976)。Fergusson 和 Lynskey(1996)也调查研究了心理弹性,但是在她们新西兰的研究中,特别是在有关家庭变故的研究中,集中采用了上述家庭变故指数。此例中的心理弹性保护因素是在 8 岁时的高智商,16 岁时的低追求新鲜事物的兴趣度,同时很少和行为不良的同伴接触。

心理弹性研究持续揭示了一组通用的机制,这组机制在适应逆境中发挥了至关重要的作用(Mastern, 2004)。它们是:

- 培养问题解决能力的学习系统,促成亲密关系发展的依恋系统
- 掌控提升自我效能感和鼓励自我成功行为的激励系统
- 处理困境的应激反应系统
- 用以应对困难的情况的自我反应系统
- 情感和注意的自我调节系统
- 有效管教的家庭系统
- 具备教育和学习标准及预期的学校系统

- 同龄人友谊系统
- 学习法律和价值的文化系统

(Masten and Obradovic, 2006)

当这些机制都运作良好时，孩子们可以灵活自如地应对不利情况并且能够抵御风险。一旦这些机制被破坏，那么影响孩子发展的问题就有可能发生。这似乎表明同样的机制可以作为保护性因素，一旦被破坏，就会转变为危险因素。类似地，Rutter(1990)指出，所列出的保护因素基本上是风险因素对立的另一端，例如高自尊是一种保护，而低自尊是一种风险变量。也就是说，他们是同一维度(自尊)的两端。这给出了一个复杂的概念，即心理弹性涉及包括多个系统、过程以及人格特质。心理弹性不单纯是个人内部的能力，而是个体特征和外部因素相互作用的结果。心理弹性是这些孩子所经历的风险和压力的缓冲过程相互作用的最终产物(Rutter, 1987)。

虽然 Gutman 等人(2003)的研究认为早期心理健康能力是发展不足儿童的多重风险和发展成果(参见下面有关统计定义的 QUISSET)相互作用的协调因素，其他研究已经集中在风险和不同儿童的行为、社会和学术结果的可能**中介因素**，例如，考查早期心理能力作为多种风险和后来的行为结果之间的中介因素所起的作用。他们的研究表明早期的行为问题，会对在不同教育、社会和动机背景下发展的儿童之后的学术和社会结果间接产生影响。这表明，为了强化发展心理能力优势的干预，可能使儿童在其他方面的表现更差。在另一项研究中，母亲的敏感性被发现是养育子女的压力和儿童的社会情感功能的中介因素(Whittaker, Harden, Meisch and Westbrook, in press)，这表明干预方案可以有效地针对养育质量，进而帮助改善儿童的社会情感。

QUISSET 现在到课本之外……自己查查看！

在图书馆电子数据库检索“协调因素和中介因素”(moderators and mediators)。

- 什么是协调因素？
- 什么是中介因素？

检验你是否明白这两个术语之间的差异。

Sektnan、McCelland、Acock 和 Morrison(in press)也对作为风险中介因素的发展过程很感兴趣，但在这种情况下测量的结果往往是学术成就。行为调节指儿童应用各种技能的能力(诸如注意力、记忆力、规划能力)以及抑制适当行为的能力，比如，他们按照指示集中注意力并能执行任务，直到最终完成。行为调节也被称为执行功能(Blair and Razza, 2007)。Sektnan 等人发现这恰恰是研究中提到的各种风险因素(如弱势的社会地位，母亲受教育程度和家庭收入低以及产妇的抑郁症)与在校学业成绩之间的中介因素。他们的研究结果表明行为调节也是发展不足儿童早期干预计划研究中一个卓有成效的目标。这些研究表明干预程序可以有效地针对中介变量，我们已经讨论过的一些因素可以通过这些中介变量对孩子的发展成果产生间接影响。

QUISSET 现在到课本之外……自己查查看!

在图书馆电子数据库检索“文献中‘心理弹性’一词的定义”。

- 首先帮你自己弄明白“心理弹性”(resilience)是什么意思。
- 文献中被描述为“风险”“保护”“促进”和“脆弱性”的因素的具体统计定义?

Gutman、Sameroff 和 Cole(2003)的报告是此论述的一个非常有用的出处。

- 其他文章中心理弹性也是这些含义吗?

减少风险还是提升心理弹性?

干预的重点该是降低风险或提升心理弹性仍然不明确(Rutter, 2000; Sameroff et al., 1993)。Gutman、Sameroff 和 Cole(2003)进行的一项研究发现,孩子的个性特征(比如智力和早期的心理健康)对那些经历过多次风险的儿童没有保护性(调节性)的影响。这使他们展开争论,有人认为与其重视发展个人的认知和社会情感技能,干预方案不如尝试解决的发展不足儿童所面临的多重风险,就像上文讨论过风险因素对后来的发展具有累积效应。然而,正如风险因素累积作用而不是个别作用,单单保护性因素几乎也没有保护作用(例如 Fergusson and Lynskey, 1996)。心理弹性取决于一系列因素的相互作用,这些因素有不同的保护作用,而其作用取决于对研究结果的测量。它也反映了一系列的动态过程和机制,这些机制随时间变化而变化,也随不同的挫折经历、不同的人生阶段变化(Rutter, 2000; Werner, 2000)。正如前面所提到的,这使得我们很难从目前的心理弹性研究中推断出“放之四海而皆准”的早期干预方案。此外,尝试从早期干预研究中得出心理弹性有关结论,而有心理弹性的孩子未必接受了早期干预,这种研究方法很冒险,因为可能会涉及完全不同的过程(Werner, 2000)。

发展和干预模型

什么样的模型已被用来解释儿童发展,并告知我们应该如何进行干预,以改变发展轨迹? Sameroff(2010)基于不同层次的分析描述了四种不同类型的模型,以帮助我们了解孩子如何成长和发展为成年人。

个人变化模型

这一模型解释了个人层面上的发展和变化,这种发展变化从婴儿期到童年期再到成年期变得越来越复杂。皮亚杰的认知发展阶段模型从感觉运动阶段开始,向更复杂的阶段发展,因此可以被看作是个人变化模型的一个例子。

复习活动 帮助你回顾你所学的。

复习你过去在心理学课程中学过的皮亚杰的智力发展阶段，将之与个人变化模型一同考虑。

你能想到其他发展模型吗？这一模型不是用相关任务来解释个体发展，而是用更重要的发展阶段来解释？

情境模型

Sameroff(2010)指出，尽管发展心理学有关个体的发展，如果没有社会情境作为依托，这种发展是不可能发生的。经历会对个人发展造成影响，所以我们需要将社会情境考虑在内的模型。Bronfenbrenner(1979)的社会生态模型开创性地将社会系统和环境概念化，这一系统直接或间接影响孩子的发展。Bronfenbrenner 设想这一系列嵌套的子系统很像一个俄罗斯套娃，每个嵌套系统都存在于一个更大的系统，每一层系统都对孩子的发展有影响。因此这个包括的孩子和家长系统嵌套在更大的家庭子系统内，并且在更广泛的相邻社区及其他子系统中存在，如社会和文化。你会认识到这个模型在这本书中已经被用来为书中不同部分构建一个总体结构，在本书的第二部分的导言中已作介绍。

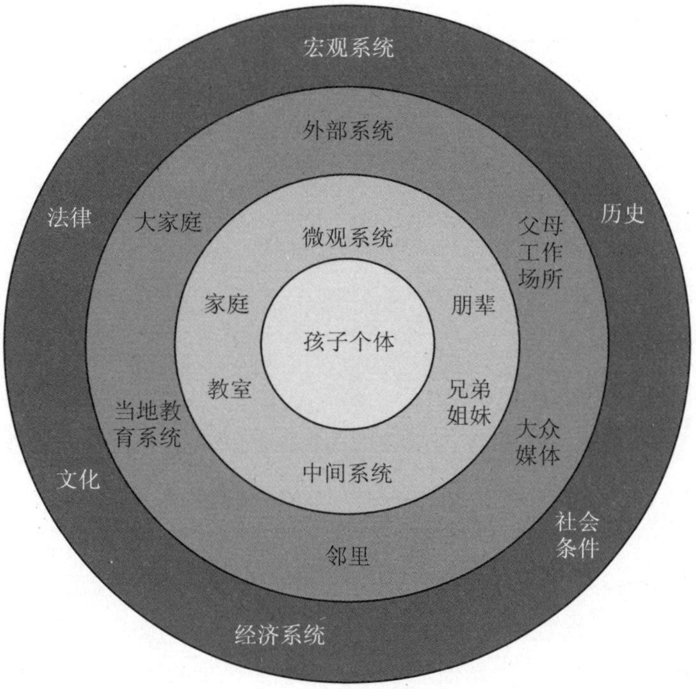

图 10.1 Bronfenbrenner 的生态系统模型

这种儿童参与并对发展产生影响的直接系统，被称为**微系统**(microsystem)，它的典型示例是幼儿园、朋辈群体和家庭。**中间系统**(mesosystem)是连接各微系统的桥梁，如父母和学校之间的关系，或者父母和邻里的关系。中间系统充沛与否会根据连接点和质量而被评估(Garbarino and Ganzel, 2000)。对于父母和学校的中间系统，你可能会考虑父母是否会拜访幼儿园，幼儿园的工作人员是否会反过来拜访孩子的父母，孩子从幼儿园回到家父母是否会和自己的孩子玩耍，孩子是否会去拜访不是在幼儿园里一起玩耍的其他同龄孩子。**外部系统**(exosystem)是一个孩子没有直接接触的系统，例如当地的议会，但它会对孩子的发展和他/她的日常生活产生很重要的影响，例如作出新开一家托儿所或提供免费校餐这种决定。

本章关键在于认识到 Bronfenner 的模型指出了多个社会情境的相互联系和它们如何影响孩子的发展。

调节模型

调节模型认可之前的两个模型，即个体是发展的，这种发展是在社会情境下发生的。然而，这种模型提出，社会情境绝非只是简单被动地为孩子提供经验以适应社会，而是孩子和情境之间的关系是一个动态的过程。Sameroff 和 Chandler(1975)的交互模型为我们如何调节可能的交互过程提供了一个有影响力的解释。在这个模型中，儿童的发展是孩子和家庭社会背景相互动态作用结果。然而，不仅仅是社会情境对孩子有影响，随孩子的发展，社会情境也受到影响。

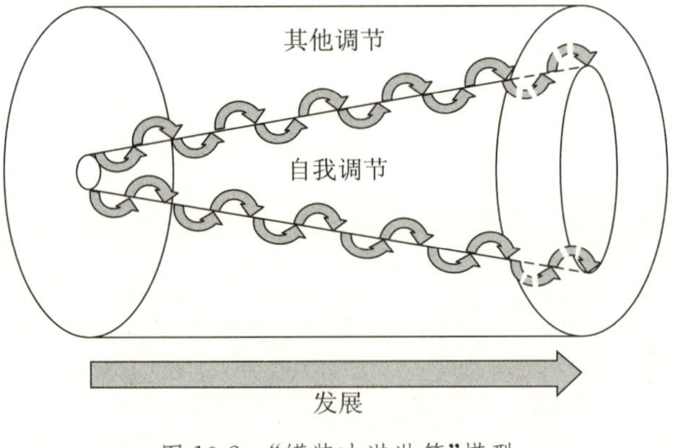

图 10.2 “罐装冰淇淋筒”模型

资料来源：Sameroff, 2010.
复制许可：John Wiley & Sons Inc.

在建立一个反映孩子和他们的成长环境如何调节彼此的模型的过程中，Sameroff 和 Fiese(2000)使用了“罐装冰淇淋筒”模型。当孩子学习如何适应环境，即自我调节的，社会环境就会积极地参与“其他”调节。有这两方面的平衡，孩子就能提升自我调节能力，变得更加独立，更好地负起自我管理的责任，即随着冰淇淋筒越来越大，罐中剩余的空间越来越少，也就是其他调节减少。

对孩子和环境的相互影响的强调对于相互作用模型至关重要。两者随时间发展相互影响。这一过程对孩子产生发展性的影响。图示有助于解释该模型(见图 10.3)

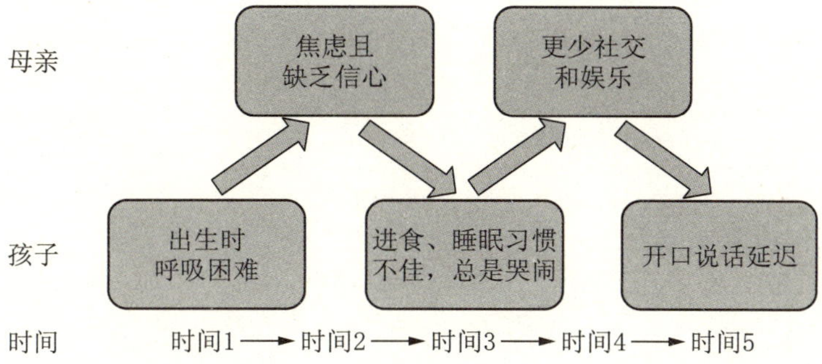

图 10.3 相互作用的发展调节模型实际作用的例子

资料来源：Shonkoff and Meisels(Eds.)，2000.
复制许可：Cambridge University Press.

让我们考虑一个例子来说明这个观点。有一位母亲的婴儿在出生时就已经呼吸困难。虽然这位母亲本身是一位有经验的家长，以前也抚养过一个孩子，但是由于担心这个孩子的健康，她对于抚养大这个婴儿缺乏信心。就像不喜欢和她年长的孩子进行互动那样，这位母亲也不喜欢和这个婴儿互动，以至于她经常担心她的照料是不是正确的。给婴儿喂食需要很长的时间，婴儿经常哭闹或者没有睡好。因为她发现这个孩子如此难以应对，自己感到始终疲惫不堪，她和宝宝交互甚少，很少对这个婴儿微笑，或者和这个婴儿的玩耍或说话很有限。因此，孩子的早期困难影响了他所处的社会情境，这种困难导致对其发展不利的社会环境。更少的社会互动导致语言发展困难。在我们所关注的这个例子中，到了最后阶段，这个婴儿显示出语言发展迟缓。如果我们关注这一系列事件的开始，出生并发症，然后以语言发展迟缓为终点，可能导致延迟我们得出结论：出生并发症会导致语言发展延迟这一结果。这将暗示干预应该只针对孩子本身，试图弥补他经验上的不足，也是为了改善发展的结果。相互作用发展调节不仅可以帮助我们了解婴儿生长发育的问题是怎么由环境导致的，同时这些问题本身也将对环境起到塑造的作用(母亲和孩子进行有限的交互)。语言能力比较差这一结果不仅反映了出生并发症，也反映了母亲本身缺乏信心，母婴社会互动和玩耍活动的减少。如此，这个模型就帮助我们注意到干预应该同时针对母亲和孩子。

表征模型

该模型强调父母解释和表征自身经历的认知过程，他们由此理解世界、预测并对孩子提出期望。正如 Sameroff(2010)所指出，表征和它们所代表的东西不一定都一样。它们可能会强调某些特定方面，略过其他方面。如果我们继续研究上述案例中的母亲，她对自己的孩子所采用的表征模型，着重强调健康问题及生理困难，或许忽略了孩子的喂养、睡眠、哭闹等方面的问题，就像那些步入正轨之前新生婴儿所面临的问题一样。当父母被要求评价他们孩子的气质和 6 个不认识的婴孩时，父母的评价和不偏颇、训练有素的观察员的评价与父母对自己的孩子评价，评价相关性较低，而对不熟悉的儿童的评价的相关性较高。这是由于在了解自己孩子的行为的过程中，父母观察的基础上，加上了自己主观的个人判断(Seifer, Sameroff, Barrett and Krafchuk, 1994)。这里最重要的是，家长的表征可能会对他们与孩子的相处方式、他们对孩子的预期、孩子的最终能力以及发展结果产生影响。

QUISSET 现在到课本之外……自己查查看！

我们已经讨论了 Sameroff(2010)整合的发展模型，该发展模型由以下四个模型组成：

—个人改变

—情境

—调节

—表征

在图书馆电子数据库检索“Sameroff 的整合模型”(Sameroff's unifield model)。

● 针对性干预模型的意义是什么？

学前干预计划

抚养年龄很小的儿童往往被视为家庭的工作，传统意义上英美政府不愿过多干预，但是普遍认为生活在弱势社区的贫穷孩子不适用这一规则。从维多利亚时代开始，慈善机构、护理人员、社会工作者和儿童发展专家参与干预，旨在改变贫困母亲养育孩子的方式，更多时候随现行规范而进行干预(Halpen, 2000)。就像 Halpern (1998)所指出的，在管教孩子和安排他们的饮食及睡眠的规范，往往能反映出中产阶级的标准。

早期针对父母对贫困儿童教育的条款可以追溯到 1960 年代的“高起点佩里学前项目”以及美国的“从头开始”计划。这些项目的目的是消除那些早期就具有不利因素的孩子的劣势，从一开始他们的学校生涯就已经面临失败的危险。其这样做的目的是帮助劣势的孩子在平等的基础上与同龄人一起开始他们的正式教育，同时避免孩子重复不幸的经历或失去帮助他们赶上学业的专业支持和帮助，就像美国 1960 年代的做法那样。

首先，让我们来看一下这些项目的一些内容和目标，然后，我们将会考虑并评估这些研究结果的有效性。

早期干预计划的目标和内容

美国先行组织(Head Start)于 1960 年代起着手研究,同时使用 HighScope 学前教育课程,HighScope 基金会也参与了一些评估。如下所示,该项目对比佩里学前教育项目有更为广泛的关注,该项目主要强调教育成果。

聚焦 佩里学前教育项目

佩里学前教育项目始于 1962 年,美国密歇根州的伊普西兰蒂公学。David Weikart 任特殊服务总监,面临着从贫困地区和少数族群家庭来的孩子在开始他们的学校生涯时,与同龄的孩子相比就已经注定失败这类风险问题。当时,使用留级作为处理困难的方法是很常见的,等于他们重复这一年中遇到的问题(Schweinhart, 2002)。Weikart 努力想尽量避免这种情况,由此他开始了佩里学前项目的研究。此项目中,3～4 岁的处境不利的儿童被允许在进入学校之前就开始接受教育影响。这起初只在一小群人中开展实施,他们在 Weikart 的领导下,采取了皮亚杰的认知发展观点,关注通过主动学习来增长学习能力(Weikart, Kamii and Radin, 1967)。

佩里的项目评估纵向研究了 123 个来自低收入非裔美国人家庭 3～4 岁的孩子。这项研究使用随机设计,将儿童划分为实验组(58 个孩子)和对照组(65 个儿童),实验组的儿童接受基于 HighScope 原则(见下文)的学前课程,而对照组则没有接受这种课程(Schweinhart, Weikart, Barnett and Epstein, 1993)。这些孩子被认定智商分数低。许多人分数低到当时已经被划为"智障"儿童。事实上,他们中的近一半后来被要求接受特殊教育(Barnett, 1995)。孩子们参与此项计划的时间是从十月到次年六月,为期两年。包含每天早课和每周一次老师下午家访。

之后对该计划的兴趣拓展至该学区外。1970 年 Weikart 和他的团队建立了 HighScope 教育研究基金会,这是一个致力于儿童早期教育课程方法研究的非营利组织,这些课程方法已得到研究验证。在强调主动学习的同时,HighScope 计划的一个关键元素是计划—做—回顾法,这种方法超出了在大多数幼儿园里常见的、仅仅让孩子选择他们自己的活动的安排。这种计划—做—回顾法要求儿童自己带着意图参与计划活动,最后能够从中得到一定的反思和教训。规划和反思被发现与儿童的发展进步密切相关(Epstein, 2003)。

聚焦 先行计划

该项目始于 1965 年,当年夏天被作为一个短期的试点项目,在美国超过 2 500 个弱势社区实行,项目主要工作人员由志愿者组成。超过 56 万个孩子参加了第一个试点项目,这也是时任美国总统约翰逊"向贫困宣战"口号行动的重要组成部分。次年,美国国会决定将这一全日制课程连同各种不同选项和重点加以扩展。这两个项目分别以教学中心为基础和以家庭为基础。孩子们参加全日制或半天制课程,干预服务从教学中心向家庭延伸。根据每学年长度和每周天数的不同向孩子们提供不同的项目。家庭服务于1973年加入，工作者每周上门家访。同时也有结合两者、反映当地社区变化的项目组合。先行计划被设计成对个体种族和文化背景保持高度敏感的方案。

如同佩里的项目，先行计划的目的是为居住在这些社区中的孩子提供补偿性的学前计划来改善他们的生活发展能力，同时加强他们对学校生活的接受速度以便赶上同龄人(Schrag, Styco and Zigler, 2004; Zigler, Muenchow, 1992)。这样做旨在解决多个来源的劣势，所以涉及相应的一系列教育、卫生和社会服务，不仅关注孩子的智力和社会发展，还关注医疗、牙科、营养等。该早期干预模型旨在解决不同领域的多个风险，同时强调父母的参与、加强父母教育和今天仍然有很强影响力的父母职业关系(Takanishi and Deleon, 1994)。

年龄在3～4岁的孩子们被随机分配到先行计划组或者对照组，对照组不接受干预。目前，英国大多数早期教育计划都应感谢先行计划所做的贡献，特别是其基于Bronfenbrenner嵌套系统同时向父母和孩子提供服务这一设想(Parker, Piotrowski, Horn and Green, 1995)。不同于佩里的项目，先行计划没有设定特殊课程，而是鼓励当地社区根据自身的不同特点设置课程(Zigler and Styfco, 1994)。

1995年，早期先行计划聚焦父母支持，想通过这种方式来对从出生至5岁左右的孩子的父母提供支持服务，发展到今天，现在有针对孕妇和婴幼儿的家庭支持服务(Love, Kisker, Christine, Raikes, Constantine, Boller et al., 2005)。该计划向家庭提供不仅基于家庭同时基于教学中心的基础服务。早期先行计划的框架包括四个基本内容，旨在强调：

1 儿童的智力、语言、社交、情感和身体发育。

2 家庭发展帮助家庭明确成员自己的发展目标和家庭发展计划，这需要整合家庭的需求和孩子的个人需求。

3 根据需要，在社区内通过建立资源网络，使社区得到更广泛发展。

4 提供服务给父母和孩子的工作人员自身的发展。这被看作孩子是否能与父母建立积极的关系对于工作人员能力的依赖程度的标志。

聚焦 卡罗来纳州初学者研究

这个基于北卡罗来纳大学的研究项目是在一般系统理论(von Bertalanffy, 1975)、Sameroff的交互模型(Sameroff, 1985)以及Bronfenbrenner的生态模型(Bronfenner, 1986)影响下建立起来的。Bronfenbrenner的生态模型存在于他将需求概念化从而来定位涵盖了孩子、父母、学校以及社区的不同系统间的交易性中(Campbell and Ramey, 1994)。

该研究样本随机分配，同时设计了对照组。从1972年至1977年，四群来自低收入家庭的孩子被选为研究对象。研究基于13个风险因素的高风险指标，例如母亲受教育程度低、单亲母亲、失业母亲(Ramey and Smith, 1977)。评分被用来匹配被试，同时随机将被试分成实验组(57个孩子)和控制组(54个孩子)。两组都接受基本的营养保障、社会以及医疗服务，所以控制组并不是完全不接受处理。然而，实验组的孩子从出生直到5岁，每年要接受50个星期的全日制的、独立的、集中式学前教育项目训练，这些项目集中在认知、社交/情感、语言、动作发展以及早期识字方面(Campbell and Ramey, 1995)。

初学者课程"学习游戏"(*LearningGames*)由Sparling和Lewis(1979)根据以上目标设计。它基于维果茨基所提出的原则，即孩子通过成人或者比自己年长的伙伴来协助活动学习效果最佳。成人语言是孩子学习的一个关键因素。成人(无论是中心的工作人员或父母)遵循"注意—鼓励—讲解"(notice—nudge—narrate)原则，发现孩子对某活动感兴趣，鼓励或提示其参与新的学习，然后告诉孩子具体的活动内容，或者用语言指导他们活动。该项目需要成人一对一地帮助孩子，整个课程包含了一些小组活动。

初学者研究进一步包含了随机交叉设计：开学初，根据四年级智力成绩，对两组成员进行交叉匹配。然后每一对随机分配到实验组和对照组。在他们小学头三年的时候，实验组接受额外的实验干预，以教师作为连接学校和家庭的媒介，同时为学生提供额外的教学(Campbell and Ramey, 1994, 1995)。投入家庭教师的目的是提高家长参与孩子教育的程度，进而促进孩子的学业发展。因此有些孩子能够获得8年的教学干预支持(5年学前教育+3年学校教育)，而控制组的孩子则没有，他们有些只是接受学前教育，有些只是接受学校教育。

1978年，这个初步项目扩展到北卡罗来纳州正在进行的、同时也采用随机设计的"护理项目"(Project Care)。该项目设计了一个控制组，用于比较基于中心的和基于家庭的护理情况。1985年这个初步项目进一步扩展到另外八地，其中婴幼儿健康和发展项目横跨全美。

在英国，"保证开始"项目深受美国早期干预项目(如"先行计划""早期先行计划"以及"卡罗来纳州初学者研究")的影响。"保证开始"这个当地项目从1999年起开设，是英国政府对贫困地区补助的一部分。它们主要回应当地社区需求，目的是扩大儿童保育的覆盖范围，同时促进儿童的健康和情感发展，并提供有效管理。"保证开始"与先前的美国有关项目不同，因为它是基于当地地理区域因素而非指向特定的家长和孩子群体(Gray and Francis, 2007)。这个项目的目的是扩大受众、避免任何因偏向性选择参与者而受到质疑。到2010年，有3 500个"保证开始"儿童中心已经建立，这些中心为270万名学前儿童以及每个社区的家庭提供服务。

QUISSET 现在到课本之外……自己查查看！

在图书馆电子数据库检索“早期干预项目”(early intervention programmes)。

“先行计划”“早期先行计划”以及“卡罗来纳州初学者研究”都有文件记录，多重纵向评估的研究已经开始执行。然而，许多早前的项目针对的是弱势学前儿童。

搜索图书馆电子数据库，找到其他相关项目。

- 每个研究旨在识别项目的目的和内容，哪些参与者被录用了，研究是如何设计的，后续的内容是如何执行的，成果如何？

初学者提示：护理项目、婴儿健康和发展计划、智慧启动、不可思议的几年、“保证开始”学前教育有效措施。

早期干预评价研究的发现

这些不同的项目实现既定目标(消除正规教育的不利因素)的效果如何？这不是一个简单的问题，因为在评价学生是否对入学做好准备的标准上还未达成共识(Parker, Boak, Griffin, Ripple and Peay, 1999)，尽管语言发展、情感调节、社会技能以及音素意识通常被视为第一年成功与否的有效指标(Foster, Lambert, Abbott-Shim, McCarty and Franze, 2005)。先行计划办公室最近的关于人们渴望得到的成果的指导手册认为，社会、语言、识字是上学准备阶段的核心内容(Administration on Children, Youth, and Families, 2001)，很多早期评价并不依靠智商成绩。

佩里计划

那些曾经参与佩里计划的孩子如今已是 40 岁左右的成人。这个研究是早期干预研究中实施时间最长的，每年数据都是从这个由 3～11 岁儿童组成的群体中采集而来的，然后在 14、15、19、27 岁时采集，最近一次数据是在 40 岁时采集的。研究报告，学校改进了干预准备，4 岁干预组儿童智商也有了提高(Weikart, 1966)，这一情况在低年级时仍有延续，之后逐渐消退。由此，研究者继续研究可能存在的潜在效应(Ziger and Styfco, 1994)。HighScope 教育基金会支持的令人印象深刻的一系列纵向研究表明，佩里计划中的孩子受到的影响远远超出最初改进入学准备的目标。这些重要的影响并非学术上的影响，而是对成人以后生活的长期影响，例如家庭成员间的关系、健康、犯罪以及经济情况。这些影响包括干预组参与者更多拥有完整的高中教育、更多参加学校后续教育，拥有更高的就业率、更多的月收入、更多的房屋所有权，更低的犯罪率、更低的未成年少女怀孕率、更低的需要社会提供帮助的可能性(Berrueta-Clement, Schweinhart, Barnett, Epstein and Weikart, 1984; Schweinhart et al., 1993; Schweinhart, Montie, Xiang, Barnett, Belfield and Nores, 2005)。在佩里计划中，我们可以通过与控制组的比较看出，实验组成员从学前阶段到成人阶段的收益是非常明显的。

先行教育计划

同佩里计划相似，先行教育计划也采用了广泛的评价方式，它的评价相比佩里计划更关注短期效果(Zigler and Styfco, 1994)。先行教育计划也是从弱势儿童的短期认知、学习和社会收益这几个方面进行研究报告(Barnett, 1995; Malakoff, Underhill and Ziger, 1998)。例如，Abbott-Shim、Lambert 和 McCarty(2003)发现实验组儿童在音素意识和对词汇的理解方面比控制组儿童好。在对 969 名儿童的调查中，Lee、Brooks-Gunn 和 Schnur(1988)总结，先行教育计划对于儿童的认知水平提高帮助很大，特别是对那些弱势儿童。

也有证据表明，那些短期认知和学术正收益并不能运用到样本中的所有孩子身上(Barnett and Hustedt, 2005)。Currie 和 Thomas(1995)指出，当把族群纳入考量范围，研究结果并非不适用于所有的孩子。他们发现白人和西班牙裔儿童在 8 岁时仍然能够表现出教育对他们的积极影响，但是非洲裔儿童身上却找不到收益的体现。研究者指出，这可能与非洲裔儿童在开始接受教育时就对教育系统有所不满有关。与佩里计划和初学者研究不同的是，尽管先行教育计划已经获得广泛的纵向评价，长期的潜在影响最近才被发现。现有发现也表明该计划参与者完成高中教育的可能性更大，犯罪的可能性更小(Oden, Schweinhart, Weikart, Marcus and Xie, 2000)。

但总的来说，先行教育计划效果好坏参半，大体可以通过“先行教育”这个题目中蕴含的多样性中看出。多样性不仅存在于课程内容中，也存在于课程质量中(Bryant, Burchinal, Lau and Sparling, 1994; Farran, 2000)。令人失望的是，像我们讨论的其他计划一样，它似乎在消除学校辍学或者降低犯罪率方面并没有明显的效果(Farran, 2000; Takanishi and Deleon, 1994)。

初学者研究

初学者研究在孩子 3、4、5、6 以及 8 岁时采集评价数据，后续再在 12、15 以及 21 岁时采集。最近才开始对 30 岁时的研究数据进行分析。必须指出的是，由于参与家庭经常因搬家而变更地址(有些甚至搬离了北卡罗来纳州)，所以做这个年龄段的人的随访是相当困难的。报告指出，干预组接受头三年正规学校教育的儿童不论在认知还是学业上都比控制组的儿童表现优秀(Campbell and Ramey, 1994)。分配到学龄干预组的儿童并没有后续的认知进步，但在几年有关阅读、数学素养方面的干预之后，他们在学业方面显示有所提高。低年级时，干预组因攻击行为增加而在社会成就方面相比控制组并没有显示出很大的优势(Haskins, 1985)。

正如佩里研究的发现，初学者研究的干预组显示出积极的长远结果：更高的智商测试成绩，更高的学业成就，教育投入时间更久，更可能接受研究生教育，同时更晚成为父母。此外，相比控制组，干预组获得的积极影响从儿童时期延伸至为人母时、同时取得更高的学业成就和工作成就(Campbell, Pungello, Miller-Johnson, Burchinal and Ramey, 2001; Campbell and Ramey, 1995; Campbell, Ramey, Pungello, Sparling and Miller-Johnson,

下，教师并不被要求定位生活在贫困中的儿童的需求。这似乎暗示，是儿童经历了各种风险之后选择充分利用那些原本不是为他们设计的课程(Vernon-Feagans，1996)。事实上，美国很多关于儿童评价的研究来自非洲裔家庭，那些家庭的孩子在开始读书后发现他们所在的教育环境非常陌生同时又不适合他们的特殊情况。例如，参与初学者研究的儿童接受了为他们专门定制的学前课程之后，又加入到主要为中产阶段、父母大学学历的白人儿童设计的学校(Farran，2000)。

三十年来，学校系统及教师在认识并满足不同学习者的需求方面做得比刚推行初学者计划时好。显然，提高源于学校对早期教育计划的支持。个性化学前课程对教学质量的支持仍是备受忽视的领域(Farran，2000)。

总结与结论

早期优质的干预计划对参与其中的儿童和家长都有积极的影响。一些影响是潜在的，在很多年之后才会显现出来，但是有益于提高个人生活的质量和周围社区。到目前为止，虽然这些计划能够帮助防止各种风险，帮助消除对社区生活不利的因素，但是不幸的是，他们在消除不利因素上并不成功。可能这些计划需要解决更广泛、更具应变环境能力的因素。

拓展阅读

访问 www.pearsoned.co.uk/markswoolfson 获取下列基础文章：

Campbell, F., Ramey, C., Pungello, E., Sparling, J., and Miller-Johnson, S. (2002). Early childhood education: Young adult outcomes from the Abecedarian Project. *Applied Developmental Science*, *6*(1), 42–57.

Gutman, L., Sameroff, A., and Cole, R. (2003). Academic growth curve trajectories from 1st grade to 12th grade: Effects of multiple social risk factors and preschool child factors. *Developmental Psychology*, *39*(4), 777–90.

Sammons, P., Sylva, K.. Melhuish, E., Siraj-Blatchford, I., Taggart, B. and Elliot, K. (2002a), *The Effective Provision of Pre-School Education (EPPE) Project: Technical Paper 8a – Measuring the impact of pre-school on children's cognitive progress over the pre-school period.* London: DfES/Institute of Education, University of London.

参考文献

Abbott-Shim, M., Lambert, R., and McCarty, F. (2000). Structural model of Head Start Classroom Quality. *Early Childhood Research Quarterly, 15*(1), 115–34.

Abbott-Shim, M., Lambert, R., and McCarty, F. (2003). A comparison of school readiness outcomes for children randomly assigned to a Head Start program and the program's wait list. *Journal of Education for Students Placed at Risk*, *8*(2), 210–11.

Administration on Children, Youth and Families. (2001). *Head Start FACES: Longitudinal findings on program performance, third progress report*. Washington, DC: U.S. Department of Health and Human Services.

Anderson, L., Shinn, C., Fullilove, M., Scrimshaw, S., Fielding, J., Normand, J., *et al.* (2003). The effectiveness of early childhood development programs. *American Journal of Preventive Medicine, 24*(3S), 32–46.

Barnett, W. (1995). Long-term effects of early childhood programs on cognitive and school outcomes. *The Future of Children, 5*(3), 25–50.

Barnett, W. and Hustedt, J. (2005). Head Start's lasting benefits. *Infants and Young Children, 18*(1), 16–24.

Belsky, J., Melhuish, E., Barnes, J., Leyland, A., and Romaniuk, H. (2006). Effects of Sure Start local programmes on children and families: Early findings from a quasi-experimental, cross-sectional study. *British Medical Journal, 332*(7556), 1476.

Berrueta-Clement, J., Schweinhart, L., Barnett, W., Epstein, A., and Weikart, D. (1984). *Changed lives: The effects of the Perry Preschool programme on youths through age 19.* Ypsilanti, MI: High/Scope.

Blair, C. and Razza, R. (2007). Relating effortful control, executive function, and false belief understanding to emerging math and literacy ability in kindergarten. *Child Development, 78*(2), 647–68.

Bronfenbrenner, U. (1979). *The ecology of human development*. Cambridge, MA: Harvard University Press.

Bronfenbrenner, U. (1986). Ecology of the family as a context for human development: Research perspectives. *Developmental Psychology, 22,* 723–42.

Bryant, D., Burchinal, M., Lau, L., and Sparling, J. (1994). Family and classroom correlates of Head Start children's developmental outcomes. *Early Childhood Research Quarterly, 9,* 289–304.

Burchinal, M., Peisner-Feinberg, E., Pianta, R., and Howes, C. (2002). Development of academic skills from preschool through second grade: Family and classroom predictors of developmental trajectories. *Journal of School Psychology, 40*(5), 415–36.

Burchinal, M., Roberts, J., Nabors, L., and Bryant, D. (1996). Quality of centre child care and infant cognitive and language development. *Child Development, 67,* 606–20.

Campbell, F., Pungello, E., Miller-Johnson, S., Burchinal, M., and Ramey, C. (2001). The development of cognitive and academic abilities: Growth curves from an early educational experiment. *Developmental Psychology, 37*(2), 231–42.

Campbell, F. and Ramey, C. (1994). Effects of early intervention on intellectual and academic achievement: A follow-up study of children from low-income families. *Child Development, 65,* 684–98.

Campbell, F. and Ramey, C. (1995). Cognitive and school outcomes for high-risk African-American students at middle adolescence: positive effects of early intervention. *American Education Research Journal, 32*(4), 743–72

Campbell, F., Ramey, C., Pungello, E., Sparling, J., and Miller-Johnson, S. (2002). Early childhood education: Young adult outcomes from the Abecedarian Project. *Applied Developmental Science, 6*(1), 42–57.

Currie, J. and Thomas, D. (1995). Does Head Start make a difference? *American Economic Review, 85*(3), 341–64.

Deater-Deckard, K., Dodge, K., Bates, J., and Pettit, G. (1998). Multiple risk factors in the development of externalizing behaviour problems: Group and individual differences. *Development and Psychopathology, 10*(3), 469–93.

Donald, T. and Jureidini, J. (2004). Parenting capacity *Child Abuse Review,13,* 5–17.

D'Onise, K., Lynch, J., Sawyer, M. and McDermott, R. (2010). Can preschool improve child health outcomes? A systematic review. *Social Science and Medicine, 70,* 1423–40.

Entwhistle, D. and Alexander, K. (1992). Summer setback: Race, poverty, school composition, and mathematics achievement in the first two years of school. *American Sociological Review, 57,* 72–84.

Epstein, A. (2003), How planning and reflection develop young children's thinking skills. *Young Children, 58*(5), 28–36.

Farran, D. (2000). Another decade of intervention for children who are low income or disabled: What do we know now? In J. Shonkoff and S. Meisels (eds), *Handbook of early childhood intervention*, 2nd edn. Cambridge: Cambridge University Press, (pp. 510–48).

Fergusson, D. and Lynskey, M. (1996). Adolescent resiliency to family adversity. *Journal of Child Psychology and Psychiatry, 37*, 281–92.

Foster, M., Lambert, R., Abbott-Shim, M., McCarty, F., and Franze, S. (2005). A model of home learning environment and social risk factors in relation to children's emergent literacy and social outcomes. *Early Childhood Research Quarterly, 20*, 13–36.

Garbarino, J. and Ganzel, B. (2000). The human ecology of early risk. In J. Shonkoff and S. Meisels (eds), *Handbook of early childhood intervention* 2nd edn Cambridge: Cambridge University Press, (pp. 76–93).

Geddes, R., Haw, S., and Frank, J. (2010). *Interventions for promoting early child development for health. An environmental scan with special reference to Scotland*. Report for the Early Life Working Group of the Scottish Collaboration for Public Health Research and Policy. Edinburgh: Scottish Collaboration for Public Health Research and Policy.

Gore, S. and Aseltine, R. (1995). Protective processes in adolescence: Matching stressors with social resources. *American Journal of Community Psychology, 23*, 301–27.

Gray, R. and Francis, E. (2007). The implications of US experiences with early childhood interventions for the UK Sure Start programme. *Child: Care, Health and Development, 33*(6), 655–63.

Gutman, L., Sameroff, A., and Cole, R. (2003). Academic growth curve trajectories from 1st grade to 12th grade: Effects of multiple social risk factors and preschool child factors. *Developmental Psychology, 39*(4), 777–90.

Halpern, R. (1998). *Fragile families, fragile solutions: A history of supportive services for families in poverty*. New York: Columbia University Press.

Halpern, R. (2000). Early childhood intervention for low-income children and families. In J. Shonkoff and S. Meisels (eds), *Handbook of early childhood intervention*, 2nd edn. Cambridge: Cambridge University Press, (pp. 361–86).

Haskins, R. (1985). Public school aggression among children with varying daycare experience. *Child Development, 56*, 689–703.

Hauser-Cram, P., Sirin, S., and Stipek, D. (2003). When teachers' and parents' values differ: Teachers' ratings of academic competence in children from low-income families. *Journal of Educational Psychology, 95*, 813–20.

Kazimirski, A., Dickens, S., and White, C. (2008). *Pilot scheme for two year old children - evaluation of outreach projects.* London: National Centre for Social Research.

Lee, V., Brooks-Gunn, J., and Schnur, E. (1988). Does Head Start work? *Developmental Psychology, 24*(2), 210–22.

Love, J., Kisker, E., Christine, R., Raikes, H., Constantine, J., Boller, K., Brooks-Gunn, J., Chazan-Cohen, R., Tarullo, L., Brady-Smith, C., Fuligni, A., Schochet, P., Paulsell, D., and Vogel, C. (2005). The effectiveness of early head start for 3-year-old children and their parents: Lessons for policy and programs. *Developmental Psychology, 41*(6), 885–901.

Malakoff, M., Underhill, J., and Zigler, E. (1998). Influence of inner-city environment and Head Start experience on effectance motivation. *American Journal of Orthopsychiatry, 68*, 630–8.

Masten, A. (2001). Ordinary magic: Resilience processes in development. *American Psychologist, 56*(3), 227–38.

Masten, A. (2004). Regulatory processes, risk and resilience in adolescent development. *Annals of the New York Academy of Sciences, 1021*, 310–19.

Masten, A. and Coatsworth, J. (1998). The development of competence in favourable and unfavourable environments: Lessons from research on successful children. *American Psychologist, 53,* 205–20.

Masten, A. and Obradović, J. (2006). Competence and resilience in development. *Annals of the New York Academy of Sciences, 1094,* 13–27.

McLoyd, V. (1998). Socioeconomic disadvantage and child development. *American Psychologist, 53,* 185–204.

McWayne, C. and Cheung, K. (2009). A picture of strength: Preschool competencies mediate the effects of early behaviour problems on later academic and social adjustment for Head Start children. *Journal of Applied Developmental Psychology, 30,* 273–85.

Melhuish, E., Belsky, J., Leyland, A., Barnes, J. and NESS Research Team (2008). Effects of fully-established Sure Start Local Programmes on 3-year-old children and their families living in England: a quasi-experimental observational study. *Lancet, 372,* 1641–7.

Murphy, L. and Moriarty, A. (1976). *Vulnerability, coping and growing*. New Haven, CT: Yale University Press.

Oden, S., Schweinhart, L., Weikart, D., Marcus, S., and Xie, Y. (2000). *Into adulthood: A study of the effects of Head Start*. Ypsilanti, MI: High/Scope Press.

Parker, F., Boak, A., Griffin, K., Ripple, C., and Peay, L. (1999). Primary caregiver-child relationship, home learning environments, and school readiness. *School Psychology Review, 28,* 413–26.

Parker, F., Piotrokowski, C., Horn, W., and Green, S. (1995). The challenge for Head Start: Realising its vision as a two-generation program. In I. Sigel and S. Smith (eds), *Advances in applied developmental psychology: Two generation programs for families in poverty* vol. 9, Norwood, NJ: Ablex, (pp. 135–59).

Ramey, C. and Ramey, S. (2004). Early learning and school readiness: can early intervention make a difference? *Merrill-Palmer Quarterly, 50*(4), 471–91.

Ramey, C. and Smith, B. (1977). Assessing the intellectual consequences of early intervention with high-risk infants. *American Journal of Mental Deficiency, 81,* 318–24.

Rutter, M. (1979). Protective factors in children's responses to stress and disadvantage. In M. Kent and J Rolf (eds), *Primary prevention of psychopathology: Volume 3. Social competence in children.* Hanover, NH: University Press of New England, (pp. 49–74).

Rutter, M. (1987). Psychosocial resilience and protective mechanism. *American Journal of Orthopsychiatry, 57,* 316–31.

Rutter, M. (1990). Psychosocial resilience and protective mechanisms. In J. Rolf, A. Masten, D Cicchetti, K. Nuechterlein, and S. Weintraub (eds), *Risk and protective factors in the development of psychopathology.* New York: Cambridge University Press, (pp. 181–214).

Rutter, M. (2000). Resilience reconsidered: Conceptual considerations, empirical findings, and policy implications. In J. Shonkoff and S. Meisels (eds), *Handbook of early childhood intervention,* 2nd edn. Cambridge: Cambridge University Press (pp. 651–82).

Sameroff, A., (1985). Environmental factors in the early screening of risk. In W. Frankenburg and R. Emde (eds), *Early identification of the child at risk: An international perspective.* New York: Plenum, (pp. 21–44).

Sameroff, A. (2010). A unified theory of development: a dialectic integration of nature and nurture. *Child Development, 81*(1), 6–22.

Sameroff, A. and Chandler, M. (1975). Reproductive risk and the continuum of caretaking causalty. In F. Horowitz, M. Hetherington, S. Scarr-Salatapek, and G. Siegel (eds) *Review of child development research* vol. 4. Chicago: University of Chicago Press, (pp. 187–244).

Sameroff, A. and Fiese, B. (2000). Transactional regulation: the developmental ecology of early intervention. In J. Shonkoff and S. Meisels (eds), *Handbook of early childhood intervention,* 2nd edn. Cambridge: Cambridge University Press, (pp. 135–159).

Sameroff, A., Seifer, R., Baldwin, A., and Baldwin, C. (1993). Stability of intelligence from preschool to adolescence: The influence of social and family risk factors. *Child Development, 64*, 80–97.

Sameroff, A., Seifer, R., Barocas, R., Zax, M., and Greenspan, S. (1987). Intelligence quotient scores of 4-year-old children: Social environmental risk factors. *Pediatrics, 79*, 343–50.

Sameroff, A., Seifer, R., Zax, M., and Barocas, R. (1987). Early indicators of developmental risk: The Rochester Longitudinal Study. *Schizophrenia Bulletin, 13*, 383–93.

Sammons, P., Sylva, K., Melhuish, E., Siraj-Blatchford, I., Taggart, B. and Elliot, K. (2002a), *The Effective Provision of Pre-School Education (EPPE) Project: Technical Paper 8a - Measuring the impact of pre-school on children's cognitive progress over the pre-school period*. London: DfES/Institute of Education, University of London.

Sammons, P., Sylva, K., Melhuish, E., Siraj-Blatchford, I., Taggart, B. and Elliot, K. (2002b), *The Effective Provision of Pre-School Education (EPPE) Project: Technical Paper 8b - Measuring the impact of pre-school on children's social/behavioural development over the pre-school period*. London: DfES / Institute of Education, University of London.

Schrag, R., Styco, S., and Zigler, E. (2004). Familiar concept, new name: Social competence/school readiness as the goal of Head Start. In E. Zigler and S. Styco (eds), *The Head Start Debates*. Baltimore, MD: Brookes Publishing Company, (pp. 19–25).

Schweinhart, L. (2002). How the HighScope Perry Preschool Study grew: A researcher's tale. *Phi Delta Kappa Center for Evaluation, Development, and Research, 32*.

Schweinhart, L., Barnes, H., and Weikart, D. (1993). *Significant benefits: The HighScope Perry Preschool Study through age 27*. Ypsilanti, MI: High/Scope Press.

Schweinhart, L., Montie, J., Xiang, Z., Barnett, W., Belfield, C., and Nores, M. (2005). *Lifetime effects: The HighScope Perry Preschool Study through age 40*. Ypsilanti, MI: High/Scope Press.

Schweinhart, L., Weikart, D., Barnett, W., and Epstein, A. (1993). *Significant benefits: The High/Scope Perry Preschool Project through age 27*. Ypsilanti, MI: High/Scope Press.

Seifer, R., Sameroff, A., Barrett, L., and Krafchuk, E. (1994). Infant temperament measured by multiple observations and mother report. *Child Development, 65*, 1478–90.

Sektnan, M., McClelland, M., Acock, A., and Morrison, F. (in press). Relations between early family risk, children's behavioural regulation, and academic achievement. *Early Childhood Research Quarterly*.

Sparling, J. and Lewis, I. (1979). *Learning Games for the first three years: A guide to parent-child play*. New York: Walker.

Sylva, K., Melhuish, E. C., Sammons, P., Siraj-Blatchford, I, and Taggart, B. (2004). *The effective provision of pre-school education (EPPE) project: Technical Paper 12 - The final report: effective pre-school education*. London: DfES / Institute of Education, University of London.

Takanishi, R. and DeLeon, P. (1994). A Head Start for the 21st century. *American Psychologist, 49*, 120–2.

Vernon-Feagans, L. (1996). *Children's talk in communities and classrooms*. Cambridge, MA: Blackwell.

von Bertalanffy, L. (1975). *Perspectives on general systems theory*. New York: Braziller.

Weikart, D. (1966). Preschool programs: Preliminary findings. *Journal of Special Education, 1*(2), 163–81.

Weikart, D., Kamii, C., and Radin, N. (1967). Perry Preschool Project progress report. In D. Weikart (ed.), *Preschool intervention: A preliminary report of the Perry Preschool Project* (pp 1–61). Ann Arbor, MI: Campus Publishers.

Werner, E. (1984). Resilient children. *Young Children, 40*, 68–72.

Werner, E. (2000). Protective factors and individual resilience. In J. Shonkoff and S. Meisels (eds), *Handbook of early childhood intervention*, 2nd edn. Cambridge: Cambridge University Press, (pp. 115–32).

Whittaker, J., Harden, B., See, H., Meisch, A., and Westbrook, T. (in press). Family risks and protective factors: Pathways to Early Head Start toddlers' social-emotional functioning. *Early Childhood Research Quarterly*.

Woolfson, L., Durkin, K., and King, J. (2010). Changing cognitions in parents of two-year-olds attending Scottish Sure Start Centres. *International Journal of Early Years Education, 18*(1), 3–26.

Yoshikawa, H., Rosman, E., and Hsueh, J. (2002). Resolving paradoxical criteria for the expansion and replication of Early Childhood Care and Education Programs. *Early Childhood Research Quarterly, 17*, 3–27.

Zigler, E. and Muenchow, S. (1992). *Head Start: The inside story of America's most successful educational experiment*. New York: Basic Books.

Zigler, E. and Styfco, S. (1994). Is the Perry Preschool better than Head Start? Yes and no. *Early Childhood Research Quarterly, 9*, 269–87.

第11章

教养发育障碍儿童

发育障碍是指智力、身体、交流或感觉障碍，在孩子出生时或幼年时期可被识别出来，有可能影响孩子的日常活动和发展，贯穿孩子的一生。然而，特殊教育、言语治疗、物理治疗和职业治疗等干预可以帮助改善发展的结果。

“发育障碍”这一术语涵盖了一系列的条件，这些条件随着人的先天发育、缺陷的严重程度以及复杂程度的变化而变化。对于一些孩子，损伤可能是轻微的、只与一个方面相关。比如，步伐不稳是由于有轻微的脑瘫。对于另一些孩子，损伤可能是严重的，若干方面可能呈现显著延迟，进而导致复杂的缺陷，使孩子伴有严重的认知障碍、肢体障碍、交流障碍等，他们可能永远都不能独立行走、交流甚至如厕。

在这一章中，我们将关注伴有发育障碍和各种压力源的家庭的儿童可能经历的压力。我们将检验影响家庭应对压力结果的因素，尤其关注面对挑战时促成家庭适应能力的因素。我们不仅要研究孩子和家庭是如何相互影响和改变的，而且要考虑家庭系统之外的社会因素的影响。尤其是，我们强调父母信念在不同模型和干预影响中的中心地位。

学习目标

学完本章，你应该能：

- 认识到父母是如何适应被诊断为发育缺陷的孩子的
- 了解一系列发育障碍儿童的家长可能经历的潜在压力源
- 知道压力的家庭适应模型
- 领会促成有发育障碍儿童的家庭具有适应能力的因素
- 了解交互作用模型如何支撑父母和发育障碍儿童可能的干预方法
- 领会父母信念对孩子和家庭结果的影响以及如何干预可能改变现状

诊断适应

对儿童发育缺陷的诊断曾经被认为与父母的“慢性悲伤”有关(Olshansky, 1962)。这被描述为,在父母得知他们的孩子并非像他们预料的那样发展之后,所经历的普遍的悲伤。“慢性悲伤”曾经被认为持续贯穿于父母的一生,尽管这有时可能会平息,但在孩子发展的关键时期仍会复发。另一种概念化的观念是父母经过若干阶段适应了对孩子的诊断。阶段模型由 Kübler-Ross(1969)的死亡或濒死悲伤反应五阶段发展而来,通过把这些阶段应用到其他个人的创伤。考虑到这些父母由于经历了孩子被诊断为发育障碍的特殊心情,父母被视为经历了一系列情感:震惊、否认、愤怒、悲伤、超然、重建和适应(Hornby, 1994)。

但是,仍然存在对发育障碍孩子的父母运用这个阶段模型的批评(例如 Seligman and Darling, 1997),因为不同家庭在适应的方式上不尽相同,他们可能用完全不同的方法通过这些阶段并且在持续阶段上有变化。有些家庭仅仅用几天时间就可以通过整个阶段,而有的家庭可能需要一年甚至永远都不会达到适应的最后阶段(Hornby, 1994)。但是通常认为,父母将不得不适应家庭内部改变的护理关系,同时也要改变先前已经确立的家庭日常作息(Marvin and Pianta, 1996; Seltzer and Heller, 1997; Turnbull and Turbull, 1990)。

压力的可能来源

综上所述,研究发现发育障碍儿童的父母经常经历的压力程度大于普通儿童的父母并不足为奇(Blacher, Neece and Paczowski, 2005; Dumas, Wolf, Fisman and Culligan, 1991; Hastings and Beck, 2004; Hauser-Cram, Warfield, Shonkoff and Krauss, 2001; Johnston, Hessl, Blasey, Eliez, Erba, Dyer-Friedman et al., 2003; Woolfson and Grant, 2006)。父母抑郁经常被作为这种压力的标志来认识和研究(Singer, 2006)。另外,自闭症谱系障碍(ASD)孩子的母亲与其他发育障碍孩子的父母相比,经历的压力和抑郁症状最严重(Dumas et al., 1991; Estes, Munson, Dawson, Koehler, Zhou and Abbott, 2009)。重要的是要意识到,在同一个家庭中的父亲和母亲可能会经历不同水平和不同模式的压力(Gerstein, Crnic, Blacher and Baker, 2009)。母亲的压力似乎随时间流逝而增大,而父亲的压力似乎保持在一个相当稳定的水平(Baker, McIntyre, Blacher, Crnic, Edelbrock and Low, 2003; Crnic, Hoffman and Gaze, 2005; Gerstein et al., 2009)。这可能因为往往是母亲处理日常家务、在教养方面承担主要责任。

正如之前讨论的,父母可能需要经过这样一个过程,他们期望孩子顺利成长却不能如愿,这应该是压力的来源之一(例如 McCubbin, Cauble and Patterson, 1982)。而且,父母和其他家庭成员可能以不同的方式和不同的速度通过这一过程。另外,有发育障碍儿童的家庭可能需要与大量专业人员和机构交往，他们提供一系列必要的医学治疗的、对孩子的心理治疗、适当的教育服务或专家资源。专业人士的态度（例如 Blacher and Hatton，2007）可能与主流社会一样，对残障持相同的偏见（Evans，1989），这也会成为家庭的压力。尽管他们打算提供帮助，但他们并不像父母那样总是充分地认识、理解或解决孩子的特殊需求。一些家庭认为他们自己不得不对抗专业人士来控制他们孩子的决定权（Knox，Parmenter，Atkinson and Yazbeck，2000）。

下面，让我们研究一些更深层的家庭压力的潜在来源。

与生俱来的严重发育障碍

尽管有证据表明发育障碍的类型和严重性影响父母的压力（例如 Gupta，2007；Hauser-Cram et al.，2001；Haveman，van Berkum，Reijnders and Heller，1997），但仍不明确。Plant 和 Sanders(2007)明确发现发育障碍的水平对压力有影响，也就是说抚养一个损伤更严重的孩子压力更大。他们的回归分析表明，对残障严重性和家庭可获得的社会支持程度的认知评价等因素会严重影响残障严重性和父母经历的压力之间的关系。在本章后面的部分，我们将回到父母信念和社会支持。

有发育障碍的儿童可能只有有限的日常独立技能，所以他们的日常照料、喂食、如厕、洗浴、穿衣、休息都非常依赖于父母。对严重残障和适应功能非常有限的儿童的父母来说，执行这些日常生活任务可能更困难。可能这，而不是严重残障本身能解释增加了父母压力的原因。尽管这一发现形形色色，其中一些研究发现儿童自适应功能与积极的孕产妇健康之间的关联，然而其他研究并没有发现（例如 Beck，Daley，Hastings and Stevenson，2004；Tomanik，Harris and Hawkins，2004）。目前的观点似乎是，其他的社会经济和社会背景因素，比如财务资源、可用时间交际和社会支持预测压力比测量孩子功能效果更好（Emerson，Hatton，Llewellyn，Blacher and Graham，2006；Dempsey，Keen，Pennell，O'Reilly and Neilands，2009；Smith，Oliver and Innocenti，2010）。

问题行为

问题行为是发育障碍孩子父母压力的持续来源（例如 Estes et.al.，2009；Hastings，2002；Hastings and Brown，2002；Hauser-Cram et al.，2001）。在自闭谱系障碍患儿的家庭里，自我伤害行为也被发现尤其强烈地预示了父母压力（Konstantareas and Homatidis，1989）。同样，一般来说发生在父母对孩子进行日常护理时的问题行为、困难行为与压力增加有关（Hastings and Brown，2002；Plant and Sanders，2007）。综上所述，如果程度比较严重，孩子可能会长期不变地依赖护理帮助进行日常活动。父母们在日常工作、护理、育儿"日常麻烦"中经历的困难（Crnic and Greenberg，1990，p.1628）是压力的另一个预测指标（McDonald，Couchonnal and Early，1996）。事实上，人们发现日常护理上的困难比儿童行为问题本身更能预测父母经历的压力水平（Plant and Sanders，2007）。

财务

抚养残障儿童也会有经济压力(Dobson and Middleton，1998)。也许有父母想要的特殊的医疗或设备，但是这并非现成并且要产生成本。或者照料儿童的需求可能会限制父母的工作机会，进而导致家庭收入下降。在经济衰退时期，这一情况严重。Bennett(2010)最近一次通过“联系家庭”得出的一项英国调查指出，受访的34%有残障儿童的家庭在债务偿还方面已经落后，主要在借贷和信用卡支付方面；没有取暖设备的家庭由2008年的16%增加到23%；73%的家庭没有休闲活动，而在2008年时，这一数据是55%。将近90%的家庭有经济担忧，这已经影响到了他们的家庭生活。英国千禧世代研究对440个有发育障碍儿童的家庭进行了访问，发现根据他们经历多种社会经济不利的可能性，这群发展已经受到威胁的孩子们还将面临进一步限制他们的生活的机会和福利方面的风险(Emerson，Graham，McCulloch，Blacher，Hatton and Llewellyn，2008)。

竞争需求

正如任何父母会告诉你的那样，一般来说抚养子女可以是家庭紧张情绪关系的来源之一(例如 Lobato，1995；Powell and Gallagher，1993；Risdal and Singer，2004)。在实践层面上，残障孩子的主要照料者通常是母亲，她可能更少花时间照料孩子的兄弟姐妹或她的伴侣。照顾发育障碍儿童的承诺，推荐儿童参加的康复以及发展活动的时间要求，缺少可用的适合孩子的照料替代方式，这些可能意味着她受时间限制，而这些时间本可以用来在外面进行有报酬的工作。这导致了母亲受雇用时间的降低(Barnett and Boyce，1995；Leiter，Krauss，Anderson and Well，2004；Warfield，2005；Warfield and Hauser-Cram，1996)。这些增加的育儿需求已经被发现预示母亲更多地缺席工作(Warfield，2001)；可能会限制就业的可能性，这样母亲的工作更难令其满意，因为她们的能力远远超过了该工作所需要的技能(Freedman，Litchfield and Warfield，1995)。母亲们经常说在外面工作不仅会对家庭收入有好处，而且对情绪有积极影响(Freedman et al.，1995)，发育障碍儿童的母亲，则可能因此受限，无法获得这些益处。

活动

对发育障碍儿童家庭来说，还可能有什么其他压力？

家庭适应压力模型

在参与养育一个发育障碍孩子过程中，各个家庭适应压力的方法是不同的。经受压力不是一次性事件，而是正在进行和不断变化的。让我们逐一考虑以下三个模型，来识别家庭压力以及应对压力的主要因素，是什么因素提供了调查研究的基础，以研究不同变量之间的动态关系。

ABCX 模型（Hill，1958）

希尔的 ABCX 模型是家庭压力的经典模型。它基于家庭如何应对战争的压力，以及分离和团聚，这些是战争不可避免的一部分。该模型认为家庭为应对有压力的生活事件而改变。这些变化可能发生在他们的价值观、抱负、家庭成员所认为的社会角色，以及他们彼此之间或与更广泛的社区之间的交往等方面。在这个模型中，A 代表压力事件的性质，在这里就是孩子残障的先天特征和严重程度。B 代表可被家庭利用的、帮助他们管理压力事件的现有的内部资源。C 是压力事件定义和意义。C 和 A、B 一起导致了 X，即家庭的"危机"，要么预防，否则就会发生。这个模型帮助我们了解压力事件（A）本身（例如孩子的残障）的影响如何通过保护性因素（B）（例如，应对危机家庭资源）降低，通过改变家庭对残障的看法（C）以避免或导致这些危机在家庭中的发生。

双 ABCX 模型（McCubbin and Patterson，1981，1983）

1980 年代早期，Lazarus 和 Folkman（1984）关于压力和个体应对的开创性理论中，认知评价被视为确定个人在何种程度上经历压力一个关键的元素。在这个模型中，个体评估在何种程度上一个压力源是威胁，在何种程度上他/她有足够的资源来应对压力源施加在他/她身上的需求。McCubbin 和 Patterson（1981，1983）使用类似的原则提出家庭而不是个人如何应对。他们拓展 Hill（1958）的 ABCX 模型提出一种双 ABCX 模型，在原始 ABCX 模型基础上增加了四个新的危机后的变量。类似希尔的模型，这也源自对军人家庭的研究，这里关注的是第二次世界大战后出现的被派驻海外的军人家庭。

如果 ABCX 模型被认为是一个变量的解释性模型，考虑家庭危机在时间 1 的程度；那么双 ABCX 模型可以被看作解释的是交互因素在时间 2 的情况即关注危机后的适应。该模型认为，和压力源（A）一样，家庭很可能会经历其他压力，因为家庭通常不是一次只经历一个压力源。因此 aA 代表家庭经历的积累已久的附加压力，以及由危机造成的家庭变故后出现的新的压力源，所有的这些挑战着家庭的适应力。对家里的现有资源（B）来说，新扩展的社会和心理资源（bB）现在开始起作用，即在后危机时间，这个家庭在拥有可供其用来应对未来危机的需求。最后的预测变量是 cC 反映更广泛的家庭评价，不仅是对危机本身，而且对家庭依附于整个危机处境的意义，该危机处境不仅包含原始危机，同时也包含家庭对现有资源和新资源的看法，即原始的压力源和新的压力源。在双 ABCX 模型中，结果变量 xX 是指在一个连续的家庭适应过程中，从不适应到适应良好的措施。双 ABCX 模型在预测和调整家庭压力方面被认为是非常有效的（例如 Bristol，1987；Saloviita，Itälinna and Leinonen，2003）。

实例 理解双 ABCX 模型在实践中如何工作

一个家庭有一个天生患有严重身体残障的孩子(A)。父母也有经济和婚姻困难，由于母亲在产假之后无法重回工作岗位，致使这些困难进一步增加。因此我们有一个显著的累积压力(aA)。父母双方都有良好的应对技能(B)，另外他们现在已经从他们的大家庭和当地一个发育障碍儿童家长自助组织那里获得社会支持(bB)。家庭的原始评价是有一个残障儿童(C)是问题，一开始他们感到挣扎，因为这对家庭的影响有着非常消极的定义。然而，他们通过把这些因素放在一起(Aa、Bb 和 cC)用以预测家庭调整和适应(xX)，对此的思考一直有持续的变化。

家庭调整和适应模型 (FAAR；Patterson，1988)

FAAR 模型进一步发展了同样的主题，明确三个系统的贡献：个人、家庭及社区家庭适应。它的关键元素是需求(即，上文讨论的压力，在家庭中未解决的持续压力，和一般日常生活中的小麻烦)和能力。家庭赋予他们正在经历的事情的含义被视为由平衡需求和能力介导。变量"能力"包括：

1 **资源**：这些可以是个人资源，也可以来自家庭或事实上来自更广泛的社区。因此这个变量可以包括家庭和朋友的帮助，教育和卫生服务的法定专业人士的支持，以及金融支持。它还可以包含个人资源，如自尊。

2 **应对行为**：应对行为被包含在使用 FAAR 模型的家庭功能评估中，并与家庭处理应激情境、恢复家庭平衡采取的做法有关。

FAAR 模型体现出家庭周期性地进行调整和适应危机。危机不是一个一次性的事件，该模型并不持危机会在家中重复出现的动态观点，而是认为这些将是不同的危机，而且事实上家庭资源与应对行为由于以前不得不处理的危机而改变。

QUISSET 现在到课本之外……自己查查看！

在图书馆电子数据库检索"家庭压力调节模型"。

- 找到使用这些模型来评估孩子和家庭的发展结果的研究。
- 确定这些研究的优点和缺点。
- 用于这个目的的其他模型还有哪些？

韧性

上面的每个模型都考虑到了家庭所经历过的压力和挑战，同时研究者也发现许多家庭成功地应付和适应家庭压力。我们现在了解到，因素间复杂的相互作用有助于分析家庭由于养育残障儿童而承受的压力，高水平的压力、家庭危机或无法适应并非无法避免的结果。

Singer(2006)的元分析报告说，与育有普通儿童的母亲相比，70%的发育障碍儿童的母亲没有增加抑郁的症状。数据收集超过35年的一个纵向研究同样没有发现两组父母间的健康差异(Seltzer，Greenberg，Floyd，Pettee and Hong，2001)。

确实有许多家长不仅对家中有一个发育障碍的孩子所带来的挑战应对得非常好，而且其中一些家长自己认识到，实际上他们从应对这些挑战中受益匪浅(Affleck，Tennen and Gershman，1985；Green，2007；Hastingings and Taunt，2002；King，Baxter，Rosenbaum，Zwaigenbaum and Bates，2009)。Singer、Ethridge 和 Aldana(2007)，相比灾难性和负面结果，家庭韧性对家庭有长期的积极塑造作用。在这里，提出家庭韧性被视作一个复杂的多方面的过程，而不是属于单个家庭的一个特质(Gerstein et al.，2009；Luthar and Zelazo，2003)。

研究表明许多因素对家庭压力可能会有缓冲作用。现在让我们一起看看这些。

社会变量

社会支持

社会支持一直被视为帮助人们应对压力生活事件的重要因素(Cobb，1976)，所以也不必惊讶许多关于家庭使用的支持系统的研究显示，强大的支持系统能更好地帮助家庭应对他们面临的挑战(例如 Bailey，Nelson，Hebbeler and Spiker，2007；Crnic，Greenberg，Ragozin，Robinson and Basham，1983；Dunst，Trivette and Deal，1994；Hauser-Cram，Warfield，Shonkoff，Krauss，Sayer and Upshur，2001)。婚姻关系质量上的社会支持也被证明与应对问题及福祉有关(Friendich，Wilturner and Cohen，1985；Kersh，Hedvat，Hauser-Cram and Warfield，2006)。

支持系统可能是正式的，比如那些由孩子周围的专业团队或非正式的群体(包括家人和朋友)提供的(见表11.1)。非正式网络可能提供实际支持，如保姆、进行特殊治疗的筹资，或提供建议或情感支持。经证实，这些非正式的支持在帮助家庭应对困难方面扮演了重要角色(Thompson，Lobb，Elling，Herman，Jurkiewicz and Hulleza，1997)。有资料显示，母亲从她的丈夫/伴侣、家人、朋友处得到的社会支持水平，能调节儿童残障与产妇压力之间的关系(例如 Plant and Sanders，2007)。家庭人际网的大小，即可获得的能提供不同类型支持的人数，可能是成功的家庭适应的一个重要的因素(Kazak and Marvin，1984；Kazak，1987)。

正如在这一章前面提到的，有一个发育障碍的孩子可能导致家庭从社会和文化活动中隔离出来(Marsh，1992；Sanders and Morgan，1997)，这意味着家庭社交网络的缩小以及拥有更少的机会来获得需要的社会支持。例如，Heiman 和 Berger(2008)发现，阿斯伯格综合征患儿的家长认为自己只拥有低水平的社会支持。有特定学习困难的儿童的父母与普通儿童的父母相比，虽然可能实际上反映了社会关系的恶化与离群索居，还意味着这群人有未得到满足的需要。使家庭能够使用、建立和加强现有的非正式支持系统现在被视为专业人员的一个重要的干预目标(Bailey, Bruder, Hebbeler, Carta, Defosset, Greenwood et al., 2006; Bailey et al., 2007)。

表 11.1 支持类型及举例

正式	非正式
儿科专家	直系亲属
教育心理学家	大家庭
言语治疗专家	朋友
理疗师	街坊邻居
职业疗法专家	自助小组
家庭教师	慈善机构
健康顾问	大社区

态度

残障的社会模型(Oliver, 1986, 1990)作为一个医学问题挑战了人们对残障的认知。医学角度对残障的一个理解是,残障人士是终身的病人,尽管他/她实际上并不是生病,也不可能通过治疗得到康复(Oliver and Sapey, 1999)。奥利弗则认为,在任何医疗方面的生理残障、认知感觉方面的损害之上,社会对残障的社会建构的病态使得残障人士受阻碍。对残障者的恐惧、怜悯和厌恶态度已经得到报告(Barton, 1996)。因此,奥利弗提出,在西方社会里,对残障的主流观点是,残障是一个个人悲剧,随机发生在个人身上,那些人的结局一定是不幸的。

关于残障儿童,残障社会模型倡导者认为,西方社会期望孩子在有限的时期内存在依赖性,然后成为独立和富有生产力的社会成员。这个观点认为,有发育障碍的孩子不能符合这种观点,所以被视为社会问题:父母会消极地认为抚养这样一个孩子是一个负担(Priestly, 2003)。对护理负担的这种态度,过去影响了相当数量的关于以消极心理抚养残障儿童方面的研究(Heiman, 2002),尽管正如在这一章前面所讨论的,在某种程度上,经历这一角色后父母最近对福祉的认识以及对韧性而不是消极后果的研究兴趣已发生了改变(Green, 2007)。

> QUISSET 现在到课本之外……自己查查看!
>
> **在图书馆电子数据库检索"残障的社会模型"。**
>
> - "残障的社会模型"是什么意思?
> - 如何与残障的医学模型对比?
> - 最近,这个领域的学者如何结合这两个领域来研究?
>
> (提示:Shakespeare and Watson, 2002)

父母变量

研究发现,许多父母变量与能够良好地应对和适应家里有一个残障儿童带来的挑战有关。虽然这里讨论的研究使用父母的健康来测量家庭压力和应对程度的**结果**(例如 Friedrich et al., 1985; Kersh et al., 2006),其他研究则已经表明,它是家庭压力的**测量**(Chang and Fine, 2007; Williford, Calkins and Keane, 2007)。

在他们关于养育患自闭症谱系障碍孩子的研究中,Hastings 和 Brown(2002)发现了母亲调节孩子的行为问题和孕产妇抑郁症之间关系的自我效能,即,养育一个有问题行为的孩子降低感情功效,增加抑郁。Hassall、Rose 和 McDonald(2005)同样发现,育儿的自尊影响家长经历的压力水平。他们使用 Johnston 和 Mash(1989)的"育儿胜任感表"的分量表来测量自尊,一个用来测量育儿效能感,另一个用来测量育儿满意度。

父母的控制点也被发现与压力有关,那些认为他们有更多的个人(内部)控制力的父母经历压力程度较轻(Frey, Greenberg and Fewell, 1989; Friedrich et al., 1985; Hassall et al., 2005)。我们将在之后的章节研究控制归因。

Lloyd 和 Hastings(2007)研究了父母接纳对孕产妇压力的影响。他们认为,这可能是发育障碍的一个重要变量,长期成功的教育和康复干预可以帮助完全克服发育障碍。那么接纳现在和未来的挑战似乎是一个有用的使家庭前进的做法,事实上,他们发现,接纳与产妇压力有关,高水平的接纳与更低水平的压力联系在一起。

养育的质量和亲子关系在残障儿童和育有残障孩子的家庭的压力之间可能起到保护性因素的作用(Gerstein et al., 2009; Hauser-Cram, Warfield, Shonkoff, Krauss, Upshur and Sayer, 1999)。Marfo(1990)的研究发现,智障儿童的家长比普通儿童的父母更倾向于发出指令,即强调严格的家长行为控制,给孩子留有很少的选择或决策机会。Marfo 发现,尽管他们更多地运用指令的方式,这些智障儿童的家长未必比普通儿童的父母缺少温暖和积极的作用。不过令人困惑的是,这样的权威型父母与对普通儿童的高效、适当教育联系在一起(Baumrind, 1971; Pettit, Bates and Dodge, 1997),实际上,它对发育障碍儿童的父母来说落实起来可能比普通儿童的父母更有压力(Woolfson and Grant, 2006)。这种更大的压力一种解释可能是,因为他们在理解或调节自己行为上的特定困难,残障儿童在降低特定目标问题行为时,可能需要更多地重复父母的指令。

Gerstein 等人(2009)研究了我们上面所讨论过的父母方面的因素,来判断在多大程度上它们可以作为促进家庭韧性或防止风险因素发挥作用。他们发现,父母的幸福、婚姻调适和积极的父子/女关系对母亲的韧性有促进作用,对父亲的韧性作用方式则不同,证明变量间有着复杂的相互作用,父母对压力的体验和应对挑战的韧性是不一样的。他们认为涉及残障儿童家庭建立应对压力的韧性的模型需要包含一定程度的复杂性以及多维视角,认识到有助于家庭韧性的过程可能在父母方面有很大的差异,此外,母亲和父亲各自影响其他人的适应。

父母变量在教育心理学令研究特别感兴趣,是因为可以使用心理教育方法来研究,这种方法教父母用新的方式管理或者理解孩子行为。因此是一个重要的干预点,尤其是当我们考虑改变父母变量对作为一个整体的抚育者—孩子系统以及间接对孩子发展结果的影响时。此外，家庭信念体系在促进韧性方面被认为是一个关键的角色(Walsh，2002，2003)。在这一章后面部分我们将把研究重点放在父母的信念和认知问题上。

干预

让我们从考虑家庭应对儿童发育障碍转到研究家长和专业人士可能会进行的干预以促成最佳的儿童发展和行为结果。

相互作用的发展调节 (Sameroff and Fiese，2000)

在第 10 章中，我们讨论了学前教育发展，经过一段时间照料者和孩子的相互作用，孩子的结果如何。这些相互作用的发展调节原则仍然适用，因为孩子都有确定的发育障碍。发育障碍当然是一个重要因素，它影响孩子的发展结果；但正是发育障碍以外的因素影响了父母在家庭中经历的压力和其他消极后果的严重程度；所以是发育障碍以外的因素影响孩子的发展和行为结果。父母教养孩子的社会心理背景也对孩子的行为结果起作用，通过与父母的日常互动，有或没有发育障碍的儿童学习如何用与他们生存的文化环境相适应的方式来表现和回应(Moilanen，Shaw，Dishion，Gardner and Wilson，2010)，尽管显然有发育障碍可能会限制孩子利用这一点的程度。

我们从第 10 章得知相互作用模型把孩子的发展看作是变化的有机体(孩子)和变化的环境(看护环境)之间不断相互作用的结果，这表明环境和孩子随时间交互作用的复杂性。并非孩子的发育障碍直接导致发展和行为结果，而是孩子表现出的行为与父母的反应相互作用的产物。

活动

重新阅读第 10 章中，Sameroff 和 Fiese(2000)的相互作用发展调节模型的相关内容。考虑这一模型可以如何应用于有发育障碍儿童的家庭。

发育障碍儿童干预的相互作用模型所带来的启示是什么？重要的是，由于亲子关系相互作用的互为因果性质，针对性改变系统的一部分可能导致系统的另一个部分发生变化。因此，针对儿童发育障碍直接与专业的干预不是唯一有用的方法，相互作用模型意味着处理父母行为上的问题应该对孩子的发展和行为也有积极影响。Sameroff 和 Fiese(2000)提出，干预应以这些方面为目标：修复、再教育、再定义。这些干预所针对系统完全不同(见**重要概念**框)。

重要概念

● 修复干预的直接目的是改变孩子的行为。言语和语言治疗、职业治疗、物理治疗和教育节目都是修复干预的例子。它帮助孩子适应家庭已有照料系统,使得照料系统随孩子的言语或喂养需要相应变化,而不是简单以照料系统本身为干预对象。治疗目的是可以让父母利用现有的护理实践。

● 再教育的干预对象是照料系统。它旨在通过教授父母具体的新技能使他们能根据孩子的特殊发展需要改变自己的行为。比如他们可能学习处理技巧,来使由于脑瘫导致肌肉松弛的孩子坐好。学习让孩子坐正,观察他/她的反应,帮助孩子获得更多刺激并吸引更多可能会对儿童发展带来积极影响的环境。家长也可以学习新的技能来帮助设法抬起头好好吃饭,或者在咀嚼、吞咽上有困难的孩子进食。在运动障碍儿童学龄前干预计划中,家长再教育的例子报告(Woolfson, 1999),帮助有发育障碍的儿童的父母发现有技能可用很有帮助。

● 再定义没有直接干预孩子或父母的行为,而着重于对父母养育工作、对孩子的发展、对自己所承担角色的看法的信念,以及他们对孩子发育障碍的含义的解释。再定义涉及认知评价,鼓励父母重新评估,重新界定他们有关养育有发育障碍的孩子的信念。心理学家通过一个再定义策略帮助父母认知重建和重新评价,使他们看到孩子的一部分困难是正常发展的一部分,而不是孩子功能上的障碍。这可以帮助他们对日常的家庭教养行为做出反应,而不是总认为孩子需要特殊的管理。父母重新定义的例子也可以在Woolfson(1999)报告中找到。

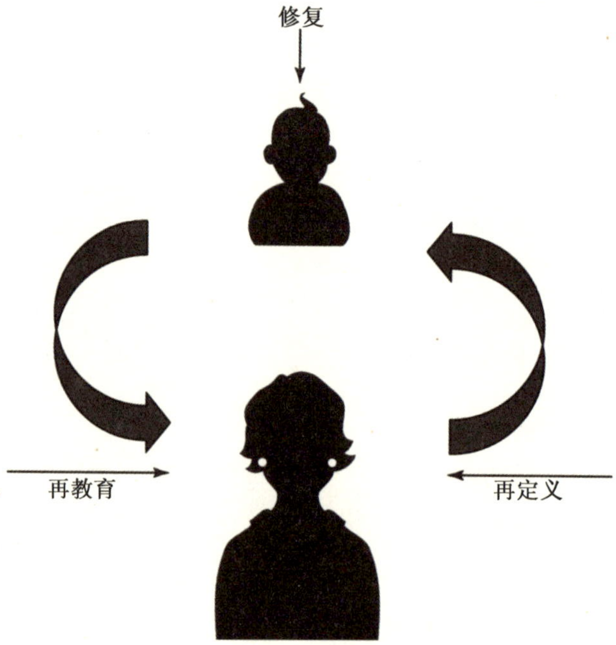

图 11.1 母亲—孩子照料系统的干预模型

QUISST 现在到课本之外……自己查查看！

在图书馆电子数据库检索“修复、再教育和再定义”。

- 阅读 Woolfson(1990)的论文。研究中，相互作用模型怎样用于通知评估？
- 为发育障碍学龄前儿童设计的干预项目的相互作用模型的意义是什么？

教养观念和孩子的发展结果

我们都知道通过成功的行为管理方法(例如 Levin and Carr，2001；Mandal，Olmi，Edwards，Tingstrom and Benoit，2000)以及父母的教育计划(例如 Ozonoff and Cathcart，1998；Woolfson，1999)来展示修复和再教育方法的话，会对发育障碍儿童产生积极作用。正如我们刚刚看到的，Sameroff 和 Fiese 的相互作用的发展调节模型同样证明父母对抚养孩子的信念和认知可以通过再定义的干预方法来应对。随着心理学家对社会认知研究日益增长的兴趣，相比考察生物学治疗或康复治疗和教育方法(修复和再教育)，我们现在将通过考虑父母对孩子发育障碍的信念以及尝试着改变这些信念的干预的研究，聚焦到较新的干预方法上(再定义)。

发育障碍相关行为问题的社会心理学模型(Woolfson，2004)

通常，发育障碍儿童比普遍儿童表现出更多的行为问题(Baker et al.，2003；Roberts and Lawton，2001；Woolfson，Taylor and Mooney，2010)。父母的一系列信念和行为对普通儿童和发育障碍儿童的行为和发展结果都会产生作用(例如 Bernier，Carlsen and Whipple，2010；Sameroff and Fiese，2000；Woolfson，2004)。现在让我们更仔细地探究父母的信念和儿童问题行为之间的关系。

这个模型以本章前面讨论过的发育障碍社会模型的负面社会价值观为起点(Oliver，1986，1990)，呈现了由 Oliver 建议的三种关于残障的社会看法(见图 11.2)，并且显示了在教养子女的家庭信念层面，这些观点意味着什么，它们将怎样影响父母教养子女的行为和之后怎样影响孩子的行为。这个模型预示着这些社会信念不利于有效的家庭教育，持类似看法的父母在训练自己孩子学会合适行为时会不会认为自己的做法会起作用。不是把品行不端看作父母应尝试去解决的工作，相反，把孩子的问题行为，如发怒、缺乏自律、不能遵守父母的要求看作是发育障碍的固有部分。或者他们可能觉得对不起孩子，觉得他们必须弥补他们孩子损害，所以不认为尽量约束孩子的做法合理。父母可能觉得让孩子哭是有害的(Rickert and Johnson，1988；Tse and Hall，2007)，这样一种信念会使他们很难对孩子的要求说“不”。在全民性研究中 McDermott、Coker、Mani、Krishnaswami、Nagle、Barnett-Queen 等人(1996)发现 25.5%患有大脑性麻痹的孩子有行为问题，尤其与在家缺乏服从性相关，表现为顽固脾气分量表高得分。作者指出这可能是由于缺乏训练以及家长不能给孩子设定一个合适的行为限制而导致的。

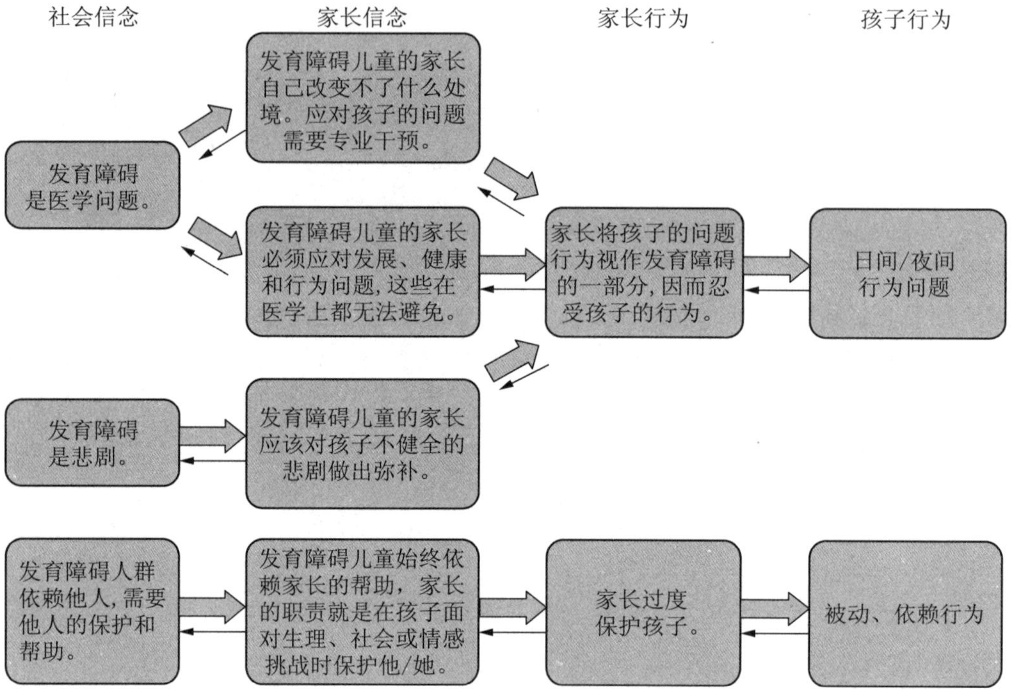

箭头表示影响的方向。粗箭头表示起主要影响，细箭头表示孩子的行为反过来坚定了家长和社会的看法。

图 11.2　发育障碍相关的儿童行为问题的社会心理模型

资料来源：Woolfson，2004.
复制许可：John Wiley & Sons Inc.

QUISST 现在到课本之外……自己查查看！

在图书馆电子数据库检索"行为问题的社会心理模型"。

参考 Woolfson(2004)的论文。

- 文献认为出什么样的信念对有效的养育更有用？
- 该文献所提供证据在多大程度上支持该观点？

文献指出，为有效养育发育障碍孩子，父母需要对社会上关于残障的主流观念持有不同的看法。例如，与主流观点相反，他们可能对孩子有很高的期待，期待他/她尽可能参与到社会中去；他们可能认为缺乏服从性或发脾气不是发育障碍的一部分，而是普通的发展中出现的问题，作为父母他们需要努力下功夫帮孩子去克服。

改变父母的信念

我们在本章研究的这个模型表明，有各种各样的父母信念，其中有些人的信念比其他人的信念可能更有助于改善儿童和家庭的发展结果。因此，专业人士处理家庭问题时，考虑家庭的世界观和作用于家庭的信念系统显得十分重要(Bruce and Schultz，2001；King，

Baxter, Rosenbaum, Zwaigenbaum and Bates, 2009; King, Currie, Bartlett, Gilpin, Willoughby, Tucker et al., 2007)。我们现在就来研究家长对孩子发育障碍的认知。

Hastings、Allen、McDermott 和 Still(2002)报告,积极的认知重构预示着满足、家庭的力量,以及所研究的智障孩子母亲样本中母亲的个人成长。King 等人(2009)关于自闭症谱系障碍或唐氏综合征儿童父母的研究也报告了家庭在认识到对家庭而言重要的东西后发生了改变。他们的经验以乐观,接受挑战和差异,并努力创造改变为特征。Larson (1989)的研究中的母亲也同样对未来充满希望。King et al.得出结论,为使关于家庭的工作更有效,专业人士需要评估对孩子来说父母最该做的是什么,对家庭来说最重要的是什么。然后使用更细节的角度来理解每个家庭,帮助他们在适应的过程中更好地参与家庭生活。

归因理论给我们提供了一个很好的框架来研究管理孩子行为方面的父母信念。在这个框架内,导致行为的原因有三个维度:

- 因果关系,对于孩子来说行为的起因内部还是外部
- 稳定性,导致行为的原因是否随时间而改变
- 可控性,孩子是否能以一种改变现状的方式行动(Weiner, 1985)

对于有发育障碍的儿童,有一系列的关于注意缺陷多动障碍(ADHD)儿童父母的归因信念研究,这些研究显示在他们的归因和孩子行为、养育行为之间存在相关(Johnston, Chen and Ohan, 2006)。ADHD 儿童的父母倾向于将 ADHD 归因为内部和稳定的因素,对于不管孩子还是父母都归因于缺乏可控性(Johnston and Ohan, 2005)。特别是他们将 ADHD 的注意力问题看作由孩子的内部因素造成的,而更多把积极的亲社会行为看作由外部因素引起的(Johnston and Freeman, 1997)。如果孩子在接受药物治疗,看法会发生变化。当问题行为被看作是来自外部原因时,更像是普通儿童的父母所使用的归因(Johnston and Leung, 2001)。

此外,ADHD 被发现是父母可控性归因和儿童行为的调节因素,表明有 ADHD 儿童的父母和普通儿童的父母不同的可控性归因。相应地,Woolfson、Taylor 和 Mooney (2010)指出,父母可控性归因在调节孩子的发育障碍和行为的关系中起到作用,这里指的是 ADHD 以外的发育障碍。

然而,父母对孩子问题行为可控性的归因与父母对发育障碍孩子的负面情绪有关,这增加了研究的敏感性(Chavira, Lopez, Blacher and Shapiro, 2000)。当父母被问及孩子对问题行为的控制程度,他们认为对孩子负有的责任、对自己的指责和孩子是否有问题行为是有意嵌入这个问题的。Woolfson(2005)称它是“育儿悖论”,孩子的可控性归因与负面的父母影响有关,父母仍然需要看到他们的孩子某种程度上在控制自己的行为,如果他们期望孩子学习可以接受的行为方式的话。更重要的是,教育孩子如何做人是根本的责任,父母的确需要认识到自己是控制孩子行为的主要角色。也许孩子对问题行为中等程度的控制对有效的行为管理是必要的,而更高程度的控制与负面影响和严格纪律有关(Mah and Johnston, 2008)。或者即使可控性归因与负面情绪有关,可控性归因需要的就是母亲有效的养育行为。

讨论　和朋友讨论

讨论归因与儿童行为之间的直接关系。

- 父母的控制性归因会影响孩子的行为结果吗？
- 或者不断尝试去设法影响孩子行为的失败做法会导致低水平的家长控制性归因吗？

已有一小部分来自发育障碍孩子家庭的证据证明干预家长信念能起到积极作用。Dunst(1999)发现被用于以家庭为中心的训练实践是对于儿童结果最好的预测因素之一，而且这样的实践训练会使父母重新评价他们自身的个人控制力。Singer 等人(2007)采用元分析分析了 6 项研究的结果，表明认知行为训练使父母更好地帮助孩子处理压力，并得出结论，该方法有效。这些研究包括 Nixon 和 Singer(1993)的研究，其目的是改变有关家长过失的认知谬误和错误归因；巩固家长的认知以促进适应并且改变家长不利的信念(Pelchat, Bisson, Ricard, Perreault and Bouchard, 1999)；改变与痛苦有关的信念(Singer, Irvin and Hawkins, 1988)；改变消极的想法(Singer, Irvin, Irvine, Hawkins and Cooley, 1989)。

Singer 等人的元分析也检验了父母教育程序和多元构成干预。根据本章提到的相互作用模型，这些可被认为同时涉及再教育和再定义。他们发现这些多元构成干预比单单父母教育或认知行为训练更加有效。相互作用典型更进一步预测家长信念的改变和父母学到的新观点将会对孩子的发展结果产生相应的促进作用，即使这未得到以上研究的评估。这也为研究者的进一步工作指出了更明晰的方向，为有发育障碍孩子的家长们提供专业帮助。

总结与结论

虽然养育发育障碍孩子可能带来具有压力的挑战，有很多因素可以减轻压力并帮助家庭应对压力、形成韧性。同样地，尽管许多发育障碍孩子表现出行为问题，家庭可以通过行动改善这种状况。通过教育和康复活动直接帮助孩子，家长信念也在改善孩子和家庭发展结果方面起重要作用。

拓展阅读

访问 www.pearsoned.co.uk/markswoolfson 获取下列基础文章：

Gerstein, E., Crnic, K., Blacher, J., and Baker, B. (2009). Resilience and the course of daily parenting stress in families of young children with intellectual disabilities. *Journal of Intellectual Disability Research. 53*(12), 981–97.

Woolfson, L. (1999) Using a model of transactional developmental regulation to evaluate the effectiveness of an early intervention programme for pre-school children with motor impairments. *Child: Care, Health and Development, 25*(1), 55–79.

Woolfson, L. (2004). Family wellbeing and disabled children: A psychosocial model of disability-related child behaviour problems. *British Journal of Health Psychology, 9*, 1–13.

参考文献

Affleck, G., Tennen, H., and Gershman, K. (1985). Cognitive adaptations to high-risk infants: The search for mastery, meaning, and protection from harm. *American Journal of Mental Deficiency, 89*, 653–6.

Bailey, D., Bruder, M., Hebbeler, K., Carta, J., Defosset, M., Greenwood, C., *et al*. (2006). Recommended outcomes for families of young children with disabilities. *Journal of Early Intervention, 28*, 227–51.

Bailey, D., Nelson, L., Hebbeler, K., and Spiker, D. (2007). Modeling the impact of formal and informal supports for young children with disabilities and their families. *Pediatrics, 120*, e992–e1001.

Baker, B., McIntyre, L., Blacher, J., Crnic, K., Edelbrock, C., and Low, C. (2003). Preschool children with and without developmental delay: Behaviour problems and parenting stress over time. *Journal of Intellectual Disability Research, 49*, 217–30.

Barnett, R. and Boyce, G. (1995). Effects of children with Down syndrome on parents' activities. *American Journal of Mental Retardation, 100*, 115–27.

Barton, L. (1996). Sociology and disability: Some emerging issues. In L. Barton (ed.), *Disability and society: Emerging issues and insights*. London: Longman, (pp. 3–17).

Baumrind, D. (1971). Current patterns of parental authority. *Developmental Psychology Monograph, 4*, 1–103.

Beck, A., Daley, D., Hastings, R., and Stevenson, J. (2004). Mothers expressed emotion towards children with and without intellectual disabilities. *Journal of Intellectual Disability Research, 48*(7), 628–38.

Bennett, E. (2010). *Counting the costs 2010: The financial reality for families with disabled children*. London: Contact a Family.

Bernier, A., Carlsen, S., and Whipple, N. (2010). From external regulation to self-regulation: early parenting precursors of young children's executive functioning. *Child Development, 81*, 326–39.

Blacher, J. and Hatton, C. (2007). Families in context: Influences on coping and adaptation. In L. Odom, R. Home, M. Snell, and J. Blacher (eds), *Handbook of Developmental Disabilities*. New York: Guilford Press, (pp. 531–46).

Blacher, J., Neece, C., and Paczowski, E. (2005). Families and intellectual disability. *Current Opinion in Psychiatry, 18*, 507–13.

Bristol, M. (1987). Mothers of children with autism or communication disorders: successful adaptation and the double ABCX model. *Journal of Autism and Developmental Disorders, 17*, 469–86.

Bruce, E. and Schultz, C. (2001). *Nonfinite loss and grief: A psychoeducational approach*. Baltimore, MD: Brookes.

Chang, Y. and Fine, M. (2007). Modeling parenting stress trajectories among low-income mothers across the child's second and third years: Factors accounting for stability and change. *Journal of Family Psychology, 21*, 584–94.

Chavira, V., Lopez, S., Blacher, J., and Shapiro, J. (2000). Latina mothers' attributions, emotions and reactions to the problem behaviours of their children with developmental disabilities. *Journal of Child Psychology and Psychiatry, 41*, 245–52.

Cobb, S. (1976). Social support as a moderator of life stress. *Psychosomatic Medicine, 38*, 300–14.

Crnic, K. and Greenberg, M. (1990). Parenting stresses with young children. *Child Development, 61*(5), 1628–37.

Crnic, K., Greenberg, M., Ragozin, A., Robinson, N., and Basham, R. (1983). Effects of stress and social support on mothers and premature and full-term infants. *Child Development, 54*, 209–17.

Crnic, K., Hoffman, C., and Gaze, C. (2005). Cumulative parenting stress across the preschool period: Relations to maternal parenting and child behaviour at age 5. *Infant and Child Development, 14*, 117–32.

Dempsey, I., Keen, D., Pennell, D., O'Reilly, J., and Neilands, J. (2009). Parent stress, parenting competence and family-centred support to young children with an intellectual or developmental disability. *Research in Developmental Disabilities, 30*(3), 558–66.

Dobson, B. and Middleton, S. (1998). *Paying to care: The cost of childhood disability*. York: Joseph Rowntree Foundation.

Dumas, J., Wolf, L., Fisman, S., and Culligan, A. (1991). Parenting stress, child behaviour problems, and dysphoria in parents of children with autism, Down Syndrome, behaviour disorders, and normal development. *Exceptionality*, 2(2), 97–110.

Dunst, C. (1999). Placing parent education in conceptual and empirical context. *Topics in Early Childhood Special Education*, 19, 141–7.

Dunst, C., Trivette, C., and Deal, A. (1994). *Supporting and strengthening families: Volume 2 – methods, strategies and practices*. Cambridge, MA: Brookline.

Emerson, E., Graham, H., McCulloch, A., Blacher, J., Hatton, C., and Llewellyn, G. (2008). The social context of parenting 3-year-old children with developmental delay in the UK. *Child: Care, Health and Development, 35*(1), 63–70.

Emerson, E., Hatton, C., Llewellyn, G., Blacher, J., and Graham, H. (2006). Socio-economic position, household composition, health status, and indicators of the wellbeing of mothers of children with and without intellectual disabilities. *Journal of Intellectual Disability Research, 50*, 862–73.

Estes, A., Munson, J., Dawson, G., Koehler, E., Zhou, X., and Abbott, R. (2009). Parenting stress and psychological functioning among mothers of preschool children with autism and developmental delay. *Autism, 13*, 375–87.

Evans, D. (1989). The psychological impact of disability and illness on medical treatment decision making. *Issues in Law and Medicine, 5*, 277–99.

Freedman, R., Litchfield, L., and Warfield, M. (1995). Balancing work and family: Perspectives of parents of children with developmental disabilities. *Families in Society: The Journal of Contemporary Human Services, 76*, 507–14.

Frey, K., Greenberg, M., and Fewell, R. (1989). Stress and coping among parents of handicapped children: A multi-dimensional approach. *American Journal on Mental Retardation, 94*, 240–9.

Friedrich, W., Wilturner, L., and Cohen, D. (1985). Coping resources and parenting mentally retarded children. *American Journal of Mental Deficiency, 90*, 130–9.

Gerstein, E., Crnic, K., Blacher, J., and Baker, B. (2009). Resilience and the course of daily parenting stress in families of young children with intellectual disabilities. *Journal of Intellectual Disabiity Research, 53*(12), 981–97.

Green, S. (2007). "We're tired, not sad": Benefits and burdens of mothering a child with a disability. *Social Science and Medicine, 64*, 150–63.

Gupta, V. (2007). Comparison of parenting stress in different developmental disabilities. *Journal of Developmental and Physical Disabilities, 19*, 417–25.

Hassall, R., Rose, J., and McDonald, J. (2005). Parenting stress in mothers of children with intellectual disability: The effects of parental cognitions in relation to child characteristics and family support. *Journal of Intellectual Disability Research, 49*(6), 405–18.

Hastings, R. (2002). Parental stress and behavior problems of children with developmental disability. *Journal of Intellectual and Developmental Disability, 27*(3), 149–60.

Hastings, R., Allen, R., McDermott, K., and Still, D. (2002). Factors related to positive perceptions in mothers of children with intellectual disabilities. *Journal of Applied Research in Intellectual Disabilities, 15*, 269–75.

Hastings, R. and Beck, A. (2004). Practitioner review: stress intervention for parents of children with intellectual disabilities. *Journal of Child Psychology and Psychiatry, 45*, 1338–49.

Hastings, R. and Brown, T. (2002). Behaviour problems of children with autism, parental self-efficacy and mental health. *American Journal of Mental Retardation, 107*(3), 222–32.

Hastings, R. and Taunt, H. (2002). Positive perceptions in families of children with developmental disabilities. *American Journal of Mental Retardation, 107*, 116–27.

Hauser-Cram, P., Warfield, M., Shonkoff, J., and Krauss, M. (2001). The development of children with disabilities and the adaptation of their parents: theoretical perspective and empirical evidence. *Monographs of the Society for Research in Child Development, 66*, 6–21.

Hauser-Cram, P., Warfield, M., Shonkoff, J., Krauss, M., Sayer, A., and Upshur, C. (2001). Children with disabilities: A longitudinal study of child development and parent well-being. *Monograph of the Society for Research in Child Development, 66*, 1–126.

Hauser-Cram, P., Warfield, M., Shonkoff, J., Krauss, M., Upshur, C., and Sayer, A., (1999). Family influences on adaptive development in young children with Down Syndrome. *Child Development, 70*, 979–89.

Haveman, M., van Berkum, G., Reijnders, R., and Heller, T., (1997). Differences in service needs, time demands, and caregiving burden among parents of persons with mental retardation across the life cycle. *Family Relations, 46*, 417–25.

Heiman, T. (2002). Parents of children with disabilities: Resilience, coping and future expectations. *Journal of Developmental and Physical Disabilities, 14*, 159–71.

Heiman, T. and Berger, O. (2008). Parents of children with Asperger Syndrome or with learning disabilities.: Family environment and social support. *Research in Developmental Disabilities, 29(*4), 289–300.

Hill, R. (1958). Social stress on the family. *Social Case Work, 49*, 139–50.

Hornby, G. (1994). *Counselling in child disability*. London: Chapman and Hall.

Johnston, C., Chen., M., and Ohan, J. (2006). Mothers' attributions for behaviour in nonproblem boys, boys with attention deficit hyperactivity disorder, and boys with attention deficit hyperactivity disorder and oppositional defiant behaviour. *Journal of Clinical Child and Adolescent Psychology, 35*(1), 60–71.

Johnston, C. and Freeman, W. (1997). Attributions of child behaviour in parents of children without behaviour disorders and children with attention deficit hyperactivity disorder. *Journal of Consulting and Clinical Psychology, 65*(4), 636–45.

Johnston, C., Hessl, D., Blasey, C., Eliez, S., Erba, H., Dyer-Friedman, J. et al., (2003). Factors associated with parenting stress in mothers of children with Fragile X syndrome. *Journal of Developmental and Behavioural Pediatrics, 24*(4), 267–75.

Johnston, C. and Leung, D. (2001). Effects of medication, behavioural and combined treatments on parents' and children's attributions for the behaviour of children with attention deficit hyperactivity disorder. *Journal of Consulting and Clinical Psychology, 69*(1), 67–76.

Johnston, C. and Mash, E. (1989). A measure of parenting satisfaction and efficacy. *Journal of Clinical Child Psychology, 18*, 167–75.

Johnston, C. and Ohan, J. (2005). The importance of parental attributions in families of children with attention-deficit/hyperactivity and disruptive behaviour disorders. *Clinical Child and Family Psychology Review, 8*(3), 167–82.

Kazak, A. (1987). Families with disabled children: Stress and social networks in three samples. *Journal of Abnormal Child Psychology, 15*(1), 137–146.

Kazak, A. and Marvin, R. (1984). Differences, difficulties, and adaptation: Stress and social networks in families with a handicapped child. *Family Relations, 33*, 67–77.

Kersh, J., Hedvat, T., Hauser-Cram, P., and Warfield, M. (2006). The contribution of marital quality to the well-being of parents of children with developmental disabilities. *Journal of Intellectual Disability Research, 50*(12), 883–893.

King, G., Baxter, P., Rosenbaum, P., Zwaigenbaum, L., and Bates, A. (2009). Belief systems of families of children with autism spectrum disorders or Down Syndrome. *Focus on Autism and*

Other Developmental Disabilities, 24, 50–64.

King, G., Currie, M., Bartlett, D., Gilpin, M., Willoughby, C., Tucker, M., *et al.* (2007). The development of expertise in pediatric rehabilitation therapists: Changes in self-approach, self-knowledge, and use of enabling and customising strategies. *Developmental Neurorehabilitation, 10*, 225–42.

Knox, M., Parmenter, T., Atkinson, N., and Yazbeck, M. (2000). Family control: The views of families who have a child with an intellectual disability. *Journal of Applied Research in Intellectual Disabilities, 13*, 17–28.

Konstantareas, M. and Homatidis, S. (1989). Assessing child symptom severity and stress in parents of autistic children. *Journal of Child Psychology and Psychiatry, 30*(3), 459–70.

Kübler-Ross, E. (1969). *On death and dying*. New York: Macmillan Publishing Company.

Lazarus, R. and Folkman, S. (1984). *Stress, appraisal, and coping*. New York: Springer Publishing Company.

Larson, E. (1998). Reframing the meaning of disability to families: The embrace of paradox. *Social Science and Medicine, 47*(7), 865–75.

Leiter, V., Krauss, M., Anderson, B., and Wells, N. (2004). The consequences of caring: Effects of mothering a child with special needs. *Journal of Family Issues, 25*, 379–403.

Levin, L. and Carr, E. (2001). Food selectivity and problem behaviour in children with developmental disabilities: Analysis and intervention. *Behaviour Modification, 25*, 443–70.

Lloyd, T. and Hastings, R. (2007). Psychological variables as correlates of adjustment in mothers of children with intellectual disabilities: Cross-sectional and longitudinal relationships. *Journal of Intellectual Disability Research, 52*(1), 37–48.

Lobato, D. (1995). *Brothers, sisters, and special needs: Information and activities for helping young children with chronic illnesses and developmental disabilities*. Baltimore: Paul H. Brookes.

Luther, S. and Zelazo, L. (2003). Research on resilience: An integrative review. In S. Luthar (ed.), *Resilience and vulnerability: Adaptation in the context of childhood adversity*. New York: Cambridge University Press (pp. 510–50).

Mah, J. and Johnston, C. (2008). Parental social cognitions: Considerations in the acceptability of and engagement in behavioral parent training. *Clinical Child and Family Psychology Review, 11*, 218–36.

Mandal, R., Olmi, D., Edwards, R., Tingstrom, D., and Benoit, D. (2000). Effective instruction delivery and time-in: Positive procedures for achieving child compliance. *Child and Family Behaviour Therapy, 22*, 1–12.

Marfo, K. (1990). Maternal directiveness in interactions with mentally handicapped children: An analytical commentary. *Journal of Child Psychology and Psychiatry, 31*, 531–49.

Marsh, D. (1992). *Families and mental retardation: New directions in professional practice*. New York: Praeger.

Marvin, R. and Pianta, R. (1996). Mothers' reactions to their child's diagnosis: Relations with security and attachment. *Journal of Clinical Child Psychology, 25*, 436–45.

McCubbin, H., Cauble, A., and Patterson, J. (eds) (1982). *Family stress, coping and social support*. Springfield, IL: Charles C. Thomas.

McCubbin, H. and Patterson, J. (1981). *Systematic assessment of family stress, resources, and coping*. St Paul: Family Stress Project, University of Minnesota.

McCubbin, H. and Patterson, J. (1983). The family stress process: The double ABCX model of adjustment and adaptation. In H. McCubbin and M. Sussman (eds) *Social stress and the family: Advances and developments in family stress theory and research* (pp. 7–37). New York: Haworth Press.

McDermott, S., Coker, A., Mani, S., Krishnaswami, S., Nagle, R., Barnett-Queen, L., *et al.* (1996).

A population-based analysis of behaviour problems in children with cerebral palsy. *Journal of Pediatric Psychology, 21*(3), 447–63.

McDonald, T., Couchonnal, G., and Early, T. (1996). The impact of major events on the lives of family caregivers of children with disabilities. *Families in Society: The Journal of Contemporary Human Services, 10*, 502–14.

Moilanen, K., Shaw, D., Dishion, T., Gardner, F., and Wilson, M. (2010). Predictors of longitudinal growth in inhibitory control in early childhood. *Social Development, 19*, 326–47.

Nixon, C., and Singer, G., (1993). A group cognitive behavioural treatment for excessive parental self-blame and guilt. *American Journal of Mental Retardation, 97*, 665–72.

Oliver, M. (1986). Social policy and disability: Some theoretical issues. *Disability, Handicap and Society, 1*, 5–18.

Oliver, M. (1990). *The politics of disablement*. London: Macmillan.

Oliver, M. and Sapey, B. (1999). *Social work with disabled people*, 2nd edn. London: Macmillan.

Olshansky, S. (1962). Chronic sorrow: a response to having a mentally defective child. *Social Casework, 43*, 190–3.

Ozonoff, S. and Cathcart, K. (1998). Effectiveness of a home programme intervention for young children with autism. *Journal of Autism and Developmental Disorders, 28*(1), 25–32.

Patterson, J. (1988). Families experiencing stress: I. The Family Adjustment and Adaptation Response Model: II. Applying the FAAR model to health-related issues for intervention and research. *Family, Systems and Health, 6*(2), 202–37.

Pelchat, D., Bisson, J., Ricard, N., Perreault, M., and Bouchard, J.(1999). The longitudinal effects of an early family intervention programme on the adaptation of parents of children with a disability. *International Journal of Nursing Studies, 36*, 465–77.

Pettit. G., Bates, J., and Dodge, K. (1997). Supportive parenting, ecological context, and children's adjustment: a seven-year longitudinal study. *Child Development, 68*, 908–23.

Plant, K. and Sanders, M. (2007). Predictors of caregiver stress in families of preschool aged children with developmental disabilities. *Journal of Intellectual Disability Research, 51*(2), 109–24.

Powell, T. and Gallagher, P. (1993). *Brothers and sisters: A special part of exceptional families*. Baltimore: Paul H. Brookes.

Priestley, M. (2003). *Disability: A life course approach*. Cambridge: Polity Press.

Rickert, V. and Johnson, C. (1988). Reducing nocturnal awakening and crying episodes in infants and young children: A comparison between scheduled awakenings and systematic ignoring. *Pediatrics, 81*, 203–12.

Risdal, D. and Singer, G. (2004). Marital adjustment in parents of children with disabilities: A historical review and meta-analysis. *Research and Practice for Persons with Severe Disabilities, 29*, 95–103.

Roberts, K. and Lawton, D. (2001). Acknowledging the extra care parents give their disabled children. *Child: Care, Health and Development, 27*, 307–19.

Saloviita, T., Itälinna, M., and Leinonen, E. (2003). Explaining the parental stress of fathers and mothers caring for a child with intellectual disability: A Double ABCX model. *Journal of Intellectual Disability Research, 47(4/5)*, 300–12.

Sameroff, A. and Fiese, B. (2000). Transactional regulation: the developmental ecology of early intervention. In J. Shonkoff and S. Meisels (eds), *Handbook of early childhood intervention*, 2nd edn. Cambridge: Cambridge University Press (pp. 135–59).

Sanders, J. and Morgan, S. (1997). Family stress and adjustment as perceived by parents of children with autism or Down syndrome: Implications for intervention. *Child and Family behaviour Therapy, 19*, 15–32.

Seligman, M. and Darling, R. (1997). *Ordinary families, special children*. New York: Guildford.

Seltzer, M., Greenberg, J., Floyd, F. Pettee, Y., Hong, J. (2001). Life course impacts of parenting a child with a disability. *American Journal of Mental Retardation, 106*, 265–86.

Seltzer, M. and Heller, T. (1997). Families and caregiving across the life course: Research advances on the influence of context. *Family Relations, 46*, 395–405.

Shakespeare, T. and Watson, N. (2002). The social model of disability: An outdated ideology? *Research in Social Science and Disability, 2*, 9–28.

Singer, G. (2006). Meta-analysis of comparative studies of depression in mothers of children with and without developmental disabilities. *American Journal of Mental Retardation, 111*, 155–69.

Singer, G., Ethridge, B., and Aldana, S. (2007). Primary and secondary effects of parenting and stress management interventions for parents of children with developmental disabilities: A meta-analysis. *Mental Retardation and Developmental Disabilities Research Reviews, 13*, 357–69.

Singer, G., Irvin, L., and Hawkins, N. (1988). Stress management training for parents of children with severe handicaps. *Mental Retardation, 26*, 269–77.

Singer, G., Irvin, L., and Irvine, B., Hawkins, N., and Cooley, E. (1989). Evaluation of community-based support services for families of persons with developmental disabilities. *Journal of the Association for Persons with Severe Handicaps, 14*, 312–23.

Smith, T., Oliver, M., and Innocenti, M. (2010). Parenting stress in families of children with disabilities. *American Journal of Orthopsychiatry, 71*(2), 257–61.

Thompson, L., Lobb, C., Elling, R., Herman, S., Jurkiewicz, T., and Hulleza, C. (1997). Pathways to family empowerment: Effects of family-centred delivery of early intervention services. *Exceptional Children, 64*, 99–113.

Tomanik, S., Harris, G., and Hawkins, J. (2004). The relationship between behaviours exhibited by children with autism and maternal stress. *Journal of Intellectual and Developmental Disability, 29*, 16–26.

Tse, L. and Hall, W. (2007). A qualitative study of parents' perceptions of a behavioural sleep intervention. *Child: Care, Health and Development, 34*(2), 162–72.

Turnbull, A. and Turnbull, H. (1990). *Families, professionals, and exceptionality: A special partnership.* Columbus, OH: Merrill.

Walsh, F. (2002). A family resilience framework: Innovative practice applications. *Family Relations, 51*, 130–7.

Walsh, F. (2003). Family resilience: A framework for clinical practice. *Family Process, 42*, 1–18.

Warfield, M. (2001). Employment, parenting and wellbeing among mothers of children with disabilities. *Mental Retardation, 39*, 297–309.

Warfield, M. (2005). Family and work predictors of parenting role stress among two-earner families of children with disabilities. *Infant and Child Development, 14*, 155–76.

Warfield, M. and Hauser-Cram, P. (1996). Child-care needs, arrangements, and satisfaction of mothers of children with developmental disabilities. *Mental Retardation, 34*, 294–302.

Weiner, B. (1985). An attributional theory of achievement motivation and emotion. *Psychological Review, 92*, 548–73.

Williford, A., Calkins, S., and Keane, S. (2007). Predicting change in parenting stress across early childhood: Child and maternal factors. *Journal of Abnormal Child Psychology, 35*, 251–63.

Woolfson, L. (1999) Using a model of transactional developmental regulation to evaluate the effectiveness of an early intervention programme for pre-school children with motor impairments. *Child: Care, Health and Development, 25*(1), 55–79.

Woolfson, L. (2004). Family wellbeing and disabled children: A psychosocial model of disability-related child behaviour problems. *British Journal of Health Psychology, 9*, 1–13.

Woolfson, L. (2005). Disability and the parenting paradox. *The Psychologist. Disability Special Issue, 18*(7), 421–2.

Woolfson, L. and Grant, E. (2006). Authoritative parenting and parental stress in parents of pre-school and older children with developmental disabilities. *Child: Care, Health and Development*, *32*(2), 177–84.

Woolfson, L., Taylor, R., and Mooney, L. (2010) Parental attributions of controllability as a moderator of the relationship between developmental disability and behaviour problems. *Child: Care, Health and Development*, 37(2), 184–194.

第12章

神经科学与教育

本书最后一章的目的是研究神经科学、心理学和教育学如何协同工作来帮助解决教育问题。神经科学家对于大脑如何学习新信息和这一过程的影响因素等问题感兴趣。近年来神经科学的研究发现可能预示教师应该教什么及如何教这一观点引发了研究者强烈的兴趣。在这一章中，我们将聚焦目前存在于课堂之中的神经科学研究和神经科学运用之间所存在的差距。"基于脑"的教育程序包在多大程度上能弥补这一差距将被考虑在内。我们将探索认知心理学在建立神经科学与课堂实践的有效联系方面的作用。我们将讨论一些必要的、关于大脑解剖学的基本背景信息和基本研究方法，以便于全面理解本章最后一部分所给出的神经科学研究得出的结果。这些从神经科学得出的新见解将重点围绕前面章节中提到的两个主题：自闭症谱系障碍和阅读障碍。

学习目标

学完本章，你应该能：

- 理解大脑的结构基础
- 充分认识神经影像技术
- 区分事实和流行的"神经神话"
- 认识到认知心理学可以作为神经科学和教育之间的桥梁
- 认识到当前神经科学在自闭症谱系障碍和阅读困难上的发现和潜在影响

在1970年代末，从业的教育心理学家判断一些孩子有特定的学习困难的做法很常见，而非所有地区的孩子们普遍发展迟缓，有的孩子甚至有轻度的脑损伤。实际上，在没有基于神经系统研究的基础上就发表这样的声明，是一种高度的投机行为。我们很容易设想并陈述孩子发展中的具体典型困难，这一定是大脑层面上的问题。后来它恰恰被认为既不适用也不能够被准确地描述。不是虚假地诊断推理大脑—行为联系，教育心理学家们旨在集中他们的评估和干预力，以求聚焦功能性和可观察到的问题，提出在教室中开展对孩子们的学习、行为和与社会互动的观察研究。他们就学校和家长如何进行最有效的干预和管理提供建议。

二十年后，Morton 和 Frith(1995)的因果模型框架(见图 12.1)提供了一个有用的体系来帮助我们思考生物和认知在发育障碍上的作用。它提供了三个不同水平，我们可以由此运用假设来解释孩子的学习和行为问题：生物、认知和行为。因此，在整个环境下，同时基于不同的水平，提出了一个从脑到心理到行为的因果链(Frith, 1997)。从 1970 年代后期起，如上所述，通过认知水平对观察到的行为进行心理解释，教育心理学集中关注发展问题的行为和认知水平。生物水平研究的是独立的领域医学专业而不是教育心理学：心理学家一直致力于研究心理和行为，而不太注重大脑的实际运作。

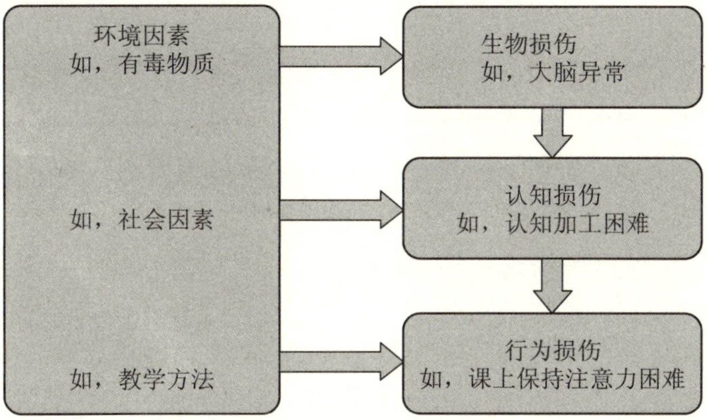

图 12.1 因果模型框架(根据 Morton and Frith, 1995)

认知心理学：连接神经科学和教育学

1990 年代以来，通过引入先进的新行为神经影像技术(在本章后面会讨论到)，认知神经科学家由研究大脑运作从而确定孩子在特定认知任务上的表现成为可能。这让我们开始更多理解孩子教育和行为问题的本质和严重程度，主要是通过检验的因果建模框架三个水平上的功能来实现的。神经科学强调生物水平，中间水平的认知心理学，和教室学习及社会行为的第三个水平。第二和第三个水平在前几章里已有陈述。本章主要讨论生物水平上的意义。但要注意这样一个问题：

> 神经科学已经得到很多关于神经元和突触的发现，但都不足以指导教育实践。目前大脑和学习之间的跨度不能支持太大的负载。太多人游荡在它们之间可能会使自己处于危险之中。
>
> (Bruer, 1997, p.15)

出于这个原因，Bruer(1997)提出，认知心理学需要作为神经科学和教育实践之间的必要桥梁。这个中介环节常常被忽略(Geake，2004)。认知心理学可以提供对我们的行为和脑成像技术过程的理论解释，它们可以提供神经科学证据展示孩子参与这些认知过程时大脑内部的工作。这指向一个新的跨学科的方法，脑科学家、心理学家和教师合作找出出现在教室里的老师要求解决的问题，神经科学发现可以对这些问题做出报告(Blakemore and Frith，2001；Fischer，Goswami，Geake，and the Take Force on the Future of Educational Neuroscience，2010)。这个关于大脑如何影响思想的研究领域被称为认知神经科学，一门起源于神经学、神经科学和认知科学的学科(Gazzaniga，Ivry and Mangun，2008)。这是本章关注的焦点。

神经神话

老师总是对于他们可能利用尖端研究成果来提高教学实践很感兴趣。正如上文所说，神经科学本身并没有直接为教师提供任何有用的东西(Bruer，1997；Goswami，2006)。我们还不能轻易推断关于神经发育、大脑结构和大脑活动方面的新知识能如何影响课堂实践。换句话说，“大脑扫描图像不能直接提升课程计划”(TLRP，2007)。

目前有大量的教育方案声称应用了脑神经科学知识。有人担忧这些程序包可能误用或言过其实：也就是如今所谓的神经科学是在兜售“神经神话”(Blakemore and Frith，2000)。这是指大脑功能的神话似乎成了教师之间的共识，并且影响了课程与教学。Geake(2008)指出，神经神话要么“越多越好”，即教师要鼓励更多的大脑发现被“点亮”来促进学习，要么创造更多特定的神经神话，这个想法是为了鼓励集中使用“点燃”的大脑区域来提高学习。现在让我们来研究一下当前神经神话在教育中的运用，同时尝试区分什么是神话，什么是目前已知的神经科学事实。

童年早期的关键期

● **神经神话** 这个神话提出的理由是，教学和刺激若不在关键发展期起作用，孩子的大脑就不能正常工作，他们将会错过学习特定技能或开发特定能力的机会。实际的时间窗口取决于具体探讨的任务和能力，但据报道，包括出后至 3 岁、至 6 岁以及至 10 岁，以及 3 至 10 岁(Geake，2008)。

● **事实** 关键期研究基于对动物的感觉和运动系统的研究，表明需要在特定时间得到特定刺激神经系统才能发展。休博尔和维瑟尔关于视觉系统发展的经典研究通常被提到。他们发现，当小猫的一只眼或双眼在头 3 个月被剥夺所有视觉刺激，它们就会出现功能性失明，但老猫经历类似的剥夺实验后并未出现同样的效果(Wiesel and Hubel，1965)。然而，尽管这种影响是戏剧性的，后来的研究表明，小猫可以通过训练来恢复一些视觉功能(Chow and Stewart，1972)。

重要的是应该指出，关键期研究主要涉及视觉和运动功能。还不知道关键期原则如何适用于阅读、数字或其他知识，这些通常是学校正规教授的课程(Blakemore and Frith, 2001; Bruer, 1997)。在任何情况下，关键期不再是一个严格的时间，而是有一个窗口，暂时开放而随后关闭。被称为“关键”期现在更准确地称为“敏感”期，在这个时期大脑反应特别好，因为当时经验处于塑性状态(Daw, 1997)。“关键”期另一方面也是一个若缺乏经验将造成无法逆转的变化的时期(Trachtenberg and Stryker, 2001)。Fox、Levitt 和 Nelson(2010)也指出，我们不应过度解读敏感期剥夺研究(如休博尔和维瑟尔的猫研究)得出敏感期接受教育补充项目必要的结论。

活动

“敏感期”观点是怎样影响学前和早期教育的课程内容的?

突触

● **神经神话** 与关键期神经神话相关的是，如果恰逢突触生长和神经连接集中形成时期，这时候进行学习将会更加有效(Geake, 2008)。

● **事实** 婴儿期和童年期，在大脑的生长过程中确实存在一段时期会发生大脑神经突触数量剧增(Huttenlocher and Dabholkar, 1997)。神经科学告诉我们，直到 10 岁的时候，会比接下来的几年有多得多的神经连接。突触被重复地使用以得到强化，那些不经常使用的突触会受制于突触修剪过程。然而，经验不仅影响突触连接的数量，更重要的是，它会作用于影响大脑功能的突触连接模式(Bruer, 1997; Greenough, Black and Wallace, 1987)。我们也知道，现在突触产生和修剪会持续到儿童期至青春期，作用于大脑的某些区域。所以，尽管上述过程真实存在，我们必须看到童年是一个学习的很好时期，不单是这段时间需要学习，而是神经连接在不断变化(TLRP, 2007)。对于关键期，我们对突触产生在发展学校学科技能上的作用和由神经科学知识理解神经突触产生和修剪与课程内容关系知之甚少。

左脑，右脑

● **神经神话** 左脑、右脑和学习风格神经神话都依赖过度简单化和过度解释大脑功能定位。这种观点认为这两个大脑半球的工作内容不同，左侧更关注语言、推理和逻辑，右侧更有创造性和直观，在模式和图像处理上占优势。孩子可以分为“左脑”或“右脑”学习者，根据所谓的处理信息首选方法。这进一步鼓励教师确保教学和学习活动在左右脑上保持平衡，以优化学习者偏好和教学体验(Geake, 2008; Goswami, 2006; TLRP, 2007; Hall, 2005)。

● **事实** 基于大脑异常患者，连接大脑左右半球的胼胝体被切断，因而发现不同的大脑半球确实可以分别处理不同类型的信息。语言的处理，确实**主要**在左半球侧，但这并不是说**完全**由左半球完成。一些语言处理发生在右半球。此外还有个体差异的不同程度偏侧性(Knecht, Deppe, Dräger, Bobe, Lohmann, Ringelstein and Henningsen, 2000)。在任何情况下,大脑左右半球复杂地相互联系,所以两个半球间相互活动。大脑的任一部分在进行任务不会完全休息,学习任务需要两个半球一起工作(Blakemore and Frith, 2007)。

学习风格

● **神经神话** 在过去的二十年,一个流行的观点是在教育过程中每个孩子都有特定的学习风格,这个风格描述了他/她如何实现最优学习过程。学习风格的形成基于视觉、听觉和动觉(VAK)感官的集体作用。教师在课堂上采用这种方式识别每个孩子的学习情况,以确保每个孩子都可以利用他们的首选的学习风格来优化学习。有时甚至建议孩子戴上"V"、"A"或"K"这样的徽章,以提醒老师孩子的学习偏好(Blakemore and Frith, 2007; Geaker, 2008; Goswami, 2006)。

● **事实** 少有证据证明应用这样的教学模式会对学习结果产生影响(Coffield, Moseley, Hall and Ecclestone, 2004; Kratzig and Arbuthnott, 2006)。相反,有多年工作经验的教师会采用多通道策略而不是仅仅集中在单一感觉通道。他们可能教发音,例如,通过让孩子看或发音一个音素,以及让他们处理塑料字母的形状,或者用手指在沙子里画出字母或用手指描天鹅绒字母形状。教师采用多感官方法旨在利用视觉、听觉以及动觉通道,这样做是为了吸引学生的兴趣以及帮助他们更加全面地学习概念。

学习风格方法集中在单一感觉通道暗示大脑功能区域化。但是,正如我们已经讨论过的,我们知道神经影像学研究提供的证据表明大脑的不同部位是连通的而不是分开的。成像研究进一步表明,处理相同的信息时可以通过不同的感觉通道,这被称为"跨通道结合"的现象,比看到信息随后听到效果更好(Calvert, Campbell and Brammer, 2000)。事实上,许多教师已经采纳 VAK 学习风格的观点,在课堂内通过不同的模式最大化呈现材料,也就是说他们使用多通道模式。从他们的课堂经验出发,这些教师意识到个人学习风格似乎取决于正在教什么和课堂的要求,学生不能够准确地被描述总是在课程中运用单个的 VAK 学习风格(Geake, 2008)。

只运用了大脑的10%

● **神经神话** 这是一个普遍持有的观念,即我们只运用了10%的大脑。这意味教育工作者要为孩子设计课堂上进行的活动,刺激孩子使用其他90%,这样会使他们更聪明。

● **事实** 这个神话可能源自哲学家威廉·詹姆斯在1908年出版一本名为《人的能量》的书,书中说我们只使用了少量的潜在心理资源。1920年代电台采访中,科学家爱因斯坦曾试图解释自己优越的智慧和鼓励其他人来开发他们,可能由此造成一个误会。19世纪法国生理学家弗卢朗进行研究,移除兔子和鸽子的部分脑,指出之后动物能和不能做什么，这也可能导致误解。在 1930 年代，“沉默的皮层”这一概念被进一步提到，强化了 10%的传说(Della Sala and Beyerstein, 2007; Geak, 2008)。这一想法也被用于广告以鼓励人们购买课程来开发脑力。这个神经神话假设功能的极端区域化，这样大脑的其他部分是完全未使用的。我们知道脑成像发现情况并非如此。不同的功能当然利用不同脑区，但神经影像学向我们表明，每一天大脑没有不活跃的区域，一个人要进行正常业务就要利用他的全部大脑(Beyerstein, 1999)。我们不是以允许一个有机结构有 90%的冗余的方式进化的(Beyerstein, 2004)。

在基于脑的教育材料中确定神经科学的作用

基于神经神话的学习包已经出售给教师。Goswami(2006)报告，参加过神经科学教学和学习会议的教师每年收到超过 70 份的邮件广告邀请他们参加基于大脑学习的培训。声称基于脑的商业项目现在也可以接触到了，也被许多学校所采纳。神经科学社区指出一般来说这些产品不是基于目前的神经科学知识，而是建立在神经神话或伪科学上(TLRP, 2007)。

Sylvan 和 Christodoulou(2010)提出一个有用的框架来促进教育工作者更有见识和批判性地判断在多大程度上教育材料确实建立在神经科学发现之上。首先他们建议检查材料，以确定是否基于脑，因为它以一些神经科学基础理论、原则或证据为依据。如果确实利用了神经科学，它可以合理地声称自己基于脑。Sylvan 和 Christodoulou 提出了“基于脑”的四个子分类，反映可能会包含在神经科学领域内的不同材料：

- **脑支持** 这些产品或项目影响的支持证据来自神经影像学显示的大脑活动、结构或功能变化，是使用项目干预的结果。
- **脑来源** 基于良好和直接的神经科学理论基础，例如，从 fMRI 信息显示特定区域大脑活动减少(如诵读困难)，一个产品可能被开发用来增加在那个区域大脑的活动。目前有几个产品的例子来源认知领域，称之后会有神经科学发现(Sylvan and Christodoulou, 2010)。
- **脑驱动** 这一类产品可以用来教个人如何操纵大脑活动来改变行为。此类培训以改变大脑活动来改变行为为目标。例如，训练可能是旨在帮助 ADHD 儿童运用神经反馈。通过注意其大脑活动，他们可以学会监督神经反馈，调适大脑活动直接改变反馈，从而改变他们的注意行为。
- **脑启发** 这些材料部分源于神经科学原理或框架，但与脑来源材料相比很少直接来源于神经科学原则和框架。因此脑启发产品使用神经科学原理在某种程度上支撑或激发课堂活动，或帮助教师更好地了解孩子的学习方式，用来指导教师实践。此类产品有时声称有神经科学基础，但更准确地应该归于行为或认知神经科学。

当然还有一种可能性，教育产品声称基于脑和神经科学，但不符合上述任何一类，相反，它运用伪科学以达到商业目的。

活动

网上搜索基于大脑的教育产品。

运用上述 Sylvan 和 Christodoulou(2010)的子类别来评估产品。

脑

要了解神经科学的研究成果，就需要对脑的结构和神经系统有一个基本的了解。这一部分将保持简单，限制为概述脑解剖学和脑成像技术。

脑包含两部分，几乎对称。这就是左脑和右脑，以纤维连接(胼胝体)。我们知道，两个半球执行不同的功能：左边对语言和言语，控制身体右侧有特定的作用；右侧与非言语信息如面部表达、音乐和控制身体的左半部分有特殊的作用。但是这种分类也不是绝对的。例如，右半球也有助于语言(Kolb and Whishaw, 2009)。

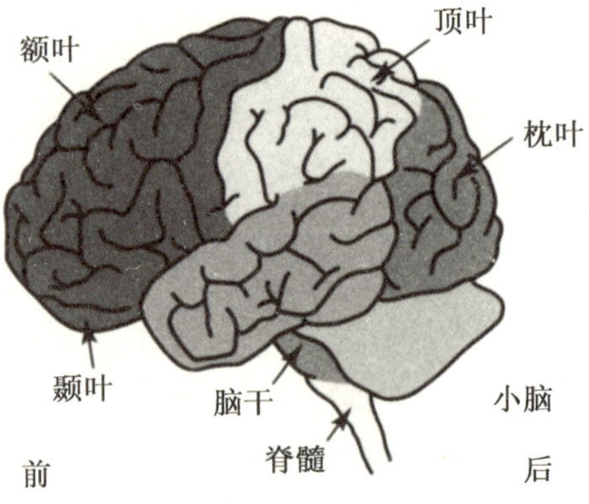

图 12.2 脑区

可以从图 12.2 看到，每个半球进一步分为四个区域：额叶、颞叶、顶叶、枕叶。皱的外层覆盖大脑是大脑皮层。大脑深处有皮层以外结构，如海马和杏仁核，对于学习、记忆和情绪反应很重要，但我们将会限定重点，主要集中在大脑皮层。这个词在拉丁文中的意思是“树皮”，指覆盖在表层像树皮覆盖树干一样覆盖大脑。崎岖不平的、突出的皮层折叠被称为回，皱褶凹陷的皮层被称为沟。脑裂是指一些更深的裂缝。例如，外侧裂分离颞叶、额叶和枕叶，两半球间的中央沟分开左脑和右脑(Gazzaniga, Ivry and Mangun, 2008; Kold and Whishaw, 2009)。为了清晰地描述和识别大脑结构，具体约定解剖学上的大脑位置。因此“前”指解剖结构的“前部”，“后”指大脑的“后部”。“上”指大脑的“顶部”，“下”指大脑的 “底部”。

特定的认知功能和这些区域相关联。额叶在高水平规划和推理，以及运动控制上有特殊的作用。听觉皮层位于颞叶，所以这些区域主要应对听觉，处理以及一些记忆功能。顶叶处理身体的感觉信息，如躯体感觉信息、空间认知和一些数学技巧。枕叶包含初级视觉皮层，也称为纹状皮层，与视觉处理有关。它很重要，但不要将大脑的一部分视为单独负责执行任何特定任务。虽然有区域化的大脑功能，但是区域之间的连接贯穿整个大脑的广泛而复杂的神经网络，所以任何功能都需要不同的大脑区域协同工作(TLRP, 2007)。

神经元

大脑的单元结构是神经细胞，即神经元。人类的神经系统估计大约由 1 000 亿个神经元组成，以化学方式相互间发送信号，称为**神经传递**。一个神经元细胞包括三个部分：主要部分是**细胞体**，许多树枝状分杈，称为**树突**。连接到细胞体的一个主要的根称为**轴突**（见图 12.3）。树突和轴突延长细胞的表面积。轴突末梢连接树突细胞的邻近点称为**突触**，从而形成一个复杂的神经连接网络。神经元之间的交流通过神经递质进行，这是一类化学物质。

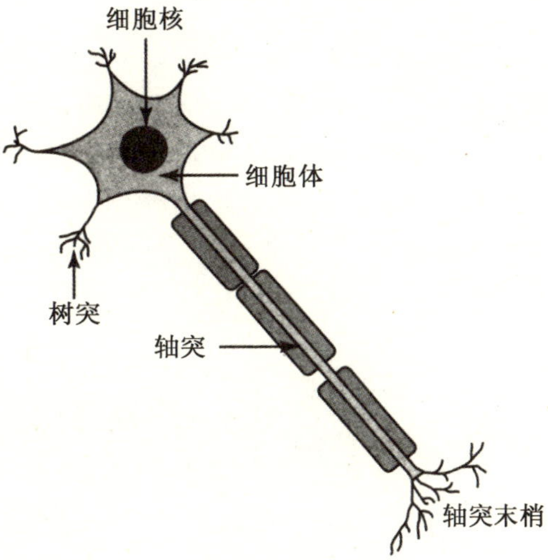

图 12.3　一个神经元

记录大脑活动

脑损伤的早期研究为研究人员提供了关于脑功能的有用信息，通过研究后续行为和任务表现的改变来确定缺失区域的功能。动物脑损伤和人类自然发生的脑损伤得到研究。19 世纪法国的布洛卡、威尔尼克调查因中风而脑损伤的患者的反应，确定左半球对语言功能上有重大的影响。神经结构病变方面的工作产生了重要发现，可能是由于受损的大脑功能不同于未受损大脑。也许大脑的另一部分可以补偿受损区域。脑科学新技术使我们现在能够研究功能完好无损的大脑是如何工作的。现在让我们用以下方法来了解自己，这样我们可以更好地理解神经科学发现如何应用到教育。

脑电图和事件相关电位

在前面的小节中，我们了解了大脑细胞、神经元，我们知道神经网络的交流通过电化学信号完成，由神经元传递到神经元。脑电活动的“脑电波”可以通过在头皮上放置电极来测量（通常制成电极帽）。由此测量得到脑电图（EEG）。脑电图可以告诉我们大脑的功能异常，神经科学家知道脑电图模式应该是怎么样的。他们也能告诉我们大脑是如何对特定任务反应的，记录下来的被称为事件相关电位（ERP）。接收感官刺激后，由静息脑电反应转变为处理信息。ERP 然后可以用来记录对刺激反应时的大脑活动，如回应语音（例如 Molfese, Molfese and Espy, 1999）。ERP 提供大脑对刺激做出反应的时序信息。特定皮层领域的 ERP 图由此生成，代表对刺激反应的皮层功能。这是一种非侵入性的技术，因此适合儿童使用。对于（活动的）大脑的可视化图像，我们需要使用下面描述的技术。

电子计算机断层扫描

CT 扫描由此产生。个体必须平躺在长金属圆筒的旋转扫描机器内，x 光由不同角度照射在头上。x 射线传统上产生二维图片，而 CT 扫描需要许多来自不同角度的 x 射线照片，然后电脑合成这些横截面图像从而构建大脑的三维图像。x 射线的被吸收的程度取决于有机组织的密度，所以高密度的骨骼吸收大量辐射，在扫描图上显示为浅色，而脑组织吸收量少，显示为黑色。CT 扫描是医院常用的解剖结构成像方法，可以用来帮助诊断许多疾病，快速，相对便宜。

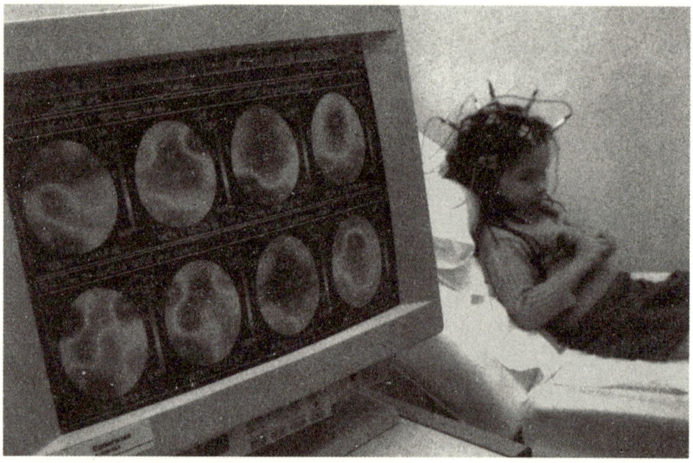

资料来源：Science Photo Library Ltd.

正电子发射断层扫描 (PET)

这种方法要求个体躺在扫描器内，头部被一圈辐射探测器环绕。放射性分子(如水)注入到人体，PET 成像探测器可以追踪放射性分子，由此产生大脑高或低血流水平的图像。活跃的大脑区域血液更多，所以该方法可以用来研究认知加工的心理活动。典型的

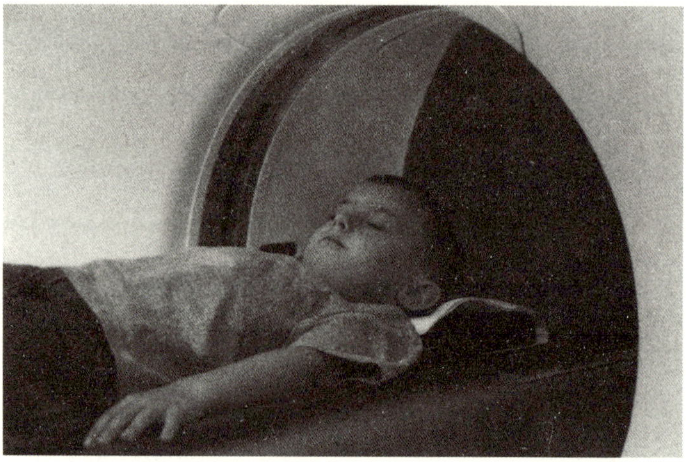

资料来源：Butch Martin Alamy.

放射性示踪剂注入两次，一次作为控制条件，一次在从事感兴趣的活动时。注意，控制条件可以是静息状态，也可以是不同的活动。不同条件下脑血流量的变化在这个过程中得到测量。这告诉我们不同条件下大脑的哪个区域是活跃的。这种方法也可以用来比较不同群体的大脑活动。例如，那些患有阅读障碍和没有此问题的孩子，由此比较两者的大脑功能是否有差异。由于使用放射性示踪剂，它不适用于孩子(Goswami，2004)。

磁共振成像（MRI）和功能性磁共振成像（fMRI）

MRI 是一种非侵入性技术，使用大型磁铁和无线电波在特定频率生成所感兴趣的大脑区域的三维图像。因为使用电磁能量而不是辐射，这种技术对儿童安全且能重复使用。大多数医院都有磁共振扫描仪，就像 CT 扫描，通常用于检测大脑结构以对因疾病或损伤而出现的大脑异常进行诊断。然而，要研究大脑活动，我们需要功能性成像技术而不是结构性成像技术。我们前面已经讨论了 PET。我们在这里要考虑的功能性成像技术是 fMRI。

MRI 扫描仪可以用于功能性 MRI。就像 PET，fMRI 也利用有神经活动时血流增加的原理。它测量血液中氧合血红蛋白比脱氧血红蛋白比例的增加，这发生在有神经活动在大脑区域。称为事件相关 fMRI 的技术用于追踪进行特定认知活动时，大脑活动的变化。CT 和 PET 记录图像时，要求个体静止平躺在一个金属筒中。由于所研究的刺激和行为类型，技术当然受到了限制，因为这样的环境下反应严格受控。研究参与者常常需要看呈现在镜中的研究刺激，按下手中的单一反应按钮。利用 fMRI 得到的研究结果已对认知神经科学做出了重大贡献(Gazzaniga et al.，2008)。因为 fMRI 不需要注射放射性示踪剂，同一个人可以多次接受研究，允许测量脑多处的神经活动。

在熟悉了一些神经影像技术后，现在让我们看看已经能够应用这些技术的两个领域，我们已经在这本书讨论过的：自闭症谱系障碍(第 5 章)和阅读障碍(第 7 章)。你可能会觉得重温这些章节有助学习下面的内容。

自闭症谱系障碍（ASD）

结构性脑成像

对于 ASD 儿童，MRI 研究表明他们和普通儿童有解剖学上的差异。小脑和脑干区域(参见图 12.2)随着年龄增加增大，但是 ASD 患儿比控制组要小(Carper and Courchesne，2000；Hashimoto，Tayama，Murakawa，Yoshinoto，Miyazaki，Harada et al.，1995)。小脑内包含称为蒲肯野细胞的特殊神经元，尸检显示 ASD 患者相比标准控制组小脑蒲肯野细胞的数量和大小大幅下降(Bauman，1991；Fatemi，Halt，Realmuto，Earle，Kist，Thuras et al.，2002；Ritvo，Freeman，Scheibel，Duong，Robinson，Guthrie et al.，1986)。这一验尸的发现得到活体 MRI 研究(Courchesne，Yeung-Courchesne，Press，Hesselink and Jernigan，1988)以及最近的元分析(Stanfield，McIntosh，Spencer，

Philip, Gaur and Lawrie, 2007)结果的支持。

MRI 研究也表明,自闭症患者的胼胝体体积减小,胼胝体这一白质束包含数以百万计的轴突(Standfield et al., 2007; Verhoeven, De Cock, Lagae and Sunaert, 2010),可能意味着两个半球之间的联系减少,这或许可以解释第 5 章讨论过的一些自闭症的临床特征。自闭症患者的顶叶样本也被报告为体积减小,这一区域沟的宽度增加(Courchesne, Press and Yeung-Courchesne, 1993)。有研究报告 ASD 患儿的杏仁核的体积(一个与表达恐惧相关的区域)有增加(Schumann, Hamstra, Goodlin-Jones, Lotspeich, Kwon, Buonocore et al., 2004)。

QUISSET 现在到课本之外……自己查查看!

在图书馆电子数据库检索"自闭症谱系障碍的脑成像"。

运用你可获得的数据库搜索自闭症谱系障碍神经影像学相关文献,进一步确定这个主题的研究。

● 除了上面提到的这些,还有什么与自闭症谱系障碍相关的大脑结构?

功能性脑成像

MRI 研究提供了关于自闭患者和一般发展个人解剖学差异的有价值的信息。我们作为心理学家更感兴趣的是,当操作认知任务时,涉及什么大脑活动过程。正如已经提到的,对此,我们期待功能性成像。这为我们提供了一些有关神经功能和认知过程的初步研究结果,有助于解释与自闭症谱系障碍相关的三大功能损伤(见第 5 章)。

社会互动

不像典型发展个体,当 ASD 患儿被要求观察和模仿表情时,其额叶皮层底部(称为额下回)褶皱显示出最少的镜像神经元活动(Dapretto, Davies, Pfeifer, Scott, Sigman, Bookheimer et al., 2006; Verhoeven et al., 2010)。意大利的一系列研究已确认猕猴具有"镜像细胞",当猴子进行了一个特定的动作,例如够食物,或一只猴子**观察**另一只动物做出动作时,"镜像细胞"被激活(Rizzolatti, Fogassi and Gallese, 2006)。"镜像细胞"似乎对猴子和其他动物的行为都能做出反应,通过匹配和赋予相同意义。这是否意味着开始理解他人行为以及意图,是否可能是人类心理理论(TOM)的萌芽?也许人类使用镜像神经元系统不仅为了像猴子那样理解别人的行动,也为了通过模仿阐释观察到的面部表情(动作)来理解情感(Carr, Iacoboni, Dubeau, Mazziotta and Lenzi, 2003; Goswami, 2006; Verhoeven et al., 2010)。对于 ASD 孩子的假设就是,在心理理论的发展中模仿有重要的作用,模仿功能受损减少了镜像神经元活动,可能导致心理理论和在社会互动的发展受损,因为两者都需要理解他人的情感和意图(Meltzoff and Decety, 2003)。这似乎表示 ASD 患者有着不同的脑活动模式。可能是由于视觉、运动、感觉和运动等脑功能区整合活动不畅:整合不佳可能影响 TOM 的发展,产生一连串的发育障碍(Williams, Waiter, Gilchrist, Perrett, Murray and Whiten, 2006; Williams, Whiten, Suddendorf and

Perrett，2001）。

交流

正如在这一章前面所提到的，左额下回某个区域参与语言处理。这就是布洛卡区。fMRI 研究表明，布洛卡区和威尼克区脑活动减少可能导致交流困难增加，这是 ASD 患者特点——过度关注个别单词和缺乏将单词整合成有意义整体概念结构的能力（例如，Harris，Chabris，Clark，Urban，Aharon，Steele，et al.，2006；Just，Cherkassky，Keller and Minshew，2004）。Harrise 等人（2006）进一步指出，在他们的研究中 ASD 组（成年人）与对照组相比，具体和抽象词汇之间的激活差异较少。还有从记忆方面研究成人高功能自闭症，fMRI 证据显示，自闭组完成任务情况类似于对照组。而神经激活记录显示，自闭组在较少使用语言处理系统（Koshino，Carpenter，Minshew，Cherkassky，Keller and Just，2005）。在这项研究中，参与者被要求记住目标字母，这些视觉刺激被投射到扫描仪内的屏幕上，通过镜子观看。呈现给参与者的是一个字母序列，当目标字母重新出现在屏幕上时要求参与者按钮。研究发现自闭组和对照组在错误率或反应上没有显著差异。Koshino 等人发现自闭组相比对照组左半球额叶区激活较少。而左前额皮层与言语工作记忆有关，右额叶与非语言工作记忆相关。Koshino 等解释为自闭组以非语言、视觉方式，而不是如对照组一样以言语方式加工字母。

同样地，对来自面部的社会信息的加工很重要。这涉及阅读面孔来解释情绪、表情和眼神。正常发展的婴儿很早就开始注意面孔（Pascalis，Haan and Nelson，2002），但自闭症个体对正放面孔的加工能力并不比对倒放面孔强。他们不是将面部视作一个整体，而是加工各特征（Speer，Cook，McMahon and Clark，2007）。fMRI 研究显示颞叶梭状回病变患者及自闭症患者身上存在该缺陷，在面部加工任务中，相比对照组自闭组梭状回神经激活较弱（Schultz，Gauthier，Klin，Fullbright，Anderson，Volkmar et al.，2000，Verhoeven et al.，2010）。神经科学研究表明，对于言语和非言语沟通，自闭症患者大脑网络的组织不同于对照组。

> QUISSET 现在到课本之外……自己查查看！
>
> **在图书馆电子数据库检索"自闭症患者的梭状回在面孔加工中起的作用"。**
>
> 回顾探讨自闭症患者的梭状回在面孔加工中起的作用的文献。
>
> - 哪些研究确认了上面讨论的激活模式，哪些没有？
> - 这些显然不同的结果是如何达成一致的？

重复性行为

第 5 章我们已经讨论过，重复刻板的行为在自闭症儿童中很常见。拍手臂、踮脚走路、绕圈跑、哼哼作响其中一些表现（Turner，1999），被视为与抑制控制相关缺陷、认知和行为缺乏灵活性等执行功能缺陷相关（Ozonoff，Pennington and Rogers，1991）。大脑负责执行功能的主要区域是额叶，尽管迄今少有研究关注这些重复的行为和神经激活之间的关联（Verhoeven et al.，2010）。Schmitz、Rubia、Daly、Smith、William 和 Murphy

(2006)的一项研究发现,ASD组相比对照组在执行功能上没有差异,但在脑激活上有显著差异。ASD组额叶和顶叶皮层激活较强,Schmitz等将此解释为与对照组相比,ASD组异常的大脑发展和与其他脑区的联系参与了执行功能。

QUISSET 现在到课本之外……自己查查看!

在图书馆电子数据库检索"执行功能测试"。

Schmitz(2006)的研究运用到的一个测试是Stroop测试。

- 什么是Stroop测试?
- 它评价什么?
- Schmitz在研究中还运用了其他什么抑制控制和定势转换测试?

检索数据库,看看可以发现其他什么针对自闭症患者重复行为的神经影像学研究。

讨论　和朋友讨论

思考上述关于自闭症三大损伤的神经科学发现。

- 这些发现对自闭症儿童的课堂干预有什么意义?

阅读障碍

对成年人的神经影像学研究表明,当他们操作阅读的认知任务时,大脑区域被激活。Fiez Petersen(1998)回顾了九个神经影像学研究,它们提出,当成年人阅读时左半球神经网络,尤其是额叶、顶颞叶、枕颞叶等区域活跃的证据。然而,要确定阅读在大脑哪个区域发生,我们需要知道更多关于阅读背后的脑活动过程的信息。我们从先前的章节知道识字阅读涉及复杂的过程,所以神经科学可以帮助我们更好地理解大脑是如何活动的。PET和fMRI扫描被用来比较阅读障碍与未受损能够正常阅读的成年人的语音加工。脑成像研究确实显示阅读障碍患者脑活动减少了,甚至完全没有活动,在负责听觉语音加工任务(如听觉韵律判断)和视觉语音加工任务(如视觉呈现字母的韵律判断,假词朗读)的左顶颞皮层(Temple, 2002)。

研究成年人为我们提供了重要的信息,但必须谨慎地从对成人的研究中得出结论,因为他们的阅读策略相比发展中的阅读困难儿童已经很成熟。我们不能从成人的研究结果得出脑成像显示出了阅读困难的原因或阅读困难会影响终身。这些研究结果可能表明了代偿系统,即成年人不得不诉诸这些脑区因为阅读困难,而不是反映神经差异在这些阅读障碍成年人的发展早期就已存在。因此,重要的是直接研究儿童。幸运的是,非侵入性成像技术使得认知神经科学家现在可以实施这样的研究(Beaulieu Plewes, Paulson et al., 2005)。虽然fMRI比PET的风险明显要少,孩子参加这样的研究会对其产生影响。还需予以关注暴露于磁场的影响目前还不完全清楚,扫描所需的限制运动和密闭空间对于不能给予知情同意的儿童不是愉快的经历(Dowker, 2006)。

给新兴神经科学研究及其对课堂实践加点料，让我们考虑来自神经影像学研究的证据，有两个关键脑区涉及阅读障碍：左上颞皮层、左额下回。应该指出的是，有证据表明，其他左半球区域也参与了阅读需要的复杂神经网络的构成，如下颞皮层腹侧纹外皮层、枕颞叶、外侧裂周区和颞叶外区(Fiez and Petersen, 1998; Goswami, 2006; Pugh, Menci, Jenner, Katz, Frost, Lee et al., 2001; Shaywitz, Shaywitz, Blachman, Pugh, Fulbright and Skudlarski, 2004; Sun, Lee and Kirby, 2010)，以及可能涉及右顶颞叶(Hoeft, Hernandez, McMillon, Taylor-Hill, Martindale, Meyler et al., 2006)。这一章，我们将重点关注两个区域，左上颞皮层和额下回。

活动　和朋友一起参加

使用互联网资源找一幅脑区图来找到上述脑区。

左上颞皮层

对儿童的 fMRI 研究也报告了与上面成人研究类似的结果。如 Gaillard、Balsamo、Ibrahim、Sachs 和 Xu(2003)报告，大脑左半球在幼儿学习阅读时起到专门作用。在一项覆盖 6 岁至 22 岁个体阅读能力发展的横断研究中，Turkeltaub、Gareau、Flowers、Zeffiro 和 Eden(2003)指出，当孩子学习阅读时，颞上沟的大脑活动出现变化。这个区域在学习早期就已成熟并继续参与成人期的阅读。这个脑区的活动与音素意识的发展有关(Turkeltaub et al., 2003; Wagner and Torgesen, 1987)。正如我们所知道的，音素意识能预测阅读成绩(见第 7 章)，令人兴奋的是左颞上沟的活动也可以预测以后的阅读能力。

聚焦　Turkeltaub 等人(2003)的研究中使用假字母

当测量个体操作认知任务时的神经活动时(比如阅读)一个重要的问题是，fMRI 在测量个体所付出努力上的差异可能呈现为大脑活动上的差异，即使用到的是完全相同的神经网络。因此，测量认知技能新手和专家需要采取相应的手段(Turkeltaub, Weisberg, Flowers, Basu and Eden, 2005)。为了避免这种潜在的混淆，也为了能以相同的任务来测量大脑活动在很宽的 6～22 岁年龄段上的变化，Turkeltaub 等人(2003)采用了“内隐”任务。不是要求参与者阅读实际的单词，任务要求辨别视觉特征，如单词中高的字母。例如，单词“alarm”有一个高的字母，字母“l”，但是单词“sauce”就没有高的字母，字母的大小都是相同的。

正如你看到的，成功完成这个任务并不需要实际阅读，一个不能阅读的人也能正确回答，这允许测验采集不同年龄组的反应正确率和反应时。

然而，随着 Turkeltaub 等想要研究与阅读相联系的具体大脑活动，他们利用一个控制任务，参与者都被同样要求辨别高的字母，但这一次他们用“假字母”，那是字符长度和复杂性与真实单词相同但不可读、没有意义的字符组合。

如果刺激包含一个高的字母，如单词“alarm”，参与者需要按右手边的按钮，如果刺激没有高的字母，如单词“sauce”，按左手边的按钮。对单词和假字母字串反应时的大脑活动与基线比较，参与者为 41 位健康、阅读能力良好的志愿者，年龄范围 6 至 22 岁。6 至 9 岁年轻读者相比处理假字母字串，识别高字母单词时激活左颞上沟。因此推测左侧颞上沟参与词阅读而不是无意义字串加工。这个区域是成人读者同样被激活的区域，其他区域还有颞叶和顶叶皮层（Turkeltaub et al., 2005）。

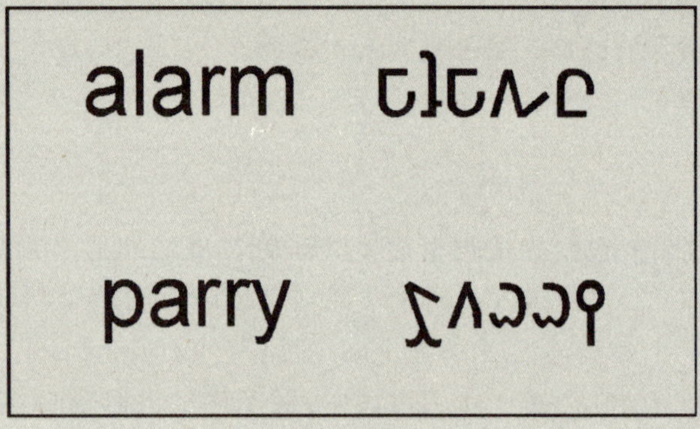

▲假字母示例

资料来源：Turkeltaub et al., 2005　复印许可：Taylor & Frances.

其他研究也表明左上颞皮层在孩子阅读时起到作用。fMRI 研究比较无阅读障碍和阅读障碍人群发现这两者在操作单词再认任务和语音加工任务时不同的大脑活动模式。阅读障碍组不仅左顶颞区域活动比无障碍者少，右顶颞区域活动也较多，暗示右脑有可能补偿（Shaywitz et al., 2002; Simos, Breier, Fletcher, Bergman and Papanicolaou, 2000）。对比其他研究发现，功能良好的阅读者在学习阅读时，右下颞叶皮层没有参与（Turkeltaub et at., 2003）。

此外，Turkeltaub、Flowers、Verbalis、Miranda、Gareau 和 Eden（2004）给左上颞皮层活动在高读症（早熟的阅读能力）上的作用提供了证据支持，一个 9 岁 ASD 男孩的阅读能力比他的实足年龄超前了 6 年。除了左半球系统，高读症读者相比阅读能力与年龄匹配的读者在颞下沟后部还显示了更大的激活。这个区域似乎对视觉再认很重要，正如上面提到的，是一个在正常发展个体身上不涉及的区域。这样看来高读症可能利用了左右两半球的语音系统以及右脑的视觉系统（Turkeltaub et al., 2004）。

此外，干预研究还表明这个脑区在变化。Temple、Deutsch、Poldrack、Miller、Tallal、Merzenich 等人（2003）使用 fMRI 在计算机干预计划实施期间和之后测量听觉和语言处理神经机制的变化。20 名 8～12 岁阅读障碍患儿参加了这次研究，研究显示他们的口头语言和阅读表现在这一过程中有了提高。神经影像学显示左顶颞皮层和左额下回活动增加。干预后观察到阅读障碍组的左顶颞皮层活动接近对照组普通读者，表明干预局部改善了被中断的顶颞反应。

这些研究表明，左顶颞皮层和阅读之间有联系，此外，还有来自另一种神经成像技术，扩散张量磁共振成像的证据证明，这个区域的脑白质的神经联结有进一步的差异。在研究 8 至 12 岁中等水平读者后，Beaulieu、Plewes、Paulson、Roy、Snook、Concha 等人(2005)发现大脑神经联结和阅读能力有关联。这是说，与能力较弱的读者相比，能力较好的读者左顶颞区域的有更多神经联结。Beaulien 等指出，更有效的神经加工可能是由于髓鞘增加，这可能是影响学习能力的一个关键因素。虽然可能容易推论出神经网络和阅读能力间的因果关系，Beaulien 告诫说还不知道高效的神经网络是否是阅读的先决条件或改善阅读能力的结果。上述研究表明在大脑的这个区域，白质中的神经联结与阅读能力关联。

左额下回

左上颞皮层成熟较早，上述儿童和成人的研究报告中都提到被激活(Balsamo, Xu, Grandin, Petrella, Braniecki, Elliott et al., 2002)。相比之下，学习阅读时，左额下回确实显示出发展性变化。在 Turkeltaub 等人(2003)的内隐阅读任务中，儿童的这个区域没有激活但是成年人的这个区域很活跃。额叶这个领域的活动与阅读能力有关(Georgiewa, Rzanny, Gaser, Gerhard, Vieweg, Freesmeyer et al., 2002; Turkeltaub et al., 2005)。语音意识的发展似乎是这个区域的激活的一个重要因素(Pugh et al., 2001)。一些关于年长阅读困难读者的研究报告，与对照组相比，阅读困难组左额下回激活增加，特别是我们已经提到的参与语言功能的布络卡区(Georgiewa et al., 2002; Shaywitz, Shaywitz, Pugh, Fulbright, Constable, Menci, et al., 1998)。Shaywitz 等人(2002)建议，这些看似不同的发现可以解释为额叶神经系统从事以弥补减少活动在颞区域。

参与上述的听觉加工计划的阅读障碍儿童在干预后也显示了左额下回激活增强(Temple et al., 2003)。同样地，Shaywitz 等人(2004)提供了 fMRI 证据，37 位 6～9 岁儿童参加基于语音的干预，结果显示相对于对照组干预组左额下回激活大大增强。进一步地，在与同样阅读能力孩子的比较中，高读症孩子因特殊语音技能表现出更高程度的激活(Turkeltaub et al., 2004)。在一项研究中，比较 9～15 岁普通读者和能力受损读者的神经激活，任务是阅读语音一致(规则)和不规则单词，两组在左额下回脑区(连同额叶中部和左梭状回)上存在差异(Bolger, Minas, Burman and Booth, 2008)。在阅读不规则、低一致性单词时，普通读者这些区域相较受损读者更加活跃，是为了回应不规则拼音和正字法拼读之间的冲突。这个区域有可能参与书面和口语的匹配，即语音加工(Bolger et al., 2008; Fiez and Petersen, 1998)。博尔格等认为，这些研究发现没有为双通道模型提供支持(见第7章),这意味着较低一致性、不规则单词的加工有单独的、不同于普通单词加工的机制。博尔格等的结果反映了一个低一致性的单一路径模型,比适用正字法和音素学的普通规则单词产生更多的神经激活。在这里我们可以开始看到,潜在的神经科学发现启发了我们对认知过程的理解。

神经科学知识如何协助干预?

神经影像学研究可以帮助我们识别那些可能导致ASD和阅读障碍的神经网络。它们甚至可以识别与作为干预结果的阅读行为改变相关的神经系统改变,尽管神经科学家还没法推断老师到底能在课堂上做什么来干预自闭症或阅读障碍的孩子(Gswami, 2006)。

巨大的潜力和新的可能性开始为人探索。几项研究已经发现ERP和阅读有关,并指出阅读障碍的孩子与正常发展的孩子ERP反应不同(例如Goswami, Thomson, Richardson, Stainthorp, Hughes, Rosen et al., 2002; Molfese, 2000; Penolazzi, Spironelli, Vio and Angrilli, 2006)。ERP的差异不仅涉及有无阅读障碍读者的语音加工差异(Molfese, Molfese and Modgline, 2001),也表现为视觉结果差异(Lovrich, Cheng and Velting, 2003)和注意结果差异(Bernal, Harmony, Rodriguez, Reyes, Yanez, Fernandez et al., 2000)。纵向研究表明新生儿ERP可以预测以后的阅读成果(例如Molfese et al., 2001),这是一项特别有用的成像技术,在学校有使用潜力,因为ERP测量只需要专业人员,而不需要fMRI和PET需要的专门的实验室(Lemons, Key, Fuchs, Yoder, Fuchs, Compton et al., in press)。ERP测量也比其他方法便宜,接受测量的儿童比躺在一个封闭的扫描仪里受到的威胁也要少。也许这些神经科学知识可以帮助预测哪些孩子需要强化干预发展阅读技能。Lemons等人(in press)认为,除了使用ERP预测孩子的长期结果,也可以用来预测短期干预,如一学年后的阅读能力提高。他们研究了29个6~8岁儿童,发现ERP反应确实在预测一学年的阅读能力变化上有显著作用。Lemons等认为本研究提供了潜在神经科学技术,如ERP,实际应用到学校的初步证据。他们指出,也许将来会有一种新的技术,除了行为评估,大脑扫描也有可能被用来例如押韵、非词的阅读和字母命名,来预测需要对哪些学生加强支持来发展阅读能力和可能在没有这样的干预下取得阅读能力上的进步。

总结与结论

神经科学为我们提供未来理解发展性问题,如阅读障碍和自闭症的极大可能性。神经科学发现和对教育干预实践的实际意义目前仍有差距。认知心理学作为一个有用桥梁,提供心理模型来帮助我们理解潜在过程:神经科学可以测试这些模型。很有可能在不远的将来,我们将能通过整个神经科学、认知心理学和教育实践来直接影响课堂。从本章提出的这些研究中我们可以看到它的开端。

拓展阅读

访问 www.pearsoned.co.uk/markswoolfson 获取下列基础文章：

Schmitz, N., Rubia, K., Daly, E., Smith, A., Williams, S., and Murphy, D. (2006). Neural correlates of executive function in autistic spectrum disorders. *Biological Psychiatry, 59*(1), 7-16.

Sylvan, L. and Christodoulou, J. (2010). Understanding the role of neuroscience in brain based products: A guide for educators and consumers. *Mind, Brain and Education, 4*(1), 1-7.

Temple, E. (2002). Brain mechanisms in normal and dyslexic readers. *Current Opinion in Neurobiology, 12*, 178-83.

参考文献

Balsamo, L., Xu, B., Grandin, C., Petrella, J., Braniecki, S., Elliott, T., et al. (2002). A functional magnetic resonance imaging study of left hemisphere language dominance in children. *Archives of Neurology, 59*(7), 1168–74.

Bauman, M. (1991). Microscopic neuroanatomic abnormailities in autism. *Pediatrics, 87*, 791–6.

Beaulieu, C., Plewes, C., Paulson, L., Roy, D., Snook. L., Concha, L., and Phillips, L. (2005). Imaging brain connectivity in children with diverse reading ability. *NeuroImage, 25*, 1266–71.

Bernal, J., Harmony, T., Rodriguez, M., Reyes, A.,Yanez, G., Fernandez, T., *et al.* (2000). Auditory event-related potentials in poor readers. *International Journal of Psychophysiology, 36*, 11–23.

Beyerstein, B. (1999). Whence cometh the myth that we only use ten percent of our brains? In S. Della Sala (ed). *Mind-myths: Exploring everyday mysteries of the mind and brain.* New York: John Wiley and Sons.

Beyerstein, B. (2004). Ask the experts: Do we really use only 10% of our brains? *Scientific American* 290 (6), 86.

Blakemore, S. and Frith, U. (2000). *Report on the implications of recent developments in neuroscience for research on teaching and learning*. Teaching and Learning Research Programme/ESRC.

Blakemore, S. and Frith, U. (2001). *The implications of recent developments in neuroscience for research on teaching and learning*. Research Intelligence No. 75.

Blakemore, S. and Frith, U. (2005). *The learning brain: Lessons for education*. Oxford: Blackwell.

Bolger, D., Minas, J., Burman, D., Booth, J. (2008). Differential effects of orthographic and phonological consistency in cortex for children with and without reading impairment. *Neuropsychologia, 46*, 3210–24.

Bruer, J. (1997). Education and the brain: a bridge too far. *Educational Research, 26*, 4–16.

Calvert, G., Campbell, R., Brammer, M. (2000). Evidence from functional magnetic resonance imaging of crossmodal binding in human heteromodal cortex. *Current Biology 10*(11), 649–657.

Carper, R., and Courchesne, E. (2000). Inverse correlation between frontal lobe and cerebellum sizes in children with autism. *Brain, 123*, 836–44.

Carr, L., Iacoboni, M., Dubeau, M-C., Mazziotta, J., and Lenzi, G. (2003). Neural mechanisms of empathy in humans: A relay from neural systems for imitation to limbic areas. *Proceedings of the National Academy of Sciences of the United States of America, 100*(9), 5497–502.

Chow, K., and Stewart, D. (1972). Reversal of structural and functional effects of long-term visual deprivation in cats. *Experimental Neurology, 34*, 409–33.

Coffield, F., Moseley, D., Hall, E., and Ecclestone, K. (2004). *Learning styles and pedagogy in post-16 learning: A systematic and critical review*. Report No. 041543. London: Learning and Skills Research Centre.

Courchesne, E., Press, G., Yeung-Courchesne, R. (1993). Parietal lobe abnormalities detected with MR in patients with infantile autism. *American Journal of Roentgenology, 160*, 387–93.

Courchesne, E., Yeung-Courchesne, R., Press, G., Hesselink, J., and Jernigan, T. (1988). Hypoplasia of cerebellar vernal lobules VI and VII in autism. *New England Journal of Medicine, 318*(21), 1349–54.

Dapretto, M., Davies, M., Pfeifer, J., Scott, A., Sigman, M., Bookheimer, S., et al. (2006). Understanding emotions in others: Mirror neuron dysfunction in children with autism spectrum disorders. *Nature Neuroscience, 9*(1), 28–30.

Daw, N. (1997). Critical periods and strabismus: What questions remain? *Optometry and Vision Science, 74*, 690–4.

Della Sala, S. and Beyerstein, B. (2007). Introduction: The myth of 10% and other tall tales about the mind and brain. (p. xvii). In S. Della Sala (ed.). *Tall tales about the mind and brain: Separating fact from fiction*. Oxford: Oxford University Press.

Dennison, P. (1994). *Brain gym* (Teachers edition: revised). Ventura, CA: Edu-Kinaesthetics Ltd.

Dowker, A. (2006). What can functional brain imaging studies tell us about typical and atypical cognitive development in children? *Journal of Physiology - Paris 99*, 333–41.

Fatemi, S., Halt, A., Realmuto, G., Earle, J., Kist, D., Thuras, P., *et al.* (2002). Purkinje cell size is reduced in patients with autism. *Cellular and Molecular Neurobiology, 22*(2), 171–5.

Fiez, J. and Petersen, S. (1998). Neuroimaging studies of word reading. *Proceedings of the National Academy of Sciences, 95*, 914–21.

Fischer, K., Goswami, U., Geake, J., and the Task Force on the Future of Educational Neuroscience (2010). The future of educational neuroscience. *Mind, Brain and Education, 4*(2), 68–80.

Fox, S., Levitt, P., and Nelson, C. (2010). How the timing and quality of early experiences influence the development of brain architecture. *Child Development, 81*(1), 28–40.

Frith, U. (1997). Brain, mind and behaviour in dyslexia. In C. Hulme and M. Snowling (eds) *Dyslexia: Biology, cognition and intervention*. London: Whurr (pp. 1–19).

Gaillard, W., Balsamo, L., Ibrahim, Z., Sachs, B., and Xu, H. (2003). fMRI identifies regional specialization of neural networks for reading in young children. *Neurology, 60*, 94–100.

Gazzaniga, M., Ivry, R., and Mangun, G. (2008). *Cognitive neuroscience: The biology of the mind*, 3rd edn. New York: Norton.

Geake, J. (2004). Cognitive neuroscience and education: Two-way traffic or one-way street? *International Journal of Research and Method in Education, 27*, 87–98.

Geake, J. (2008). Neuromythologies in education. *Educational Researcher, 50*(2), 123–33.

Georgiewa, P., Rzanny, R., Gaser, C., Gerhard, U., Vieweg, U., Freesmeyer, D., *et al.* (2002). Phonological processing in dyslexic children: A study combining functional imaging and event related potentials. *Neuroscience Letters, 318*, 5–8.

Goswami. U. (2004). Neuroscience and education. *British Journal of Educational Psychology, 74*, 1–14.

Goswami, U. (2006). Neuroscience and education: From research to practice. *Nature Reviews Neuroscience, 7*, 406–13.

Goswami, U., Thomson, J., Richardson, U., Stainthorp, R., Hughes, D., Rosen, S., and Scott, S. (2002). Amplitude envelope onsets and developmental dyslexia: A new hypothesis. *Proceedings of the National Academy of Sciences, 99*(16), 10911–6.

Greenough, W., Black, J., and Wallace, C. (1987). Experience and brain development. *Child Development, 58*, 539–59.

Hall, J. (2005). *Neuroscience and education: What can brain science contribute to teaching and learning?* Research Report 121. Glasgow: Scottish Research in Education Centre, University of Glasgow.

Harris, G., Chabris, C., Clark, J., Urban, T., Aharon, I., Steele, S., et al. (2006). Brain activation during semantic processing in autism spectrum disorders via functional magnetic resonance imaging. *Brain and Cognition, 61*(1), 54–68.

Hashimoto, T., Tayama, M., Murakawa, K., Yoshimoto, T., Miyazaki, M., Harada, M., and Kuroda, Y. (1995). Development of the brainstem and cerebellum in autistic patients. *Journal of Autism and Developmental Disorders, 25*(1), 1–18.

Hoeft, F., Hernandez, A., McMillon, G., Taylor-Hill, H., Martindale, J., Meyler, A., *et al.* (2006). Neural basis of dyslexia: A comparison between dyslexic and nondyslexic children equated for reading ability. *The Journal of Neuroscience, 26*(42), 10700–8.

Huttenlocher, P. and Dabholkar, A. (1997). Regional differences in synaptogenesis in human cerebral cortex. *Journal of Comparative Neurology, 387*, 167–78.

Just, M., Cherkassky, V., Keller, T., and Minshew, N. (2004). Cortical activation and synchronization during sentence comprehension in high-functioning autism: Evidence of underconnectivity. *Brain, 127*(8), 1811–21.

Knecht, S., Deppe, M., Dräger, B., Bobe, L., Lohmann, H., Ringelstein, E-B., and Henningsen, H. (2000). Language lateralization in healthy right-handers. *Brain, 123*(1), 74–81.

Kolb, B. and Whishaw, I. (2009). *Fundamentals of human neuropsychology*, 6th edn. New York: Worth.

Koshino, H., Carpenter, P., Minshew, N., Cherkassky, V., Keller, T., and Just, M. (2005). Functional connectivity in an fMRI working memory task in high functioning autism. *NeuroImage, 24*, 810–21.

Kratzig, G. and Arbuthnott, K. (2006). Perceptual learning style and learning proficiency: A test of the hypothesis. *Journal of Educational Psychology, 98*(1), 238–46.

Lemons, C., Key, A., Fuchs, D., Yoder, P., Fuchs, L., Compton, D., *et al.* (in press). Predicting reading growth with event-related potentials: Thinking differently about indexing 'Responsiveness'. *Learning and Individual Differences.*

Lovrich, D., Cheng, J., and Velting, D. (2003). ERP correlates of form and rhyme letter tasks in impaired reading children: A critical evaluation. *Child Neuropsychology, 9*, 159–74.

Metltzoff, A. and Decety, J. (2003). What imitation tells us about social cognition: A rapprochement between developmental psychology and cognitive neuroscience. *Philosophical transactions of the Royal Society of London. Series B: Biological Sciences, 358*(1431), 491–500.

Molfese, D. (2000). Predicting dyslexia at 8 years of age using neonatal brain responses. *Brain and Language, 72*, 238–45.

Molfese, D., Molfese, V., and Espy, K. (1999). The predictive use of event-related potentials in language development and the treatment of language disorders. *Developmental Neuropsychology, 16*(3), 373–7.

Molfese, V., Molfese, D., and Modgline, A., (2001). Newborn and preschool predictors of second grade reading scores: An evaluation of categorical and continuous scores. *Journal of Learning Disabilities, 34*, 545–54.

Morton, J. and Frith, U. (1995). Causal modeling: A structural approach to developmental psychopathology. In D. Cicchetti and D. Cohen. (eds) *Manual of developmental psychology*. Wiley: New York (pp. 357–90).

Organisation for Economic Co-operation and Development. (2002). *Understanding the brain: Towards a new learning science*. Paris: OECD.

Ozonoff, S., Pennington, B., and Rogers, S. (1991). Executive function deficits in high-functioning autistic individuals: Relationship to theory of mind. *Journal of Child Psychology and Psychiatry, 32*(7), 1081–105.

Pascalis, O., Haan, M., and Nelson, C., (2002). Is face-processing species-specific during the first year of life? *Science, 296*, 1321–3.

Penolazzi, B., Spironelli, C., Vio, C., and Angrilli, A. (2006). Altered hemispheric asymmetry during word processing in dyslexic children: An event-related potential study. *Cognitive Neuroscience and Neuropsychology, 17*, 429–33.

Pugh, K., Menci, W., Jenner, A., Katz, L., Frost, S., Lee, J., *et al.* (2001). Neurobiological studies of reading and reading disability. *Journal of Communication Disorders, 34*(6), 479–92.

Rizzolatti, G., Fogassi, L., and Gallese, V. (2006). Mirrors of the mind. *Scientific American, 295*(5), 54–61.

Ritvo, E., Freeman, B., Scheibel, A., Duong, T., Robinson, H., Guthrie, D. *et al.* (1986). Lower Purkinje cell counts in the cerebella of four autistic subjects: Initial findings of the UCLA-NSAC Autopsy Research Report. *American Journal of Psychiatry, 143*(7), 862–6.

Schmitz, N., Rubia, K., Daly, E., Smith, A., Williams, S., and Murphy, D. (2006). Neural correlates of executive function in autistic spectrum disorders. *Biological Psychiatry, 59*(1), 7–16.

Schultz, R., Gauthier, I., Klin, A., Fulbright, R., Anderson, A., Volkmar, F. *et al.* (2000). Abnormal ventral temporal cortical activity during face discrimination among individuals with autism and Asperger syndrome. *Archives of General Psychiatry, 57*(4), 331–40.

Schumann, C., Hamstra, J., Goodlin-Jones, B., Lotspeich, L., Kwon, H., Buonocore, M. *et al.* (2004). The amygdala is enlarged in children but not adolescents with autism: The hippocampus is enlarged at all ages. *Journal of Neuroscience, 24*(28), 6392–401.

Shaywitz, B., Shaywitz, S., Blachman, B., Pugh, K., Fulbright, R., Skudlarski, P., *et al.* (2004). Development of left occipitotemporal systems for skilled reading in children after a phonologically-based intervention. *Biological Psychiatry, 55*, 926–33.

Shaywitz, S., Shaywitz, B., Pugh, K., Fulbright, R., Constable, R., Menci, W. *et al.* (1998). Functional disruption in the organization of the brain for reading in dyslexia. *Proceedings of the National Academy of Sciences, 95*, 2636–41.

Shaywitz, B., Shaywitz, S., Pugh, K., Mencl, E., Fulbright, R., Skudlarski, P., *et al.* (2002). Disruption of posterior brain systems for reading in children with developmental dyslexia. *Biological Psychiatry, 52*, 101–10.

Simos, P., Breier, J. Fletcher, J., Bergman, E. Papanicolaou, A. (2000).Cerebral mechanisms involved in word reading in dyslexic children: a magnetic source imaging approach. *Cerebral Cortex, 10*, 809–16.

Speer, L., Cook, A., McMahon, W., and Clark, E. (2007). Face processing in children with autism: effects of stimulus contents and type. *Autism, 11*(3), 265–77.

Stanfield, A., McIntosh, A., Spencer, M., Philip, R., Gaur, S., and Lawrie, S. (2007). Towards a neuroanatomy of autism: A systematic review and meta-analysis of structural magnetic resonance imagingstudies. *European Psychiatry, 23*, 289–99.

Sun, Y., Lee, J., and Kirby, R. (2010). Brain imaging findings in dyslexia. *Pediatric Neonatology, 51*(2), 89–96.

Sylvan, L. and Christodoulou, J. (2010). Understanding the role of neuroscience in brain based products: A guide for educators and consumers. *Mind, Brain and Education, 4*(1), 1–7.

Temple, E. (2002). Brain mechanisms in normal and dyslexic readers. *Current Opinion in Neurobiology, 12*, 178–183.

Temple, E., Deutsch, G., Poldrack, R., Miller, S., Tallal, P., Merzenich, M., et al. (2003). Neural deficits in children with dyslexia ameliorated by behavioral remediation: Evidence from functional fMRI. *Proceedings of the National Academy of Sciences, 100*(5), 2860–5.

TLRP (Teaching and Learning Research Programme) (2007). *Neuroscience and education: Issues and opportunities.* London: TLRP/ESRC.

Trachtenberg, J. and Stryker, M. (2001). Rapid anatomical plasticity of horizontal connections in the developing visual cortex. *Journal of Neuroscience, 15*, 3476–82.

Turkeltaub, P., Flowers, L., Verbalis, A., Miranda, M., Gareau, L., and Eden, G. (2004). The neural basis of hyperlexic reading: An fMRI Case Study. *Neuron, 41*, 11–25.

Turkeltaub, P., Gareau, L., Flowers, L. Zeffiro, T., and Eden, G. (2003). Development of neural mechanisms for reading. *Nature Neuroscience, 6*, 767–73.

Turkeltaub, P., Weisberg, J., Flowers, D., Basu, D., and Eden, G. (2005). The neurobiological basis of reading: A special case of skill acquisition. H. Catts and A Kamhi (eds), *The connections between language and reading disabilities*. Mahwah NJ: Lawrence Erlbaum (pp. 103–130).

Turner, M. (1999). Annotation: Repetitive behaviour in autism: A review of psychological research. *Journal of Child Psychology and Psychiatry, 40*(6), 839–49.

Verhoeven, J., De Cock, P., Lagae, L., and Sunaert, S. (2010). Neuroimaging of autism. *Neuroradiology, 52*, 3–14.

Wagner, R. and Torgesen, J. (1987). The nature of phonological processing and its causal role in the acquisition of reading skills. *Psychological Bulletin, 101*, 192–212.

Wiesel, T. and Hubel, D. (1965). Extent of recovery from the effects of visual deprivation in kittens. *Journal of Neurophysiology, 28*, 1060–72.

Williams, J., Waiter, G., Gilchrist, A., Perrett, D., Murray, A., and Whiten, A. (2006). Neural mechanisms of imitation and 'mirror neuron' functioning in autistic spectrum disorder. *Neuropsychologia, 44*, 610–21.

Williams, J., Whiten, A., Suddendorf, T., and Perrett, D. (2001). Imitation, mirror neurons and autism. *Neuroscience and Biobehavioural Reviews, 25*(4), 287–95.

(续表)

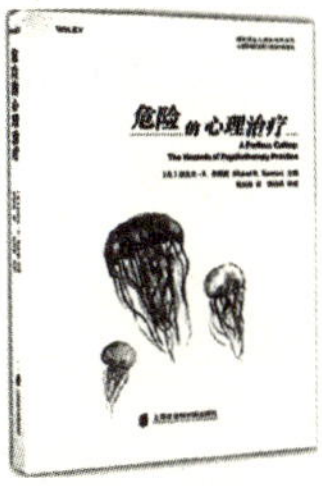

心理治疗师真的更容易变成精神病患者、瘾君子、酒鬼或工作狂?

迈克尔·B.萨斯曼博士携近三十位资深心理治疗师、精神分析师、社会工作者详细回顾从业历程,真诚讲述亲身经历,深刻反思工作得失。

危险的心理治疗

(美)迈克尔·B.萨斯曼　主编
高旭辰　译
贺岭峰　审校

心理治疗师在治疗你的心理问题?
不,是你在治疗他。

"你为何而来?"来访者的治疗通常开始于这个问题。那么驱使治疗师选择这一职业的真正动机是什么?请带着疑问与猜想,翻开本书,寻找答案。

心理治疗师的动机(第二版)

(美)迈克尔·B.萨斯曼　著
李利红　译

65个咨询技术,总有你想要的!

这是一本由一群心理咨询师共同编写的关于心理咨询技巧的书,每篇中作者都非常清晰地告诉你该如何操作这种技术,该注意些什么。

最受欢迎的心理咨询技巧(第二版)

(美)霍华德·G.罗森塔尔　著
陈曦　等译

揭秘"我所欲"。

本书悉心甄选了众多日常生活中的案例,从自我经历谈起,为读者清晰描绘了各种典型的动机行为。通过对情境激励的分析,逐步过渡到经典动机心理学理论。

动机心理学(第七版)

(德)法尔克·莱茵贝格　著
王晚蕾　译

用最翔实的案例告诉你,心理的"变态"是如何悄然发生的。

本书是异常心理学研究领域的经典著作,美国300多所院校均采用本书作为教材。任何一个想让自己的未来更加美好、生活更加快乐的人,都应一读本书。

变态心理学(第九版)

(美)劳伦·B.阿洛伊
约翰·H.雷斯金德
玛格丽特·J.玛诺斯　等著
汤震宇　邱鹤飞　杨茜　等译

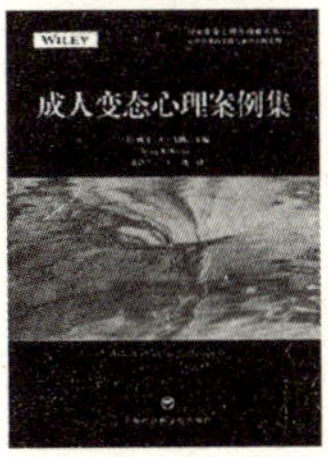

一天最多看一篇,看多容易得精分。——豆瓣书友

本书通过丰富的案例对成人心理疾病的本质进行了生动描述,分析心理疾病是如何影响受精神困扰的人及其周围人的生活。

成人变态心理案例集

(美)欧文·B.韦纳　主编
张洁兰　王靓　译

（续表）

	家庭，你最熟悉有时却最陌生的地方，你真的了解吗？ 作者全面回顾了 20 世纪 50 年代至今系统化理论发展历程中出现的核心概念和思想，囊括了该领域最新的研究和发展，让读者对家庭疗法有了一个全方位的认识。	**家庭疗法：系统化理论与实践** （英）鲁迪·达洛斯 罗斯·德雷珀　著 戴俊毅　屠筱青　译
	重温精神分析之父弗洛伊德经典之作。 本书精选弗洛伊德笔下的五个最为著名的案例：小汉斯、“鼠人”、“狼人”、施雷伯大法官和少女多拉，细致且精辟的描述和分析展现了精神分析理论和临床的基石。	**弗洛伊德五大心理治疗案例** （奥）西格蒙德·弗洛伊德　著 李韵　译
	成为一名合格的心理治疗师，你需要越过这些障碍。 作者尝试从心理咨询/治疗学员的“角度”，探索专业的和个人的困难、焦虑、情感困惑和缺陷，帮助学员学会控制和改善这些困难。	**如何成为心理治疗师：成长的漫漫长路** （英）约翰·卡特　著 胡玫　译
	北美地区广受欢迎的心理学导论教材。 本书系统介绍了心理学基本原理，涵盖认知心理学、发展心理学、人格心理学、临床心理学、社会心理学等领域，同时联系实际生活，带领读者走进引人入胜的心理学世界。	**心理学的世界（第五版）** （美）塞缪尔·E.伍德 埃伦·格林·伍德 丹妮斯·博伊德　著 陈莉　译
	是性格决定命运，更是人格决定命运。 玛丽安·米瑟兰迪诺女士向读者介绍了人格心理学领域的基础和最新研究成果，向读者娓娓道来个体差异研究及每个人是如何成为这样的人。	**人格心理学：基础与发现** （美）玛丽安·米瑟兰迪诺　著 黄子岚　刘昊　译
	当自己或身边亲人受困于酒精成瘾，该如何找到重获清醒的方法？又该如何找回生活乐趣？本书取材自作者戈梅兹医生同法国酒精病学临床研究与互助协会超过 20 年的合作实践，向读者展示了一条全新、可行的酒精成瘾治疗道路。	**如何帮助酒精成瘾者：酒精相关障碍者陪护指南（第二版）** （法）亨利·戈梅兹　著 何素珍　译

（续表）

	《理解与治疗厌食症》向读者展示了如何带着希望陪伴一种痛苦，而这种痛苦往往在很久之后才能找到意义。事实上，治疗的目的不仅仅在于治愈症状，它首先关注的是这些患者生存困境的变化，让他们可以摆脱被他人控制的恐惧，从而迎接与他人的正常互动，乃至亲密互动与交往。	**理解与治疗厌食症（第二版）** (法)柯莱特·孔布　著 俞楠　译
	《理解与治疗暴食症》解答了暴食症的起源和治疗等主要问题。暴食欲望的起源是什么？这种饮食障碍是怎么发生的，又是怎么迅速发展的？它对精神生命有什么影响？暴食行为似乎是用来保护私密空间的一种方式。暴食症有可能会揭露其他秘密的存在，把我们引向情感以及人类体验的最初起源。	**理解与治疗暴食症（第二版）** (法)柯莱特·孔布　著 华淼　译
	以心理学和社会学视角，重新探究“年少轻狂”。 本书立足文化背景和个体成长视角，着重探讨出现在青少年向成人过渡阶段的冒险行为问题，并对病理性冒险行为的预防与诊治给出现实而积极的建议与指导。	**青少年期冒险行为** (法)罗贝尔·库尔图瓦　著 费群蝶　译
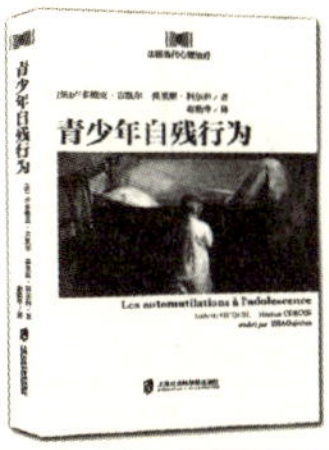	何处磨砺的刻刀，要在少年的身上留下疼痛的徽章？ 越来越多的青少年出现自残行为，这些行为的根源往往在于家庭，而不是社会。本书建议以心理治疗结合药物治疗，制定多渠道的完整治疗方案。	**青少年自残行为** (法)卢多维克·吉凯尔 里斯·科尔科　著 赵勤华　译
	用正确的方法，带领孩子在游戏与网络中收获快乐与成长。 本书分析了电子游戏与网络本身的特点，从精神病学角度揭示网络成瘾的原因，详细介绍以青少年为主的各类人群的网络成瘾评估方法和治疗方案。	**青少年电子游戏与网络成瘾** (法)卢西亚·罗莫　等著 葛金玲　译
	每一个来自星星的弗朗索瓦，都应遇见方法与温情并重的艾米女士。 作者用12年时间潜心为一位自闭症儿童提供咨询、治疗、训练服务，理论结合实践，向读者展示了如何实施治疗、如何与家长合作，从而帮助自闭症儿童发展、成长。	**如何帮助自闭症儿童：心理治疗与教育方法（第三版）** (法)玛丽-多米尼克·艾米　著 姜文佳　译

图书在版编目(CIP)数据

教育心理学/(英)丽莎·马克斯·伍尔夫森(Lisa Marks Woolfson)著;杜保源等译.—上海:上海社会科学院出版社,2019

书名原文:Educational Psychology: The impact of psychological research on education

ISBN 978-7-5520-2656-6

Ⅰ.①教… Ⅱ.①丽… ②杜… Ⅲ.①教育心理学 Ⅳ.①G44

中国版本图书馆 CIP 数据核字(2019)第 058386 号

教育心理学

著　　者:(英)丽莎·马克斯·伍尔夫森
译　　者:杜保源 等
责任编辑:赵秋蕙
封面设计:黄婧昉
出版发行:上海社会科学院出版社
上海顺昌路 622 号　邮编 200025
电话总机 021-63315900　销售热线 021-53063735
http://www.sassp.org.cn　E-mail:sassp@sass.org.cn
照　　排:南京理工出版信息技术有限公司
印　　刷:上海景条印刷有限公司
开　　本:787×1092 毫米　1/16 开
印　　张:15.5
字　　数:336 千字
版　　次:2019 年 5 月第 1 版　2019 年 5 月第 1 次印刷

ISBN 978-7-5520-2656-6/G·826　定价:88.00 元